Economics of Entrepreneurship

기업가정신의 경제학

성태경 저

마인드탭
MIND TAP

이 저서는 2013년 정부(교육부)의 재원으로 한국연구재단의 지원을 받아
수행된 연구임(NRF-2013S1A6A4017763).

머리말

최근 창업 열풍이 불고 기업가정신 및 창업에 관한 관심이 커지면서 기업가정신(entrepreneurship)에 대한 많은 책들이 발간되어 왔다. 하지만 시중에 나와 있는 대부분의 책들은 기업가적 과정, 벤처경영, 창업실무 등 주로 경영학 관점에서 기업가정신을 다루고 있다. 이 점에 착안하여 저자는 평소에 기업가정신에 대한 본격적인 경제이론서가 필요하다고 생각해 왔다.

본서는 『기업가정신의 경제학(*Economics of Entrepreneurship*)』이라는 책명에서 알 수 있듯이 기업가정신에 대한 경제이론적 기반을 확립한다. 이에 따라 본서는 제Ⅴ편 15개장으로 구성되어 있다. 먼저 제Ⅰ편에서는 기업가정신의 경제학을 전개하기 위한 기초적 예비지식을 다룬다. 제Ⅱ편과 제Ⅲ편에서는 미시적 측면과 거시적 측면을 각각 다루고, 제Ⅳ편에서는 국제적 측면, 그리고 제Ⅴ편에서는 정책적 측면을 다룬다. 특히 기업가정신의 경제학을 미시경제적 측면과 거시경제적 측면으로 구분한 것은 경제학의 전통에 따른 것이다. 즉 미시적 측면은 기업가의 특성 및 행동을 다루고, 거시적 측면에서는 기업가정신을 사회적 혹은 국민경제적 차원에서 다룬다.

본서는 다음과 같이 활용될 수 있을 것이다. 첫째, 대학에서 경제학 혹은 경영학을 전공하는 학생들의 교재로 활용할 수 있다. 특히 경영학을 전공하는 학생의 경우 벤처경영론, 기업가정신, 창업실무 등의 과목을 수강하게 되는데 이들 과목의 경제이론적 토대를 마련할 수 있다. 둘째, 창업과 기업가정신에 관심을 가지는 일반시민 혹은 타전공 학생들에게 교양서로도 읽혀질 수 있다. 일반 독자들을 위해서는 흥미로운 사례를 쉽게 소개하려고 하였다. 셋째, 현재 정부에서는 창업을 활성화하려는 각종 정책을 추진하고 있는데 이 책을 통하여 정책수립 및 집행을 위한 기초자료 및 이론적 근거를 찾을 수 있을 것이다.

이 책이 엮어지기까지 많은 분들의 도움이 있었다. 먼저 서강대학교 경제학과 학부 및 대학원 시절 은사님이셨던 김덕중 교수님(아주대총장, 교육부장관 역임)께서는 저자로 하여금 기업가정신에 대해 관심을 갖도록 해 주셨다. 1980년대 교수님께서는 한국경제의 고도성장요인으로 기업가정신의 중요성을 강조하시면서 국내외적으로 활발한 학술활동을 하셨다. 당시 조교였던 저자는 교수님의 연구실에서 카슨(M. Casson)의 '*The Entrepreneur: An Economic Theory*'(1982)라는 책을 접할 수 있었고, 이 책이 본서를 쓰게 된 단초를 제공하였다. 이 자리를 빌어서 교수님께 감사드린다. 미국 Case Western Reserve University (CWRU) 경제학과 Bo Carlsson 교수님의 도움도 빼놓을 수 없다. 교수님께서는 2000년 저자가 CWRU 교환교수로 기업가정신에 대해서 연구할 수 있는 기회를 주셨다. 한국연구재단은 본서를 전념하여 집필할 수 있도록 재정적으로 지원해 주었다. 연세대 대학원 박사과정에 재학 중인 성기정 양(목회상담/코칭학 전공)은 원고를 꼼꼼히 읽고 귀중한 조언을 주었다. 상업적으로 매력이 돋보이지 않는 저서임에도 불구하고 출판을 흔쾌히 허락한 마인드탭은 심혈을 기울여 본서를 '책답게' 잘 만들어 주었다.

국내뿐만 아니라 해외에서도 기업가정신에 대한 경제학 측면의 연구가 미진한 상황에서 감히 『기업가정신의 경제학』이라는 저서를 내놓는다. 끝으로 본서가 본래 목적한 대로 기업가 및 기업가정신을 이해하는 데 좋은 안내서가 되었으면 한다.

2017년 7월

성태경 씀

차 례

제 I 편 기 초

CHAPTER 01 서 론

CHAPTER 02 개념 및 정의

제 II 편 미시적 측면

CHAPTER 03 기업가의 역할 및 자질

CHAPTER 04 기업가시장

CHAPTER 05 기업가 행동

CHAPTER 06 사내기업가정신

CHAPTER 07 사회적 기업가정신

제 III 편 거시적 측면

CHAPTER 08 기업가정신의 환경적 결정요인

CHAPTER 09 기업가정신과 혁신

CHAPTER 10 기업가정신과 경제성장

CHAPTER 11 기업가정신과 고용

CHAPTER 12 기업가정신과 금융

제 IV 편 국제적 측면

CHAPTER 13 글로벌 기업가정신

CHAPTER 14 기업가정신의 국제적 비교

제 V 편 정책적 측면

CHAPTER 15 기업가정신정책

제 I 편

기 초

CHAPTER 01 서 론

▸▸ 이 장에서는 기업가정신의 경제학이 성립되는 과정을 설명하고 기업가정신의 경제학을 정의한다. 아울러 본 저서의 체계에 대해서 언급한다.

1.1 기업가정신과 경제

조선시대의 실학자 다산 정약용(1762~1836)의 생애를 사실에 입각하여 기술한 『소설 목민심서』의 첫 부분 '희한한 발명품'에서 다음과 같은 이야기가 나온다.

> 약용은 확신을 갖고 솜 타는 기계를 연구했다. 상자 안에 활줄을 여러 개 장치해 놓고 그것에 작은 바퀴와 큰 바퀴가 연결되도록 했다. 발로 밟아 큰 바퀴를 돌리면 피대로 연결된 작은 바퀴가 빠른 속도로 돌아가게 되고, 작은 바퀴와 연결된 장치는 사람이 손으로 돌리는 것의 수십 배에 달하는 힘으로 솜을 타게 된다는 **구상**이었다. 구상이 끝나자 약용은 면밀히 **설계도**를 그렸다. 치수를 계산하고, 힘의 낭비가 없도록 면밀히 살폈으며, 허점이 발견되면 몇 번이고 되풀이해서 그렸다. 최종 설계도를 완성하자 약용은 천만호를 방으로 불러들였다. (중략) 톱날을 깎는 데에 꼬박 나흘이 걸렸다. 톱날 모양의 바퀴를 다시 조립하니 그제야 **기계**가 돌아가기 시작했다. 사람의 허리 정도에 위치한, 네모난 본체에는 목화가 들어가는 구멍과 솜이 나오는 구멍이 따로 있었다. 측면으로 큰 바퀴와 작은 바퀴가 상하로 달려 있고, 피대가 두 바퀴를 연결하고 있었다. 약용도 흥분을 감추지 못했다. (중략) 솜틀 기계 **사업**은 날이 갈수록 번창했다. 천만호의 **기술**과 **성실성**이 인정을 받아 순풍에 돛을 단 듯했다(황인경, 소설 목민심서, 삼진기획, 1992 중에서).

이 이야기에서 우리는 당시로 봐서는 '공상(工商)'의 냄새가 물씬 풍기는 용어들을 찾아볼 수 있다. 고딕체로 표시해 놓은 구상, 설계도, 기계, 기술, 사업, 성실성 등이다.

위의 사례는 미시적 차원에서 기업가정신과 경제와의 상호연관성을 잘 보여 주고 있다. 다산 정약용은 '공상'활동을 금기시하는 양반의 신분이었지만 전통과 관례를 깨고 생활에 필수적인 솜틀기계를 발명하였다. 하인이었던 천만호는 주인인 다산 정약용의 획기적인 아이디어에 힘입어 솜틀사업에 착수할 수 있었고, 기술과 성실성을 바탕으로 사업에 성공하여 경제적인 이득을 창출하였다. 정약용과 천만호는 모두 기업가(entrepreneur)였으며, 기업가정신(entrepreneurship)이 충일한 사람들이었다.

기업가정신이 경제에 미치는 영향은 거시적 차원—즉 국민경제적 측면—에서도 파악할 수 있다. 기업가정신이 충일한 기업가 군단이 존재하는 국민경제는 빠른 경제성장을 달성할 수 있을 것이다. 하지만 위의 솜틀사례에서 보면, 조선후기는 사회 전반적으로 '사(士)'가 우대받고, '공상(工商)'을 홀대하던 시대였다. 만약 당시 양반이요 유학자였던 다산이 천만호에게 사업을 맡기지 않고 함께 기업가정신을 발휘할 수 있는 풍토였다면 우리의 역사는 달라졌을 것이다.

세계 역사 속에서도 기업가정신과 경제와의 연관성을 찾아볼 수 있다. 고대 그리스는 당시의 과학의 수준으로 보아서는 산업화의 여건을 충분히 갖추었음에도 불구하고 과학기술을 경제에 연결시켜 주는 기업가정신의 부재로 인해 산업화를 태동시키지 못하였다. 초기 로마제국과 중세 중국에서도 부의 축적을 위한 기업가의 행위를 천시하였으며, 기업가적인 탐험이나 발견은 경시되었다(Urban, 2010).

이와 달리 20세기 미국에서는 철강왕 카네기, 자동차왕 포드, 석유왕 록펠러 등이 등장하면서 세계 경제대국으로 부상하였고, 최근에는 마이크로소프트의 빌 게이츠, 구글의 래리 페이지, 금융계의 워렌 버핏 등이 경제를 주도하고 있다. 우리나라도 6.25전쟁 후 잿더미 속에 있었지만, 삼성의 이병철, 현대의 정주영, 대우의 김우중 등 기업가들의 역할을 통해서 고도성장을 이룩할 수 있었다.

이와 같이 기업가정신과 경제와의 상호연관성은 역사적으로 오래된 현상이고, 지금도 매우 중요한 문제로서 경제학자들의 관심을 끄는 중요한 연구 분야가 아닐 수 없다.

1.2 경제학과 기업가

이상에서 살펴본 바와 같이 기업가정신과 경제는 현실적으로 밀접히 연계되어 있었음에도 불구하고 주류경제학, 즉 고전학파 경제학(Classical economics)과 신고전학파 경제학(Neo－classical economics)에서는 기업가 및 기업가정신을 분석에서 제외시키거나 초보적인 수준에서 다루어 왔다.

1) 고전학파 경제학에서의 기업가

아담 스미스(A. Smith)로부터 시작되는 고전학파 경제학이 발전한 18세기는 봉건제도가 무너지고 산업혁명이 진행되던 시기였다. 다산 정약용이 살던 조선시대 후기와는 달리, 근대적인 형태의 기업이 형성되어 발전하기 시작하였고, 은행시스템이 나타났으며, 기술혁신을 보호하기 위한 특허제도가 정립되었다. 이 과정에서 도제, 숙련기술자, 장인으로 구성된 길드제도(Guilds system)의 기반이 무너지고 수많은 혁신적인 기업가들이 등장하였다.

그럼에도 불구하고 고전학파 경제학에서는 기업가의 역할 및 기업가정신을 분석에서 제외시켰다. 스미스, 리카르도(D. Ricardo), 밀(J.S. Mill) 등 고전학파 경제학자의 주요 관심사는 '가치의 역설' 논쟁에서 알 수 있듯이 자연가격 혹은 균형가격의 결정문제였으며, 혁신적 기업가적 과정은 설명 불가능한 것으로 간주하였다(Murphy et al., 2006).

하지만 고전학파 경제학에서 기업가의 역할을 전혀 찾을 수 없는 것은 아니다. 이른바 고전학파의 '정치경제학(political economics)'은 시장과정을 하나의 '탐험과정(discovery process)'으로 보고 있다. 생산자와 판매자들은 소비자 요구, 자원가용성, 요소비용 등을 발견해야만 하고, 소비자들은 제품, 가격, 품질 등을 발견해야만 한다. 바로 이러한 탐험과정에서 기업가는 정보를 획득하고 사용하는 역할을 가진다는 것이다(Hebert and Link, 2009). 또한 밀(J.S. Mill)은 프랑스에서 깡띠옹(R. Cantillon), 세이(J.B. Say) 등이 소개한 '기업가정신(entrepreneurship)'

이라는 용어를 영국사회에 유행시킨 바 있다.

2) 신고전학파 경제학에서의 기업가

기업가의 역할을 경제분석에서 제외한 고전학파 경제학의 전통은 19세기 말과 20세기에 걸쳐서 발전되어온 신고전학파 경제학에서도 그대로 이어졌다. 심지어 신고전학파 경제학의 대두와 함께 고전학파 경제학에서 언급되던 '탐험과정(discovery process)'에서의 기업가의 역할조차도 사라져버렸다는 주장도 있다(Casson, 1987).

신고전학파 경제학의 대표 격인 마샬(A. Marshall)의 주요 관심사는 시장에서 균형가격의 결정문제였다. 즉 한계효용체감의 법칙으로 인해서 우하향하는 수요곡선과 한계생산체감의 법칙으로 인해서 우상향하는 공급곡선이 교차하는 점에서 균형가격이 결정된다는 것이다. 이러한 Marshall(1890)의 경제모형하에서 기업가의 역할은 수동적인 활동에 그치고 있다. 즉 기업가는 한계효용체감의 법칙에 따라 자원배분에 대한 의사결정을 수행하며, 시장에서 결정되는 가격에 따라 움직이며, 가격 차이에 의해서만 사업기회를 포착한다는 것이다(Murphy et al., 2006).

따라서 신고전학파 경제학에서도 기업가의 역할 및 기업가정신을 다루지 않고 있다고 결론지을 수 있다. Baumol(1968), Ricketts(1994), Casson(2010) 등은 그 이유를 다음과 같이 설명하고 있다.

첫째, 신고전학파 경제학에서는 정보는 완전하고, 누구에게나 접근 가능한 것으로 가정하기 때문에 의사결정의 문제를 최적화를 위한 수학적인 응용의 문제로만 다룬다. 이에 따라 경제활동주체의 의사결정의 문제는 별로 중요하지 않게 된다. 특히 제한된 정보하에서 다양한 의사결정을 수행하는 기업가의 역할은 분석에서 제외될 수밖에 없었다.

둘째, 신고전학파는 시장메커니즘을 비인격화된 과정으로 분석한다. 다만 소비자들에 대해서는 선호라는 개인적인 특성을 고려하고, 시장조정이 왈라스적 경매자(Wallrasian auctioneer)에 의해서 이루어진다고 보는 정도이다. 반면에 생산활동의 주체로서의 기업가를 얼굴 없는 존재로 취급하고 있다. 따라서 신고전학파 경제학에서는 아담 스미스의 '보이지 않는 손'과 기업가라는 '보이는 손' 간의 갭, 다시 말하면 현실 속의 기업가와 가상적인 경매자 간의 갭이 존재한다. 신고전학파 경제학은 현실 속에서 시장을 조직하고, 시장상황에 반응하는 기업가에 대해서 다루지 못하고 있다.

셋째, 신고전학파 경제학은 정태적 균형모델들로 구성되어 있어서 변화의 문제를 소홀히 다룬다. 이에 따라 경제분석에서 변화를 추구하는 혁신적인 기업가는 제외되어 왔다. 이 점은 기업가를 이윤추구를 위해서 균형상태를 깨는 직업으로 묘사한 슘페터(J. Schumpeter)에 의해서 지적된 바 있다.

전통적인 경제학, 즉 고전학파 경제학 및 신고전학파 경제학과 대조적으로 행동이론, 심리학, 사회학 정치학 등 다른 사회과학 분야에서는 나름대로의 기업가이론을 전개해 왔다(Casson, 2003). 예를 들어 심리학에서는 기업가정신 이론을 '성취'라는 개념을 중심으로 활발히 진행하여 왔으며, 기업가의 위험감수 동기 및 정보가공 능력의 문제 등도 다루고 있다.[1)]

1.3 기업가정신의 경제학

1) 등장배경

기업가정신의 경제학(Economics of Entrepreneurship 혹은 Entrepreneurial Economics)이 경제학에서 하나의 독립적인 영역으로 등장하게 된 단초는 Baumol (1968)의 연구에서 찾아볼 수 있다. 보몰(W.J. Baumol)은 이 논문에서 주류경제학인 신고전학파가 기업가의 역할을 빼놓았다고 처음으로 주장하고 경제학에서 기업가이론의 정립 필요성을 제기하였다.[2)]

이러한 요구에 부응하여 카슨(M. Casson)은 1982년에 *The Entrepreneur: An Economic Theory*라는 책을 발간하여 기업가정신의 경제학에 대한 발판을 마련하였다. 파커(C. Parker)는 2009년에 *The Economics of Entrepreneurship*을 출판하였고, 보몰(W.J. Baumol)은 2010년에 *The Micro-theory of Innovative Entrepreneurship*이라는 저서를 통해서 기술혁신가로의 기업가를 미시경제학적 측면에서 정교하

1) 심리학 분야에서 기업가에 대한 주요 연구로는 Atkinson(1957), McClelland(1961), Pangey and Tewary(1979) 등을 들 수 있다.

2) 보몰(W.J. Baumol)은 "The theoretical firm is entrepreneur-less—the Prince of Denmark has been expunged from the discussion of Hamlet"이라는 표현을 쓰고 있다.

게 분석하였다.

하지만 경제학설사 측면에서 기업가에 대한 뿌리는 매우 깊다. 주류경제학, 즉 고전학파 경제학(Classical economics)과 신고전학파 경제학(Neo-classical economics)에서는 기업가를 분석에서 제외시켰으나, 이미 18세기에 프랑스에서는 기업가이론이 전개되었다. 프랑스의 경제학자 깡띠옹(R. Cantillon)은 처음으로 'Entrepreneur'라는 용어를 소개하였으며, 경제학에서 '세이의 법칙(Say's law)'으로 잘 알려진 역시 프랑스 경제학자 세이(J.B. Say)도 기업가에 대해서 나름대로의 이론을 전개하였다. 20세기에 들어와서 마샬(A. Marshall), 나이트(F. Knight) 등도 기업가에 대해서 언급하였지만 어느 누구보다도 기업가의 경제적 역할에 대해서 명시적으로 다룬 사람은 슘페터(J. Schumpeter)였다. 슘페터는 경제성장의 원동력을 기술혁신이라고 보았으며, 기업가를 기술혁신의 담당자로 설명하였다. 이들의 기업가이론에 대해서는 제3장에서 자세히 다룬다.

2) 기업가정신의 경제학이란

기업가와 기업가정신은 경제현실에서 매우 중요한 역할을 수행하여 왔음에도 불구하고 기업가정신의 경제학(Economics of Entrepreneurship 혹은 Entrepreneurial Economics)은 극히 최근에 정립되고 있는 연구 분야이다.

기업가정신의 경제학은 [그림 1-1]에서 보는 바와 같이 "기업가정신과 경제의 상호작용을 연구하는 학문"이라고 정의할 수 있다. 다시 말해서, 기업가의 행동이 어떻게 경제적 변화를 가져오며, 반대로 경제적 여건 혹은 인센티브가 어떻게 기업가정신에 영향을 미치는지를 연구하는 분야이다. 예를 들어 경제 내에 기업가정신이 충일한 사람들이 많을수록 창업과 기업성장이 활발할 것이

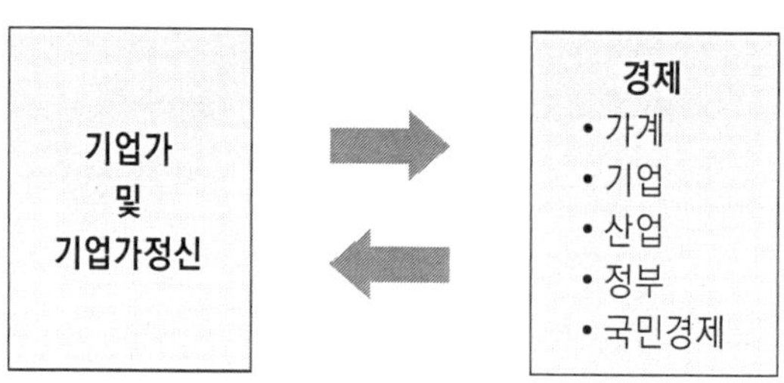

[그림 1-1] 기업가정신의 경제학

며, 이에 따라 고용이 증대하고 경제성장이 빨라질 것이다. 또한 전반적으로 위험수준이 낮고 기대수익률이 높을 경우에는 많은 사람들이 기업가가 되려고 할 것이다

물론 기업가정신의 경제학은 기업가정신과 경제의 상호작용을 분석함에 있어서 기존의 경제이론 혹은 분석도구를 활용한다. 하지만 기업가 및 기업가정신은 노동, 자본, 토지, 기술 등 생산요소들을 창출하고 조합하는 역할을 수행한다는 점에서 동태적인 측면을 강조한다. 즉 기존경제학이 초점을 맞추고 있는 희소성하에서 정태적 최적선택의 측면보다는 오히려 희소성 문제를 해결하는 관점을 견지한다.

3) 기업가정신 경제학의 중요성

앞에서 언급한 바와 같이 기업가정신과 경제는 밀접한 상호연관관계를 가지고 있으며, 이에 따라 기업가정신의 경제학이 경제학의 한 분야로서 등장하게 되었다. 그러면 기업가정신의 경제학을 배우고 발전시켜야 하는 구체적인 환경은 무엇인가?

첫째, 1970년대부터 지금까지 사회전반에 걸쳐 진행되어온 경제적 환경의 구조적 변화이다. 예를 들어 경기침체, 오일쇼크, 급속한 기술진보, 정보화, 경제의 글로벌화, 계획경제체제에서 시장경제체제로의 전환 등이다. 이러한 일련의 경제적 환경변화는 사회학, 심리학 등에서 다루는 기업가정신의 내용과는 다른 독립적인 기업가정신 이론의 필요성을 제기하였다. 특히 '개인(individual)'으로서의 기업가보다는 기업가적 과정이나 체계에 대한 관심이 높아졌다(Cornelius, et al., 2006).

둘째, 경영학 분야에서 창업 혹은 기업가적 과정에 대한 관심이 커지고 있기 때문이다. 2000년대 들어오면서 경영학의 전통적인 분야, 즉 마케팅, 회계, 재무, 인사, 생산 등과 별도로 기업가정신이 하나의 독립적인 연구 분야로 등장하였다. 구체적인 예로 미국의 Babson Collage는 'Entrepreneurship' 분야에서 가장 경쟁력 있는 대학으로 알려져 있다.

셋째, 경제성장과 고용증대에 있어서 기업가의 역할이 매우 중요하게 되었다. 종전에는 노동력과 자본설비가 증대되거나 기술진보가 이루어지면 경제성

장은 자연히 달성되며, 경제성장은 다시 고용을 증대시키는 것으로 보았다. 그러나 이 과정에서 새로운 아이디어의 창출 혹은 생산요소의 조정자로서의 기업가의 역할을 감안하지 않으면, 경제성장 및 고용증대라는 정책목표를 달성할 수 없는 상황이 되었다. 최근 우리나라에서도 '창조경제(creative economy)'라는 구호 아래 창업자와 중소기업을 위한 각종 프로그램을 시행하는 것은 이를 잘 반영하는 것이다.

넷째, 경제이론 측면에서도 기업가의 역할을 고려하지 않으면 현실설명력이 떨어지기 때문이다. "기업가 없이는 현실경제에서 아무것도 일어나지 않는다(without an entrepreneur nothing happens in economic life)"라고 갈파한 Cole(1946)의 주장을 언급하지 않더라도, 우리는 일상생활에서 기업가들이 경제에서 수행하는 역할을 익히 알고 있다.

1.4 본서의 구성

기업가 및 기업가정신이 경제학의 분석대상이 된다고 하여 기업가 및 기업가정신이 경제학자만의 관심사는 아니며, 기업가정신의 경제학이 사회과학자들 중에서 경제학자들만의 영역은 아니다. 오히려 기업가정신의 경제학은 경영학, 심리학, 사회학, 행동이론 등 학제 간 연구를 필요로 한다.

기업가정신에 대한 다양한 이론적 기반은 [그림 1-2]와 같이 표현할 수 있다. 그림에서 보는 바와 같이 맨 아래에 위치한 경제학은 기업가정신의 기초적인 기반을 제공하며, 심리학, 사회학, 행동이론 등은 학제적인(disciplinary) 기반을 제공한다. 경영학에서는 기업가정신 이론을 활용하여, 기회인식, 창업, 자금조달 등으로 이어지는 기업가적 과정으로 파악한다.

본서는 『기업가정신의 경제학』이라는 책명에서 알 수 있듯이 기업가정신에 대한 경제적 기반을 확립한다.

본서는 Ⅴ편 15개장으로 구성된다. 제Ⅰ편에서는 기업가정신의 경제학을 전개하기 위한 기초적 예비지식을 다룬다. 제Ⅱ편과 제Ⅲ편에서는 미시적 측면과 거시적 측면을 각각 다루고, 제Ⅳ편에서는 국제적 측면, 그리고 제Ⅴ편에서는 정책적 측면을 다룬다. 특히 기업가정신의 경제학을 미시경제적 측면과 거시경제적 측면으로 구분한 것은 경제학의 전통에 따른 것이다. 즉 미시적 측면

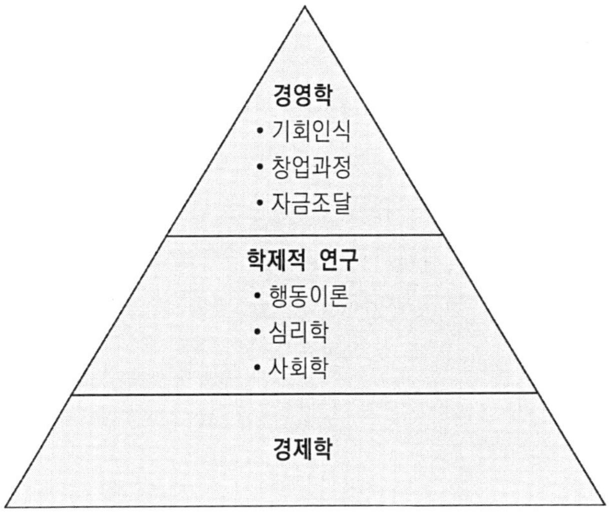

[그림 1-2] 기업가정신 이론의 체계

은 기업가의 특성 및 행동을 다루고, 거시적 측면에서는 기업가정신을 사회적 혹은 국민경제적 차원에서 다룬다.

제Ⅰ편: 제1장 서론에서는 기업가정신의 경제학이 성립된 배경을 설명하고, 기업가정신의 경제학을 정의한다. 이어 제2장에서는 기업가 및 기업가정신에 대한 개념 및 정의 문제를 다룬다.

제Ⅱ편: 제3장에서는 기존의 기업가정신이론에서 언급된 기업가의 역할을 추출하고, 이를 위해서는 어떠한 자질을 필요로 하는가를 분석한다. 제4장에서는 기업가시장(market for entrepreneur)을 일반적인 수요·공급모형을 활용하여 분석한다. 제5장에서는 지대추구(rent-seeking) 관점에서 기업가 행동을 분석한다. 제6장과 제7장에서는 각각 사내기업가와 사회적 기업가의 행동 및 성과를 분석한다.

제Ⅲ편: 제8장에서는 기업가정신의 환경적 결정요인으로서 경제적 요인, 사회문화적 요인, 제도적 요인, 그리고 정책적 요인을 분석한다. 제9장에서는 기업가정신과 혁신의 관계를 밝히고, 제10장과 11장에서는 기업가정신이 경제성장과 고용에 미치는 효과를 각각 분석한다. 제12장에서는 기업가정신의 금융적 측면을 다룬다.

제Ⅳ편: 최근 글로벌화 및 정보화가 급속히 진전됨에 따라서 글로벌경제하의 기업가정신에 대한 관심이 커지고 있다. 제13장에서는 글로벌 기업가정신의 문제를 다룬다. 제14장에서는 기업가정신의 국제적 차이에 대해서 알아본다. 여기서는 주요국가 간, 그리고 선진국과 개발도상국에서의 기업가정신을 비교하고, 체제전환기 경제에 있어서 기업가정신의 문제를 다룬다.

제Ⅴ편: 제15장에서는 기업가정신의 발현 및 행위를 촉진시키기 위한 기업가정신정책을 정의하고, 정부개입시의 정책수단들을 소개한다.

CHAPTER

02 개념 및 정의

▸▸ 지금까지 기업가와 기업가정신에 대해서 정확한 의미를 말하지 않고 사용해 왔다. 이 장에서는 기업가정신과 관련된 개념 및 정의문제를 상세하게 다룬다.

2.1 기업가

기업가를 의미하는 'Entrepreneur'라는 용어는 18C 프랑스의 깡띠옹(R. Cantillon)에 의해 처음으로 소개되었고, 역시 프랑스 경제학자인 세이(J.B. Say)에 의해서 널리 사용되었다. 'Entrepreneur'는 프랑스어로서 영어로는 상인(merchant), 모험가(adventurer), 고용주(employer) 등으로 다양하게 번역되었다. 하지만 원래의 정확한 의미는 프로젝트의 착수자(undertaker of a project)였다. 영국의 경제학자 밀(J.S. Mill)은 이 용어를 영국에 유행시켰는데, 20C 이후에는 경제이론 분야에서 거의 사라졌다. 이는 이미 설명한 바와 같이 신고전학파의 정태적인 분석방법에서는 기업가와 같이 동태적인 성격을 가지는 변수는 수용하지 않았기 때문이었다. 예를 들어 마샬(A. Marshall)은 기업이론을 전개함에 있어서 기업가의 혁신적인 활동보다는 경영 혹은 감독과 같은 관례적인 활동에 초점을 두었다.

그렇다면 기업가는 어떻게 정의될 수 있는가? 결론적으로 말해서 다양한 견해가 제시되어 왔기 때문에 한마디로 정의내리기 어렵다. 실제로 경제이론에서 기업가를 다루지 못한 이유 중의 하나가 기업가의 정의에 대해 학자들 간 의견의 일치가 이루어지지 않았기 때문이라는 주장도 있다(Casson, 2010, p.3). 이하에서는 기업가의 정의문제에 대해서 살펴본다.

1) 지위에 따른 정의

통상적으로 기업가는 지위에 따라 정의된다. 구체적으로 기업가는 "성장잠재력이 큰 중소기업(Small and Medium－sized Enterprises: SMEs)의 창업자 혹은 소유경영자"로 정의된다(Casson, 2010, p.6). 여기서 몇 가지 표현에 유의할 필요가 있다.

첫째는 '소유경영자'라는 표현이다. 이에 의하면 실업이나 취업 대신에 창업을 통해서 자가고용된 사람(self－employed) 혹은 소규모 기업의 고용주(small－scale employer)도 기업가로 볼 수 있다(Blanchflower and Oswald, 1998). 예를 들어 철물점 업계에서는 자영업자가 대부분인데, 사업이 커지든 그렇지 않든 간에 이들은 기업가로 불린다. 그렇다면 성장하는 기업의 전문경영인(Chief Executive Officers: CEOs)은 어떠한가? 이들은 회사에서 봉급을 받고, 기업의 소유권을 갖지 않으므로 아무리 고기술 고성장 기업에 종사하더라도 기업가라고 볼 수 없다. 즉 전문경영인(CEOs)은 자가고용과 기업소유라는 지위 기준에서 보면 기업가의 범주에 속하지 않는다.

기업가의 지위와 관련하여 최근 자주 언급되는 기업가의 유형은 '초도기업가(nascent entrepreneur)'이다. 초도기업가는 "실제로 사업에 착수하지는 않았으나, 사업을 고려하거나 계획을 세우고 있는 개인"이다. 초도기업가는 자가고용 기업가나 소유경영자와 조직의 지위 측면에서 정의되고 있지만 이들과 달리 법적인 지위를 가지지 않는다.

둘째는 '중소기업(SMEs)'이라는 표현이다. 이에 의하면 일단 대기업의 경영자들은 기업가에서 제외된다. 기업가의 범주를 중소기업에 한정시킨 것은 기존 대기업보다는 중소기업의 경영자들이 더 혁신적으로 활동한다는 Schumpeter(1934)의 생각에 근거한 것이다. 실제로 기업가정신에 대한 실증연구에서 기업규모를 기준으로 하여 많은 연구가 진행되고 있다(Audretsch, 2012, p.757).

셋째는 '창업자'라는 표현이다. 이는 기업이 창업단계에 있으며, 따라서 기업의 나이(age)가 적어야 한다는 것이다. 다시 말해서 기존의 성숙단계에 있는 오래된 기업은 기업가의 정의에서 제외된다. 이 역시 새로운 기업이 '창조적인 파괴(creative destruction)'의 주역이 되면서 기존의 오래된 기업을 대체한다는 슘페터의 주장에 근거하고 있다(Audretsch, 2012, p.757).

2) 기능에 따른 정의

기업가는 기업가가 하는 일이 무엇이냐에 따라서 정의되기도 한다. 즉 "기업가란 기업가가 하는 일 자체(an entrepreneur is what an entrepreneur does)"라는 것이다. 만약 기업가의 기능이 기술혁신활동이라면, 기술혁신을 수행하는 그 어느 누구도 지위에 관계없이 기업가가 될 수 있다. 또 기업가의 역할이 위험감수라고 하면, 위험을 감수하는 그 어느 누구도 기업가로 불릴 수 있다.

3) 조직으로서의 기업가

앞에서 소개한 지위 혹은 기능에 따른 기업가의 정의는 암묵적으로 한 '개인' 혹은 '사람'을 전제로 하고 있다. 그렇다면 조직 혹은 기관은 기업가가 될 수 없는가?

이에 대해서 가장 먼저 답을 제공한 경제학자는 스타우스(J.H. Stauss)였다. Stauss(1944)는 기업조직 그 자체가 기업가라고 주장하였다. 그는 소유와 경영이 분리되는 현대적 기업의 형성과정을 보면서, 기업가의 역할이 한 개인 의해서 수행되는 것이 아니라 바로 기업에 의해서 수행된다고 하였다. 예를 들어 기업가의 역할이 위험감수(risk-taking)라면, 이는 특정 개인 혹은 계층에 의해서 우선적으로 수행되기보다는 기업조직에 의해서 수행된다는 것이다. 마찬가지로 기업가의 역할이 기술혁신이라면, '새로운 조합(new combination)'을 창출하는 기능은 특정한 의사결정 권한을 가진 개별구성원들의 총합을 통해서 사업을 영위하는 기업에 의해 수행된다고 한다(Stauss, 1944, p.122). 하지만 기업의 의사결정 단위와 과정에 대해서 자세히 설명하지 못하면서, 지난 50여 년간 스타우스(J.H. Stauss)의 주장을 발전시킨 연구를 찾아볼 수 없게 되었다(Hebert and Link, 2009).

그럼에도 불구하고 최근 기업가는 개인이 아닌 제도 혹은 시스템이 될 수 있음을 암묵적으로 주장하는 연구가 나오고 있다. 예를 들어 Hansen et al. (2000)의 'Networked Incubator(NI)'의 개념이다. NI는 관련기업, 금융기관 등 제도적 하부구조, 인적자원, 그리고 기술능력을 이미 갖추고 신생기업(incubatee) — 주로 중소기업 — 들에게 창업에 관련된 서비스를 제공하는 하나의 시스템이다(성태경, 2000). NI의 대표적인 예는 미국의 SBVC(Softbank Venture Capital)에 의해 설립된 Hotbank로, 여기서 이루어진 활발한 조정과 네트워크의 활동을 통해 자동차 관련 인터넷 서비스업체인 Model E 등의 신생기업을 탄생시켰다. NI로 간주되기 위한 조건은 첫째, 기업가정신을 가지고, 둘째, 규모의 경제효과를 제공하며, 셋째, 네트워크 서비스를 제공해야 한다는 것이다. 여기서 흥미로운 것은 하나의 시스템 혹은 조직이 기업가정신을 가지고 기업가적 역할을 수행한다는 것이다.[3)]

4) 사회적 기업가

이상에서 정의된 기업가는 기본적으로 자신만의 이윤을 추구하는 사적 기업가(private entrepreneur)이다. 그런데 최근 사회적 기업가(social entrepreneur)라는 용어가 등장하고 있다. 사회적 기업가는 "사회적 이득을 추구하는 기업가"라고 정의할 수 있다. 대표적인 예로는 미국의 벤자민 프랭클린(Benjamin Franklin, 1706~1790)을 들 수 있다. 그는 인쇄소를 경영하였지만 순수하게 사회적 기여의 관점에서 피뢰침, 다초점 안경 등을 발명하였고, 우편제도, 교육제도 등 사회전반적인 혁신을 주도하였다.

하지만 사회적 기업가라는 용어가 등장한 것은 최근의 일이다. 이 용어는 아쇼카(Ashoka)[4)]의 설립자겸 대표인 드레이튼(W. Drayton)이 1972년 처음 사용하면서 확산되었다. 그에 의하면 "사회적 기업가는 사회가 당면하는 문제(예: 환경, 의료복지)를 혁신적으로 해결하는 개인들"로 정의된다.

문제는 사회적 기업가가 창업하는 사회적 벤처기업들은 비영리조직이어야만 하는 것이다. 물론 사회적 기업가는 자발적 조직 혹은 비영리조직과 연관되어 있지만 최근 이윤을 추구하는 비즈니스 모델을 채용하는 많은 사회적 기업들이 나타나고 있다.

참고로 최근 '생산적 기업가(productive entrepreneur)', '비생산적 기업가(unproductive entrepreneur)', 그리고 '와해적 기업가(disruptive entrepreneur)라는

---

3) 더 나아가서 정부도 기업가로서 간주되는 경우도 있다. 일본이 제2차 세계대전 후 잿더미에서 경제발전을 이룩하자, 통산성을 중심으로 한 정부의 역할은 가히 '기업가적(entrepreneurial)'인 것으로 평가되고 있다. 또한 Link and Link는 2009년 *Government as Entrepreneur*라는 책을 출간하였는데, 이 역시 정부라는 조직을 하나의 기업가로 보는 사례라고 할 수 있다.

4) 아쇼카는 전 세계적으로 사회적 기업가를 발굴하여 지원하는 비영리조직이다.

용어가 등장하고 있는데, 이는 각각 사회적 수익률이 (+), (0), (−)인 경우를 말한다. 당연히 사회적 기업가의 사회적 수익률은 보통의 사적 기업가에 비해서 매우 높을 것이다.

5) 종 합

이상에서 살펴본 바와 같이 기업가는 여러 가지 기준에 다양하게 정의되고 있다. 이러한 정의들은 연구목적 혹은 활용분야에 따라서 다르게 사용된다. 먼저 지위를 기준으로 한 정의는 통상적으로 경영학 분야에서 많이 쓰인다. 그러나 자가고용된 사람을 기업가로 정의하는 것은 문제가 있다. 왜냐하면 기업가는 혁신을 통해서 경제를 변혁시키는 사람인데, 자가고용된 사람은 철물점의 예에서처럼 혁신적인 역할을 수행하지 않을 수도 있기 때문이다. 또한 기존 기업의 전문경영자를 소유권이 없다는 이유로 기업가로 보지 않았으나, 일부 전문경영자들은 상당히 혁신적일 수 있기 때문이다. 따라서 자가고용된 사람은 기업가를 정의함에 있어서 필요조건도 충분조건도 아니다(Henrekson and Stenkula, 2010, p.595). 기업가정신 연구 분야에서 '기회에 의한 기업가(opportunity entrepreneur)'와 '필요에 의한 기업가(necessity entrepreneur)'를 구분하는 경우를 볼 수 있는데, 필요에 의한 기업가는 창업 외에 생계를 위한 다른 대안이 없거나 현재 상황이 만족스럽지 못할 경우 창업하는 기업가이다. 따라서 필요에 의해서 자가고용된 사람은 진정한 의미에서 기업가라고 보기 어렵다(Reynolds, et al., 2002).[5)]

한편 기능에 따른 정의는 경제학, 행동이론, 심리학, 사회학 등 이론분야에서 많이 선호되고 있다. 이 책은 경제이론의 관점에서 기업가를 노동, 자본, 토지, 기술 등과 마찬가지로 하나의 생산요소로 보고자 한다. 그러나 하나의 독립적인 생산요소가 아니라 이윤을 목적으로 노동, 자본, 토지, 기술 등 다른 생산요소들을 결합하는 기능을 수행하는 개인으로 정의한다.

2.2 기업가정신

흔히 신사(gentleman)는 태도가 바르고 부드러운 사람으로서, 신사적일수

5) '필요에 의한 기업가'와 '기회에 의한 기업가'에 대응하여 각각 '견인효과(pull effect)'와 '추동효과(push effect)'라는 용어도 종종 사용된다.

록, 즉 태도가 바르고 부드러울수록 신사도(gentlemanship)가 강하다고 한다. 따라서 신사도는 신사가 될 수 있는 자질을 말한다.

기업가와 기업가정신의 관계도 이와 마찬가지이다. 기업가정신은 기업가가 될 수 있는 자질 혹은 행동특성이다. 만약 기업가가 사업기회를 잘 포착하여 이를 상업화함으로써 경제적 이득을 얻는 사람이라면, 기회포착능력과 상업화능력이 기업가정신을 구성한다. 실제로 기업가정신은 "전에 존재하지 않은 노력을 통해서 기술혁신을 달성하기 위해서 기회를 발견하고, 평가하며, 활용하는 활동"으로 정의된다(Venkataraman, 1997; Shane and Venkataraman, 2000; Shane, 2003). 이 정의에 의하면, 다산 정약용은 기회포착능력 측면에서 기업가정신이 충일한 사람이었고, 천만호는 사업수행능력 측면에서 기업가정신이 충일한 사람이었다고 해석할 수 있다.

한편 기업가정신은 성과측면에서도 정의될 수 있다(Audretch, 2012). 즉 개인, 조직, 기업의 유형에 관계없이 고성과를 낼수록 '기업가적(entrepreneurial)'이라는 것이다. 이러한 성과기준에 의하면 새로운 혁신성과 혹은 기업성과를 달성한 기업가는 기업가정신이 충일한 사람이라고 할 수 있다. 그렇다면 우리가 주변에서 흔히 보는 창업자들의 기업가정신은 어떠한가? 이들도 자신이나 가족들을 위해서 가치를 창출하고 소비자잉여를 제공한다는 측면에서 기업가정신을 가지고 있다. 그러나 신약을 개발하여 새로운 바이오기업을 설립하는 기업가에 비해서는 덜 '기업가적(entrepreneurial)'이라고 평가할 수 있다.

2.3 기업가적 과정

기업가, 기업가정신 등과 함께 실무적인 측면에서 많이 사용되는 용어가 '기업가적 과정(entrepreneurial process)'이다. 기업가적 과정은 창업과정이라는 용어와 동의어로 쓰이기도 하지만, 창업 후의 활동도 포함하는 보다 광범위한 개념이다.

다행히 기업가적 과정에 대해서는 학자들 간에 의견의 일치를 보이고 있다. [그림 2-1]은 기업가적 과정을 단계별로 잘 보여주고 있다. 즉 기업가적 과정은 기회의 인식단계→착수단계→자원조달단계→창업단계→성장단계→성과회수단계 등 6단계로 이어진다. 그림에서 보는 바와 같이 각 단계는 개인

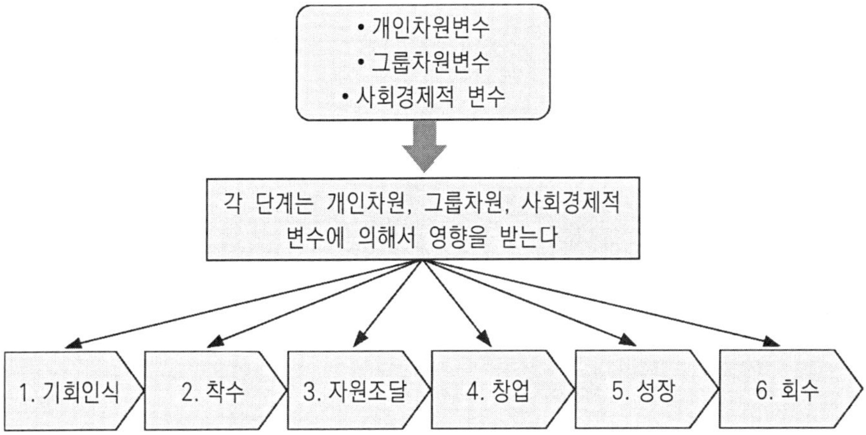

자료: Baron and Shane(2008), p.16.

[그림 2-1] 기업가적 과정

차원의 변수(예: 동기, 기능, 기업가특성), 그룹차원의 변수(예: 아이디어, 생산요소, 고객), 그리고 사회경제적 변수(예: 정부정책, 경제여건, 기술)에 의해서 영향을 받는다.

기업가정신을 경영학적 측면에서 분석하는 책들은 대부분 이러한 기업가적 과정에 따라서 내용을 전개하고 있다. 본서는 기업가정신을 경제학적 관점에서 다루기 때문에 기업가적 과정 혹은 활동단계를 직접적으로 다루지 않는다.

2.4 기업가적 기회

모든 벤처기업은 하나의 아이디어로부터 출발하지만 좋은 아이디어라고 해서 항상 좋은 기회는 아니다. 따라서 기업가는 좋은 아이디어보다는 좋은 기회를 포착하고, 이를 사업화시켜야 한다.

1) 기업가적 기회란

그렇다면 기업가적 기회(entrepreneurial opportunity)란 정확히 무엇을 말하는가? 사전에서 기회의 일반적 의미를 찾아보면, '어떠한 일을 하는데 적절한 시기나 경우'이다. 따라서 기업가적 기회는 '사업을 함에 있어서 적절한 시기나 경우'라고 할 수 있다. 즉 "어떤 사람이 이윤창출 가능성을 가진 새로운 사업아이디어를 개발 혹은 활용할 수 있는 상황"이라고 정의할 수 있다(Baron and Shane, 2008, p.39).

기업가적 기회는 미래의 재화 및 서비스를 창조할 수 있는 아이디어, 신념, 그리고 행동으로 구성된다. 제1장에서 소개한 다산 정약용의 솜틀기계 사례에서 보면, 솜틀기계 사업을 가능하게 했던 기업가적 기회는 (a) 당시 조선여인들에게 절실히 필요한 솜틀기계에 대한 아이디어; (b) 상업화될 수 있다는 신념; (c) 그리고 하인이었던 천만호의 기계제작 착수 및 사업수행 등을 포함한다.

2) 기업가적 기회의 유형

기업가적 기회는 인식되는 기회, 발견되는 기회, 그리고 창출되는 기회로 구분할 수 있다.

① 인식되는 기회

인식되는 기업가적 기회는 기존시장의 활용(exploitation)에서 나타나는 기회이다. 만약 제품이나 서비스에 대한 수요와 공급이 둘 다 존재하고 있다면, 양자를 결합하는 기회는 '인식되어(recognized)'질 수 있고, 양자 간의 연결이 실제로 기존기업이나 신규기업을 통해서 수행되어질 수 있다. 예를 들어 프랜차이즈사업, 중개서비스 등이다. 인식되는 기회가 사업화되는 과정에서 핵심경쟁요소는 자원(resource)이다. [그림 2-2]에서는 유형 I 에 속하는 기회이다.

② 발견되는 기회

발견되는 기업가적 기회는 기존시장 혹은 숨어있는 시장의 탐색(exploration)에서 나타나는 기회이다. 이러한 유형의 기회는 수요와 공급이 동시에 존재하는 것이 아니라 공급만 있고 수요가 없는 경우, 아니면 수요만 있고 공급이 없는 경우에 '발견되어(discovered)'질 수 있는 기회이다. 예를 들어 원격진료는 수요는 존재하지만, 공급이 존재하지 않는 상황에서의 공급측면의 기회로서 [그림 2-2]에서 유형 II 에 속하는 기회이다. 한편 스마트폰을 기반으로 한 웹 프로그램과 같은 정보기술의 응용은 공급은 존재하는 상황에서 수요측면에서 발견되어지는 기회로서 유형 III에 속하는 기회이다. 유형 II 는 발견되는 기회로서 생산/공급이 창출되는 경우이고, 유형 III은 역시 발견되는 기회이나 새로운 시장/수요가 창출되는 경우이다. 발견되는 기회가 사업화되는 과정에서 핵심경쟁

시장/수요

		기존(old)	신규(new)
생산/공급	기존(old)	유형 I • 인식되는 기회 • 예: 프랜차이즈 사업 • 핵심경쟁요소: 자원	유형 III • 발견되는 기회-수요 • 예: 웹 프로그램 • 핵심경쟁요소: 전략
	신규(new)	유형 II • 발견되는 기회-공급 • 예: 원격진료 • 핵심경쟁요소: 전략	유형 IV • 창출되는 기회 • 예: 웹 브라우저 • 핵심경쟁요소: 가치

자료: 성태경 외(2016), p.1096.

[그림 2-2] 기업가적 기회의 유형화

요소는 전략(strategy)이다.

제1장에서 소개한 다산 정약용의 솜틀기계 사례에서는 다산은 이미 솜틀에 대한 수요가 존재하는 상황에서, 이를 충족시켜 주는 공급측면의 기회를 발견한 것으로 볼 수 있다. [그림 2-2]에서는 유형 II에 속하는 사업기회라고 볼 수 있다.

③ 창출되는 기회

'창출되는(created)' 기업가적 기회는 새로운 시장의 창출에서 나타나는 기회이다. 이른바 블루오션시장(blue ocean market)의 창출이다. 이러한 유형의 기회는 기존에 수요는 물론 공급도 존재하지 않는 상황에서 양자가 모두 '창출되어(created)'져 새로운 제품과 시장을 탄생시킨다. 전구, 웹 브라우저, 김치냉장고 등을 대표적인 예로 들 수 있다. [그림 2-2]에서는 유형IV에 속하는 기회로서, 창출되는 기회가 사업화되는 과정에서 핵심경쟁요소는 가치(value)이다.

3) 기회의 원천

기업가가 벤처기업을 창업함에 있어서 기회포착은 매우 중요하다. 그렇다면 기회는 어디로부터 오는가? 기회는 기술적 변화, 사회적 변화, 정치적 변화로

부터 포착될 수 있다(Bhide, 2000).[1)]

① 기술적 변화

기술적 변화는 기업가적 기회의 가장 중요한 원천이다. 왜냐하면 기술혁신은 사람들로 하여금 새로운 제품을 개발하거나 더 생산적인 방법을 고안할 수 있는 길을 열어 주기 때문이다. 예를 들어 초고층 빌딩이라는 사업기회가 열린 것은 초고속의 안전한 엘리베이터가 이미 개발되었기 때문이었다.

② 사회문화적 변화

사회문화적 변화도 기술적 기회의 중요한 원천이다. 왜냐하면 사회문화적 변화 과정에서 사람들의 기호와 수요패턴이 달라지기 때문이다. 예를 들어 비만과 음식에 대한 사람들의 인식변화는 새로운 사업기회를 창출하고 있다. 특히 인구수, 연령구조, 고용, 소득분포, 교육수준 등 인구구조의 변화는 수요측면에서 상당한 영향력을 갖는다. 고령화가 진행되면서 실버산업 관련 사업기회가 출현하는 것이 대표적인 예이다.

③ 정부정책의 변화

정부의 규제완화도 새로운 사업기회를 창출한다. 예를 들어 미국의 경우 통신, 전기, 항공, 철도, 은행 등 일련의 산업에 대한 정부의 규제가 완화되면서 많은 새로운 사업기회들이 창출된 것으로 보고되고 있다(Shane, 2003, p.25).

2.5 벤처기업

기업은 영어로 여러 단어들로 표현된다. 'Company', 'Firm', 'Corporation', 'Enterprise', 'Business' 등이다. 각각은 기업의 고유한 특성을 나타낸다. 'Company'는 일반적으로 여러 사람들이 모여서 이룬 조직으로서의 '회사'를, 'Firm'은 '생산활동' 주체로서의 역할을, 'Corporation'은 법적 존재로서의 '법인'을, 'Enterprise'는 '모험 혹은 위험'을 내포하는 존재로서의 기업을, 그리고 'Business'는 '일 혹은 업무'를 행하는 주체로서의 특성을 각각 표현하고 있다. 이 중에서 모험하

1) 참고로 Drucker(1985)에 의하면 기회는 다음 7가지 원천으로부터 온다고 한다. 기대되지 않은 사건(unexpected occurrences), 부조화(incongruities), 절차상의 필요(process needs), 산업/시장의 변화(industry and market changes), 인구변화(demographic change), 인식의 변화(changes in perception), 새로운 지식(new knowledge) 등이다.

는 존재 혹은 위험을 내포하는 존재로서의 기업의 특성은 매우 중요하다. 즉 'Enterprise'로 표현되는 기업의 특성이다. 'Enterprise'는 영어지만 프랑스어에서 나온 단어로서 지금의 'Venture'와 같은 의미를 가진다. 따라서 벤처기업(venture business)이라고 하면 모험 혹은 위험을 내포하는 존재로서의 기업의 특성을 나타내는 용어이다. 일반적으로 벤처기업은 "고위험과 고성과를 특징하는 기술집약적 중소기업"으로 정의된다.

우리나라에서는 1997년 "벤처기업육성에 관한 특별조치법"이 시행되면서 벤처기업을 지정하여 자금, 조세, 행정면에서 많은 혜택을 주고 있다. 따라서 벤처기업에 대한 기준이 명확하다. 우리나라에서 벤처기업은 우선 중소기업이어야 하며(중소기업기본법 제2조),[2] 다음 요건들 중 하나에 해당하면 된다(벤처기업육성에 관한 특별조치법).

- **벤처투자기업**: 벤처투자기관으로부터 투자받은 금액이 자본금의 10% 이상[3]으로, 투자금액이 5천만원 이상인 기업
- **연구개발기업**: 기업부설연구소를 보유한 기업으로서, 연간 연구개발비가 5천만원 이상이고, 연간 총매출액 대비 연구개발비 비율이 5% 이상으로[4] 사업성이 우수한 것으로 평가받은 기업
- **기술평가보증/대출기업**: 기술보증기금(기보) 또는 중소기업진흥공단(중진공)으로부터 기술성이 우수한 것으로 평가받고, 기보의 보증 또는 중진공의 대출을 순수신용으로 받되, 보증 또는 대출금액이 8천만원 이상이고, 당해기업의 총자산에 대한 보증 또는 대출금액 비율이 5% 이상인 기업
- **예비창업기업**: 창업기업의 경우는 기보 또는 중진공으로부터 기술성이 우수한 것으로 평가받은 기업

위의 요건을 보면, 벤처기업의 조건은 차례로 (a) 벤처투자기업, (b) 연구개발기업, (c) 기술평가보증/대출기업, 그리고 (d) 예비벤처기업으로 구분할 수 있

2) 현재 중소기업은 주된 업종의 평균매출액 기준으로 정의되고 있다. 업종별 자세한 내용은 중소기업청 홈페이지 중소기업 범위해설을 참조하면 된다.
3) 벤처투자기관은 중소기업창업투자회사, 중소기업창업투자조합, 신기술사업금융업자, 신기술사업투자조합, 한국벤처투자조합, 투자전담회사, 기타 대통령령으로 정하는 기관이다.
4) 업력이 3년 미만인 기업의 경우는 연구개발비 비율을 적용하지 않는다.

다. 여기서 공통되는 점은 기술성 혹은 사업성이 우수한 기업이어야 벤처기업으로 인정된다는 것이다.[5] 즉 특허 등 신기술을 기반으로 사업화에 착수하거나 연구개발기업의 경우처럼 특허 등 신기술을 공급할 능력이 있는 기업이여야 한다.

2.6 사내기업가정신

사내기업가정신(corporate entrepreneurship: CE)은 이미 설립된 기업 내에서 종업원들이 현재의 자원상황에 구애받지 않고 기회를 포착하여 활용하는 과정으로 정의된다. 예를 들어 기업가적인 관리자는 고객이 직면하는 문제들을 해결할 수 있는 새로운 기술들을 결합하고, 이를 시장수요에 연결하여 새로운 가치를 창출하는 활동을 수행한다. 이러한 과정은 핵심적인 아이디어를 통해서 새로운 벤처기업을 탄생시키기도 하지만 기존 기업의 변형을 가져오기도 한다.

사내기업가정신 구현의 대표적인 예로 구글(Google)을 들 수 있다. 구글은 40개국이 넘는 지역에 16,000명의 종업원을 채용하고 있다. 구글의 임무는 "세상의 정보에 누구나 접근할 있도록 하는 것"이며, 이에 따라 구글 뉴스가 개발되었다. 구글 뉴스는 크리시나 바라트(Krishna Bharat)라는 종업원의 아이디어에서 출발되었다. 그는 2001년 9.11 테러 사건 이후 뉴스중독자가 되었고 각종 뉴스사이트로부터 많은 정보를 수집하여 자신의 아이디어에 맞는 뉴스제공 수단을 제작하였다. 이 아이디어는 구글 사이트가 완벽한 뉴스 서비스를 제공하는데 활용되어졌다. 이처럼 구글에서 종업원들이 아이디어를 상품으로 개발할 수 있는 것은 사내기업가정신을 구현하는 프로세스가 있기 때문이다. 특히 '구글 아이디어'는 종업원들의 아이디어 저장소 역할을 한다. 이를 통해서 구글 종업원들은 아이디어를 공유할 수 있다. 종업원들이 제안한 각각의 아이디어에 대해 점수가 매겨지며, 5점은 '당장 실행하라'는 뜻이라고 한다. 사내기업가정신은 제6장에서 자세히 다룬다.

---

5) 이러한 기준에서 숙박 및 음식점업, 공공수리 및 기타서비스, 부동산업 및 임대업, 오락 및 문화산업 등은 제외된다.

2.7 기업가에 대한 보수: 이윤

생산과정에서 생산요소 공급자들은 대가를 받는다. 즉 노동에 대해서는 임금, 자본에 대해서는 이자, 그리고 토지에 대해서는 지대를 받는다. 물론 기업 입장에서는 임금, 이자, 지대는 생산비용이다.

그렇다면 이윤(profit)은 무엇인가? 이윤은 기업가에 대한 보수이다. 따라서 이윤율은 기업가적 활동에 대한 가격이라고 할 수 있다. 하지만 지금까지 경제학에서는 이윤의 본질에 대해서 단순한 설명에 그치고 있다. 즉 이윤을 총수입에서 총비용을 뺀 나머지로 보고 있으며, 이윤의 원천에 대해서는 설명을 생략하고 있다. 이는 신고전학파 경제학이 기업가를 분석에서 제외시켜온 데 따른 당연한 결과로 보여진다.

비용을 어떻게 보느냐에 따라서 이윤의 개념이 달라지므로 먼저 비용에 대해서 알아보자.

1) 기회비용

경제학에서 말하는 비용의 개념은 기회비용(opportunity cost)이다. 즉 특정 재화의 생산에 요소를 투입하면, 다른 재화의 생산 기회가 포기된다는 사실에 초점을 맞춘다. 따라서 경제학에서는 비용을 한 재화의 생산에 요소를 투입함으로써 포기된 다른 재화의 수량으로 정의한다. 가령 X재 1 단위를 생산하기 위한 비용은 포기된 Y재 생산에 투입되었더라면, 생산할 수 있었던 Y재 생산량이라는 것이다.

그렇다면 생산의 주체인 개별기업의 입장에서 본 비용은 어떻게 측정되나? 기회비용의 개념을 활용하면, 기업의 생산비용은 다음과 같이 정의 내릴 수 있다.

> X재의 생산비용은 기업이 고용하는 요소공급자(노동자, 기계소유자, 토지소유자)들이 X재 생산에 전념하게끔 지불해야만 하는 화폐액(임금, 이자, 지대)이다.

여기서 말하는 화폐액은 명시적 비용(explicit cost)뿐만 아니라 암묵적 비용(implicit cost)도 포함한다. 명시적 비용이란 기업이 소유하지 않은 요소에 대해 지불하는 돈이다. 명시적 비용은 흔히 회계사나 경리직원이 사용하는 개념이다.

회계학에서는 비용을 단순히 기업 외부에서 노동, 원재료, 연료, 전력 등을 제공하는 요소소유자에게 기업이 그 대가로 지불하는 금액으로 보고 있다.

그러나 기업은 생산을 위해 직접 요소를 소유하며, 이에 대해서도 비용이 발생한다. 왜냐하면 기회비용이란 생산요소를 누가 소유 또는 고용하고 있느냐에 관계없이 발생하기 때문이다. 바로 기업이 내부적으로 보유하고 있는 요소에 대해서 발생하는 비용이 암묵적 비용으로, 기업에 있어서 암묵적 비용은 자가 고용된 요소가 다른 용도로 사용되었을 때 얻을 수 있는 화폐액이다. 예를 들어 갑이라는 사람이 동네에서 자기소유의 점포와 자본금을 가지고 식품점을 부인과 함께 운영하고 있다고 하자. 그는 명시적인 임대료나 임금은 지불하지 않지만 암묵적인 임대료와 임금은 발생하고 있다. 왜냐하면 자기소유의 건물을 식품점으로 이용함으로써 갑은 타인에게 임대했을 경우 얻을 수 있었던 임대료 — 예를 들어 월 100만원 — 를 희생하고 있으며, 이와 마찬가지로 그와 부인의 노동력과 자본을 자신의 식품점에 투입함으로써, 만일 그와 부인이 다른 회사에 고용되거나 그의 자본을 타인에게 대여했더라면 얻을 수 있는 임금과 이자를 희생하고 있는 것이다. 뿐만 아니라 갑은 그 자신의 기업경영능력을 식품점 경영에만 전념시킴으로써 그렇지 않으면 다른 회사에서 발휘하여 얻을 수 있었던 소득도 포기하고 있는 것이다. 이와 같이 생산요소를 고용한 대가로 기업 외부에 돈을 지급하지는 않았지만 마땅히 생산비용에 넣어야 할 비용을 경제학에서는 암묵적 비용이라 한다. 이상을 요약하면 다음의 관계가 성립한다.

기회비용(경제학적 비용) = 명시적 비용(회계학적 비용) + 암묵적 비용

2) 정상이윤

앞의 예에서 갑은 기업가로서의 능력과 재능을 식품점 경영에 투입하고 있는데, 이와 같이 기업가능력이 어떤 용처 — 앞의 예에서는 식품점 — 에 계속 투입되도록 하기 위해 지급되어야 하는 최소한의 보수를 정상이윤(normal profit)이라고 한다. 혹시 일부 독자들은 정상이윤이 말 그대로 이윤이지 왜 비용개념에 포함되느냐고 물을 수도 있다. 그러나 경영능력도 자기소유의 요소이므로 암묵적 임금이나 암묵적 이자와 마찬가지로 암묵적 비용이다. 만일 기업가가 이러한 최소한도의 이윤을 얻지 못한다면 그의 기업가로서의 능력을 다른 재화의

생산으로 돌리거나, 혹은 개인에 따라서는 사업을 포기하고 고용살이를 희망할 것이다. 요컨대 경제학에서 말하는 비용은 재화의 생산과정에서 고용되는 모든 생산요소에 대해서 지급되는 일체의 지급액을 말하는 것으로서, 명시적 비용은 물론이고 정상이윤을 포함하는 암묵적 비용까지 포함하는 개념이다.

3) 경제적 이윤(순수이윤)

앞의 비용분석을 통해 독자들은 이윤에 대해서 경제학과 회계학에서 각기 그 해석을 달리하고 있음을 짐작할 수 있었을 것이다. [그림 2-3]에서 보는 바와 같이 회계학에서 말하는 이윤은 총수입에서 명시적 비용만을 뺀 잔여분이지만, 경제학에서는 총수입에서 기회비용을 뺀 금액이다. 이때 기회비용은 명시적 비용과 암묵적 비용(정상이윤 포함)을 합한 금액이다.

그러므로 경제학자가 "A기업의 기업가는 비용을 보상받고 있다"라고 말할 경우, 그가 의미하는 것은 모든 명시적 비용과 암묵적 비용이 '커버'되고 있으며, 따라서 A기업의 기업가는 기존재화의 생산에 그의 기업가적 능력을 계속 투입하기에 충분한 수입을 얻고 있다는 것이다. 만약 기업의 총수입이 기회비용을 초과할 경우 잔여분은 기업가에게 귀속되는데, 이 잔여분을 경제적 이윤(economic profit) 혹은 순수이윤(pure profit)이라고 부른다. 따라서 다음의 관계가 성립한다.

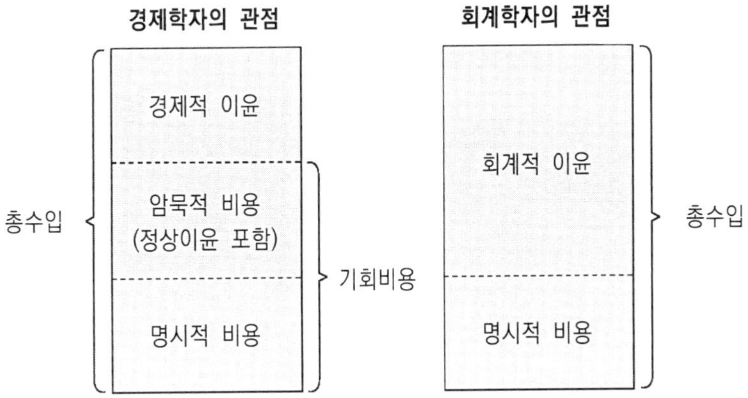

자료: 성태경(2014).

[그림 2-3] 경제적 이윤과 회계적 이윤

경제적 이윤(순수이윤) = 총비용 − 경제적 비용(기회비용)

순수이윤은 기업가로 하여금 특정재화 생산에 계속 종사하도록 하는 데 필요한 정상이윤을 초과하는 수입이기 때문에 비용이 아니다.

4) 이윤의 역할

이윤은 자본주의 경제체제를 움직이는 '힘'이라 할 수 있다. 이윤은 생산요소의 고용수준은 물론이고 생산요소의 사용처간 배분에도 영향을 미친다. 혁신의 유인은 이윤 혹은 이윤에 대한 기대이며, 혁신은 다시 투자를 촉진하여 소득 및 고용수준을 증대시킨다. 혁신은 경제성장과정에서 필수적인 것이며, 대부분의 경우 혁신의 배후에는 이윤추구 동기가 개입되어 있다.

한편 이윤은 자원의 효율적 배분을 가능하게 한다. 기업가는 이윤을 추구하는 동시에 손실을 회피하며, 경제적 이윤의 발생은 곧 사회가 이윤이 발생된 산업의 확장을 원하고 있다는 신호가 된다. 사실상 이윤은 생산확장의 유인에 그치는 것뿐만 아니라 기업설비확장의 재원이 된다. 반대로 손실은 그 생산이 축소되어야 한다는 신호가 된다.

제 Ⅱ 편

미시적 측면

CHAPTER

03 기업가의 역할 및 자질

▸▸ 이 장에서는 기존의 기업가이론을 바탕으로 기업가의 역할 및 자질 그리고 기업가에 대한 보수의 본질을 분석한다.

기존의 기업가이론들은 기업가의 기능 측면에서 다음 다섯 가지 접근방법으로 구분해 볼 수 있다. 첫째는 소득의 분배 측면으로, 이윤의 본질을 논의하는 과정에서 제기된 위험감수자(risk-bearer)로서 기업가의 역할이다. 이 관점은 프랑스의 경제학자인 깡띠옹[1](R. Cantillon)에 의해 시작되었다.[2]

둘째는 시장과정에 초점을 맞추는 접근방법으로 기업가를 거래중재자(arbitrageur)로 본다. 이는 오스트리아학파에 의해 전개된 이론으로 완전경쟁시장에 대한 왈라스적(Walrasian) 정태적 개념을 비판하는 과정에서 제기된 동태적인 접근방법이다. 이는 최근에 커즈너(I. Kirzner)에 의해서 정교화되었다.

셋째는 기업가를 생산요소의 조정자(coordinator)로 보는 세이(J.B. Say)의 관점이다. 세이는 깡띠옹의 이론을 확장시키는 한편, 오스트리아학파에 의한 동태적 분석의 실마리를 제공하였다.

---

1) 경제학자의 우리말 표기는 박기혁(1989)을 참조함.

2) 고전학파 경제학, 특히 영국에서는 기업가에 대한 정교한 설명을 제공하지 않았고, 이는 19세기 말과 20세기에 이어진 신고전학파에서도 마찬가지였다(Baumal, 1968; Ricketts, 1994). 양대 이론에서는 '자연'가격 혹은 '균형'가격의 결정이 주요 관심사였으며, 균형에 이르는 과정보다는 최종적인 균형상태에 초점을 맞추었기 때문에 기업가의 분명한 역할에 대해서 논의가 이루어지지 않았다. 기업가에 관한 경제이론이 시작된 곳은 프랑스였고, 오스트리아학파에서 다루어져오다가, 최근에는 1980년을 전후로 하여 기업가의 경제이론을 정교화하려는 노력이 활발하게 이루어져 왔다.

넷째는 기업가를 기술혁신자로 보는 슘페터적(Schupeterian) 관점이다. 슘페터(J. Schumpeter)는 기술혁신을 경제발전의 원동력으로 보고, 기술혁신의 수행자로서 기업가의 역할을 강조하였다.

다섯째는 기업가를 의사결정자로 보는 관점으로 나이트(F.H. Knight)에 의해 제기되어 카슨(M. Casson)에 의해서 이론이 구체화되었다. 이하에서는 각 경제학자들이 주장한 기업가의 정의, 행동유형, 시장 및 생산과정에서의 역할, 그리고 기업가에 대한 보수로서의 이윤의 본질에 대해서 살펴보고자 한다.

3.1 위험감수자

기업가를 불확실성 혹은 위험의 감수자로 보는 관점은 생산요소별 소득분배를 논의하는 과정에서 도출되었다. 경제학에서 이윤은 소득 중 임금, 이자, 지대를 지급한 후에 남는 잉여로 정의되므로 완전한 정보, 자유로운 진입 및 퇴출, 동질적 제품 등의 조건이 만족되는 완전경쟁시장에서는 장기적으로 정상이윤만 얻게 되고 경제적 이윤은 0이 될 것이다. 이 경우에는 기업가에 대한 논의가 전혀 필요하지 않게 된다. 그러나 현실적으로 불확실성이 존재하며, 이를 감수한 대가가 이윤이라는 생각이 대두되었다. 이와 관련된 기업가의 역할은 세 가지로 구분될 수 있다. 즉 투기자로서의 기업가, 불확실성의 판단자로서의 기업가, 그리고 소유자로서의 기업가 등이다.

1) 투기자로서의 기업가

경제활동에서 처음으로 불확실성의 중요성을 강조함으로써 투기자로서 기업가의 역할을 언급한 사람은 프랑스 경제학자이자 투기자였던 깡띠옹이었다. 그는 상품을 구입하여 판매하는 투기적인 중간상인(middleman)은 미래시점에서의 시장상황에 대해서 완전한 정보를 가지지 못한다고 전제한다. 그러나 중간상인은 현재시점에서 미래상황에 관계없이 제품공급자에게 정해진 확실한 가격을 지불해야 하므로, 중간상인은 불확실성을 감수하는 전문가가 될 수밖에 없다고 주장하였다. 그는 다음과 같이 기술하고 있다.

> 중간상인은 구입하는 농산물에 대해서 농부에게 고정된 가격, 즉 구입하는 시점에서의 시장가격을 지불해야만 한다. 그가 이 일에 착수하는 것은 농산물을 판매하

는 미래시점에서 불확실한 가격이 수송비용을 지불하고도 이윤을 가져다 줄 것으로 기대하기 때문이다. 그러나 농산물 가격의 수시적인 변동은—비록 큰 폭이 아닐지라도—이윤을 불확실하게 만든다(Cantillon, 1755, p.49).

이 점은 생산자에게도 마찬가지이다. 즉 생산자도 제품의 판매에 대해서 확실한 계약 없이 자원을 동원해야 하므로 불확실성이 가져다주는 비용을 감수해야 한다.

깡띠옹의 이러한 주장에 의하면 모든 경제주체는 크게 두 그룹으로 구분된다. 하나는 고정된 소득을 받는 그룹이고, 다른 하나는 자신의 소득은 미래에 불확실할지라도 고정된 소득을 지불하기로 약속하는 그룹이다. 미래에 소득이 불확실하게 되는 이유는 고정된 소득을 받는 사람들이 안정적이고 예측 가능한 규칙에 따라서 제품을 구입하기보다는 필요한 경우에 약간의 제품만을 구입하는 경향이 있기 때문이다. 깡디옹은 이와 같이 불확실한 소득에 의존하는 사람은 그가 노동자이든, 지주이든, 자본가이든, 농부이든 상관없이 기업가라고 보았으며, 고정된 소득에 의존하는 사람들을 종업원으로 정의하였다.

요컨대 깡띠옹의 소득분배이론은 얻게 되는 소득의 유형에 초점을 맞추고 있으며, 불확실한 소득을 받는지의 여부가 기업가의 정의에 있어서 핵심적인 요인이 된다. 즉 지출은 확실하지만 소득이 불확실한 상황에서 경제활동을 영위하는 사람은 어떤 개인도 기업가가 될 수 있다고 보았다.

2) 불확실성의 판단자로서의 기업가

Knight(1921)는 기업가를 불확실성의 비용을 감수하도록 준비된 전문가로 정의하고, 이에 대한 대가로서 경제적 이윤을 수취한다고 보았다. 기업가의 역할은 불확실한 미래에 대해서 판단을 하는 것이고, 이러한 기능과 연관된 보상, 즉 위험감수에 대한 대가가 바로 이윤이라는 것이다. 더 나아가서 그는 위험과 불확실성을 구분함으로써 이러한 생각을 보다 발전시켰다. 나이트는 불확실성을 사전적 혹은 통계적 추정에 의해서 상이한 결과가 발생할 확률이 결정될 수 없는 상황으로 정의한다. 반면에 위험은 반복되는 관찰에 의해서 상이한 결과가 발생하는 상대적인 빈도를 추정하는 것이 가능한 상황과 관련되어 있으며, 전반적인 위험은 보험에 의해서 감소될 수 있다고 보았다.

그는 순수이윤이 발생하는 근거는 측정 가능한 위험에 있는 것이 아니라 측정 불가능한 불확실성에 있다고 주장한다. 불확실성은 전례가 없거나 혹은 유사한 사례가 평가될 수 없는 독특한 상황에서 발생한다. 거꾸로 말하면 위험은 상당 폭의 기업가치 변동을 초래하는 충격을 유발하지 않는다. 즉 특정한 형태의 위험상황이 정규적으로 발생하더라도, 이는 기업의 이윤흐름 변동에 측정 가능한 효과를 갖는다. 그러나 불확실한 상황이 발생하면, 기업가치는 재평가될 필요가 있을 정도로 변화되고, 이러한 기대하지 않은 충격은 기업가에게 이윤, 즉 기대하지 않은 이득을 가져다준다는 것이다.

그는 불확실성의 상황하에서 기업가의 일차적 역할은 기업활동을 수행하는 것이 아니라 무엇을, 어떻게 할 것인가를 결정하는 것이라고 보았다(Knight, 1921, p.268). 즉 다양한 목표가 어떻게 달성되며, 어떠한 목표가 가치 있는 것인가를 결정하는 일이 바로 기업가의 역할이라는 것이다. 이때 요구되는 기업가의 자질은 예견력(foresight)과 자신감(confidence)이라고 한다.[3] 개인마다 예견력이 다르며, 시장경쟁은 다른 사람에 비해 예견력이 큰 사람을 생산의사결정에 전문화하게 만든다고 보았다.

3) 소유자로서의 기업가

미국의 경제학자인 호울리(F.B. Hawley)는 1907년에 집필한 「기업과 생산과정」이라는 저서를 통하여 기업가를 불확실한 상황하에서 소유권을 통해 책임을 지는 사람으로 보았다. 기업가는 생산의 동인 혹은 목적으로 노동, 자본, 토지 등 생산수단을 통제하는 역할을 수행하는데, 자신의 의사결정하에 생산수단을 임의로 사용하기 위해서는 생산수단에 대한 소유권을 가져야 한다는 것이다. 물론 생산되는 산출물의 소유권도 기업가가 갖게 된다. 즉 기업가는 소유권을 가짐으로써 생산수단과 산출물을 통제한다. 이때 문제는 기업가가 불확실한 상황에서 이러한 활동을 수행한다는 것이다. 만약 산출물이 파손되거나, 경쟁기업

---

3) 나이트는 예견력 있고 자신감 넘치는 사람은 기업가로서 위험을 전제하고, 소심하고 의심 많은 사람들에게 특정한 소득을 보장함으로써 위험을 회피하게 해준다고 주장한다 (Knight, 1921, pp.269~70). 그렇다고 하여 예견력 있고 자신감 넘치는 기업가가 항상 소심하고 의심 많은 사람을 고용하거나, 기업가는 하나의 기업을 소유하거나 조직해야 한다는 것은 아니다.

이 보다 좋은 제품을 생산하여 고객을 빼앗거나, 기타 다른 불확실한 사건이 기업가를 파멸시킨다면, 그 부담은 결국 책임 있는 소유자로서의 기업가가 지게 될 것이다.

호울리는 기업가는 소득분배의 주체로서 수요·공급의 원리에 따라서 노동에 대해서는 임금을, 자본에 대해서는 이자를, 토지에 대해서는 지대를 각각 지불하고, '불확실한 남는 소득'을 이윤으로 가지게 된다고 보았다. 바로 이러한 이윤은 불확실한 상황하에서 소유에 대한 대가라고 하였다. 더 나아가서 이윤은 모든 인간의 생각 및 행동의 유일한 원천으로, 이러한 이윤을 얻는 기업가는 단순한 생산요소가 아니라 불확실성의 감수자이며, 생산활동의 동기부여자라고 주장하였다.

3.2 중개자

기업가를 동태적인 시장과정에서 중개자로 보는 관점은 오스트리아학파에 의해서 발전되었다. 오스트리아학파의 창시자인 멩거(C. Menger)는 기업가의 가장 중요한 역할은 계속되는 불균형의 상태하에서 자원배분을 지시하고 수정하는 일이라고 보았다. 그는 위계적 생산관계 속에서 기업가는 투입자원의 배분 및 산출물의 유형을 결정하는 역할을 수행하므로 가장 높은 위계에 있는 생산요소라고 보았다. 또한 자원배분을 올바로 수행하기 위해서 기업가는 정보가 필요하고, 그것을 분석할 능력을 가져야 함을 강조하였다.

이러한 생각은 하이에크(F.A. Hayek)로 이어졌다. 하이에크는 신고전학파 경제이론이 정태적인 시장균형의 개념에 바탕을 두고 있기 때문에 기업가에 대한 분석이 결여될 수밖에 없다고 주장한 최초의 경제학자이다. 균형을 전제하는 것은 완전한 정보를 가정하는 것이나 마찬가지이다. 하지만 그는 경제현실은 하나의 균형을 향한 조정과정이며, 이 과정은 지식의 획득과 교류를 포함한다고 보았다. 그는 다음과 같이 기술하고 있다.

> 어떠한 조건들하에서 사회의 상이한 구성원들의 지식과 의도는 한 곳으로 점차 수렴해 가며, 구체화되어 갈 것이다. 사람들의 기대, 특히 기업가들의 기대는 올바른 것으로 판명되어질 것이다. 단지 문제가 있다면 그것은 우리가 아직도 (a) 이러한 현상이 진행되는 조건들과 (b) 개인들의 지식이 변화되는 과정의 본질에 대해서

모르고 있다는 점이다(Hayek, 1949, p.45).

이러한 문제제기에 대해서 그는 가격기구에 바탕을 둔 자발적인 교환의 분권화된 과정, 즉 시장과정을 답으로 제시하였다. 그는 현실세계를 획기적인 발명(혹은 지식)보다는 특정시대와 장소에서 개인의 요구에 따른 기술변화, 즉 점진적인 기술진보가 진행되는 과정으로 보고, 시장이 개인들로 하여금 자신들의 기술지식을 다른 사람에게 전파하게 할 뿐만 아니라 다른 사람이 이룩한 기술진보를 배우게 한다고 하였다. 그리고 이것이 개인들로 하여금 그들의 의사결정을 조정하게 하고, 그럼으로써 균형상태로 움직인다고 보았다. 이와 같은 시장과정 및 기업가의 역할에 관한 오스트리아학파의 견해에 대해서 Kirzner(1979)는 보다 정교한 분석을 제공하였다. 그에 의하면 바로 가격조정, 즉 시장이 균형으로 향하도록 하는 동인(動因)이 기업가이다. 이때 기업가에게 요구되는 유일한 자질은 기회포착능력(alertness to opportunity)이다. 다시 말하면 기회에 대해서 경각심을 갖는 사람의 집단을 기업가로 정의하였다.[4] 그에 있어서 기업가는 생산과정에서 조정기능이나 관리기능 등의 특정한 능력을 가진 존재가 아니다. 그는 다음과 같이 기술하고 있다.

> 기업가가 필요로 하는 것은 단지 구매자가 '너무' 많이 지불하는 곳이 어디인지와 판매자가 '너무' 적게 받는 곳이 어디인지를 찾아서, 그 상품을 좀더 비싸게 구매하여 좀더 싸게 판매하겠다고 제안함으로써 양자의 갭을 메워주는 것이다. 이러한 활용되지 않은 기회를 발견하는 데는 경각심이 요구된다. 계산, 최적화, 효율 등은 이러한 지식에 도움이 되지 못할 것이다(Kirzner, 1973, p.41).

기업가에 대한 커즈너의 접근방법은 교환으로부터의 이득 중 소진되지 않은 이득을 생각하고 있다는 것이다. 시장의 불균형은 무지(無知)에 연유하며, 무지가 이윤창출가능성의 직접적인 요인이다. 기대는 환경에 대한 인식의 오류때문에 실현되지 않는다. 이 상황에서 커즈너는 기업가를 학습능력이 있는 사람으로 보았다. 즉 기업가는 새로운 정보의 관점에서 과거의 의사결정을 재평가할 능력을 가지고 있는 것이다. 위의 인용문에서 언급한 바와 같이 기업가는

---

4) 이와는 달리 커즈너의 스승이었던 미제스(L. von Mises)는 모든 사람은 기업가적인 자질, 즉 기회포착능력을 가지고 있다고 보았다.

시장중개자의 역할을 수행함으로써 이윤을 얻을 수 있다. 점차적으로 기업가 간의 경쟁이 심해지면 가격이 조정되면서 시장은 균형으로 수렴하게 된다.

커즈너에 있어서 기업가는 생산요소가 아니므로 임금, 지대, 이자 등과 같이 취급되지 않으며, 기업가의 수입은 시장중개인의 역할에 대한 보수이다. 즉 기업가가 받는 순수이윤은 구입가격과 판매가격의 차이이다(Kirzner, 1973, p.48). 어떤 수입이 기업가가 인식한 기회에 근거하여 행한 의사결정에 연유한 것이라면 그것은 이윤이 되지만, 단순히 자산의 판매에 의한 것이라면 이윤이 아니라는 것이다. 이러한 이윤에 대한 기대가 기업가를 행동에 착수하게 하는 동인이며, 기업가가 시장과정의 동인이 된다는 것이 그의 이론의 핵심이다.

한편 드러커(P. Drucker)는 변화에 초점을 맞춤으로써 커즈너의 기업가와 궤를 같이하는 기업가이론을 전개하였다. 그는 기업경영의 관점에서 다음과 같이 기술하고 있다.

> 기업가는 변화를 일상적이고 바람직한 것으로 본다. 통상적으로 그들은 스스로 변화를 유발하지는 않는다. 그러나 기업가는 항상 변화를 추구하고, 변화에 반응하며, 변화를 기회로서 활용한다. 바로 변화가 기업가 및 기업가정신을 규정한다(Drucker, 1986, p.42).

즉 기업내부에서 초점은 비교 정태적인 것보다는 동태적인 것에 두어져야 하며, 새로운 기회를 활용하여 이를 자본화할 수 있는 기업가정신이 개발되어야 함을 강조하고 있다. 특히 드러커는 기업가정신이 개인들로 구성된 하나의 그룹에 국한되지 않는다고 주장하였다. 기업가는 특정한 자질을 가지고 태어난 사람이 아니며, 기업가적 행동은 경쟁우위를 획득하기 위하여 기존의 기업조직에 속해 있는 개인들 간에 발전되어진다고 보았다.

3.3 생산의 조정자

프랑스의 경제학자이자 자신이 직접 사업을 경영했던 세이는 깡띠옹의 영향을 받아 기업가에 관한 비교적 명확한 이론을 전개하였다. 그는 기업가를 깡띠옹과 마찬가지로 불확실성의 감수자로 보았다. 그는 불확실성에 대해서 다음과 같은 관점을 가지고 있었다.

> 복잡한 경영활동의 과정에서 극복되어야 할 장애, 억제되어야 할 걱정, 보상받아야 할 재난, 그리고 고안되어야 할 임시조치가 수없이 기다리고 있다(Say, 1803, p.285).

세이에 의하면 기업가는 기대되지 않은 문제들을 해결하는 전문가로 간주된다. 그러나 기업가에 대한 그의 관점은 불확실성의 감수자로서보다는 조정자로서의 기업가의 역할에 초점이 맞추어져 있다. 그는 다음과 같이 기술하고 있다.

> (기업가는) 사업뿐만 아니라 세상물정에 관한 지식, 판단, 그리고 인내력을 갖추어야 한다. 그는 상당한 정도의 정확도를 가지고 특정제품의 중요성, 잠재수요량, 그리고 생산을 위한 수단들에 대해서 일괄적으로 추정해야 한다. 그는 다수의 종업원을 고용해야 하며, 한편으로는 원재료를 구매하고, 소비자를 찾아 나서며, 경제 및 질서에 대해 부단 없는 관심을 기울여야 한다. 요컨대 그는 관리 및 감독의 기술을 소유해야 한다(Say, 1803, p.285).

이상과 같이 그는 기업가를 생산요소를 결합 및 조정하는 능력을 갖춘 특이한 존재로 정의하였다. 특히 깡띠옹이 상정했던 단순한 거래상황에서와는 달리 기업가는 다양한 상품 및 생산요소시장에서의 이윤창출가능성에 대해서 계산을 한다고 보았다. 따라서 기업경영이 성공하려면, 기업가는 요구되는 모든 자질을 갖추어야 한다고 주장하였다.

더 나아가서 세이에게 있어서 기업가는 시장경제를 작동시키는 주체였다. 그의 생산 및 분배이론에 의하면, 생산요소는 인적자원, 자본, 그리고 자연자원으로 구분되고, 인적자원은 다시 이론가, 기업가, 노동자 등으로 구성된다. 인적자원은 자본과 자연자원을 '통제(command)'하며, 인적자원 중 기업가는 이론가가 제공하는 원리를 현실에 적용하여 노동자에게 구체적인 일을 지시하는 가장 중요한 역할을 수행한다. 그리고 이러한 생산의 조정자인 기업가에게 돌아가는 임금이 바로 이윤이다.

따라서 세이에 있어서 기업가의 활동은 기본적으로 시장과정과 연관을 맺고 있다. 즉 기업가가 행동을 취하지 않고는 시장과정은 결코 변하지 않는다.

그러므로 조정과정에서의 기업가의 역할, 즉 불균형상태하에서 시장과정을 조정하는 기업가를 상정할 수 있다. 이러한 생각은 앞에서 살펴본 오스트리아학파 이론의 바탕이 되었다.

최근에는 라이벤스타인(H. Leibenstein)이 기업가이론과 관련하여 세이의 주장과 궤를 같이하고 있다. 그는 X-비효율이론을 전개함으로써 세이와 마찬가지로 다양한 상이한 시장으로부터 생산요소를 효율적으로 조합하기 위해서는 성공적인 기업가가 요구됨을 강조한다.

> 어떤 한 기업이 판매 가능한 제품을 만드는 데 여섯 가지의 생산요소가 필요하다면, 그들 중 다섯 가지만 조달하는 것은 소용없는 일이 될 것이다. 이러한 격차를 메우고, 생산요소를 완벽하게 조달하는 능력은 기업가의 독특한 자질이다(Leibenstein, 1968).

즉 라이벤스타인은 기업가의 역할을 요소조합의 격차메우기(gap-filling)와 요소조합의 완성(input completion)이라고 보았다. 격차메우기는 커즈너에 의해 강조된 중개자의 역할과 유사하고(Casson, 1982, p.366), 요소조합의 완성은 기존 생산방법의 효율을 개선시키고 새로운 생산방법의 도입을 부추기기 위하여 가용한 생산요소를 조정하는 활동을 포함한다. 그러므로 그에 있어서 기업가정신이란 X-비효율을 줄이기 위한 창의적인 노력으로 해석된다. 즉 기업가가 필요한 이유는 X-비효율이 발생하는 조직에서 기업가적 활동은 경쟁적인 압력 혹은 위협의 동인이 되기 때문이다.

3.4 기술혁신자

어느 누구보다도 기업가의 경제적 역할에 대해서 명시적으로 다룬 사람은 슘페터였다. 그는 기업가를 기술혁신의 주체 또는 '새로운 조합(new combinations)'의 수행자로서 자본주의 경제의 엔진으로 보았다. 그에 있어서 기업가적인 활동은 경제발전과 경기변동의 궁극적인 요인이다. 따라서 슘페터의 기업가 이론은 경제발전의 과정을 언급함으로써 이해할 수 있다. 그는 경제발전을 정태적인 경제상태와 대비시키면서 급격한 교란의 관점에서 다음과 같이 정의하고 있다.

> 기존의 균형상태를 영원히 변화시키는 것은 균형의 교란, 즉 경제순환의 경로에서의 불연속적이고 충동적인 변화이다. 나의 경제발전이론은 이러한 현상과 과정을 다루는 것에 불과하다(Schumpeter, 1934, p.64).

잘 알려진 바와 같이 그에 있어서 경제발전은 신제품의 소개, 신생산공정의 소개, 신시장의 개척, 새로운 원자재 공급원의 개척, 그리고 신산업조직의 창출 등 다양한 내부적인 변화로 인해 가능하다(Schumpeter, 1934, p.66). 즉 경제발전은 내생적(endogenous)인 변화로 정의되며, 인구나 부의 증가로 인한 '단순한 성장(mere growth)'은 경제발전이 아니다.

슘페터에 있어서 기업가는 시장경제에서 위와 같은 변화를 유발시키는 역할을 하는 사람이다. 이러한 기능을 수행하는 사람은 그가 독립적인 사업가이든 전문경영인이든 상관없이 기업가라고 보았다. 그리고 사회 속에서 기업가를 희소한 자원으로 믿었다. 즉 기업가는 상상 불가능한 사건을 가져오는 비상한 사람이며, 혁명적이며, 기존의 상식을 뒤집는 혁신가로 새로운 것을 창출하는 사람이라고 보았다. 여기서 참신성이란 규모가 아니라 기술적인 견지에서이다. 예를 들어 철도나 전력 등은 물론이고 소시지나 칫솔 같은 것도 참신한 것이다. 그는 기업가는 경각심, 전문성 등 자질 면에서가 아니라 심리적인 관점에서 희소하다고 보았다. 그는 심리적인 관점에서 기업가의 동기유발요인을 다음과 같이 기술하고 있다.

> 무엇보다도 개인적 왕국을 건설하려는 꿈과 의지이다. 현대사회에서 이러한 지위는 존재하지 않지만, 상업적인 성공을 통해서 얻어지는 지위는 중세 영주의 지위에 견줄 수 있다. 이러한 탐닉은 사회적인 명예를 달성할 다른 방도를 가지지 못한 사람들에게 특히 강하다. (중략) 다음은 정복하려는 의지이다. 싸우려는 충동, 다른 사람보다 내가 더 우월하다는 것을 증명하려는 충동, 성공의 결실보다는 성공 자체를 위해서 성공하려는 충동 등이다. 이러한 관점에서 경제적 행동은 스포츠에 비유할 수 있다. (중략) 마지막으로 창조의 즐거움, 성취감, 또는 단순히 자신의 에너지와 독창력을 발휘하는 것이다(Schumpeter, 1934, pp.93~94).

뿐만 아니라 기업가활동을 위축시키는 일련의 장애들이 존재하며, 이들 역시 기업가를 희소하게 만드는 요인으로 작용한다고 보았다. 첫째, 기업가는 결과가 알려지지 않은 상태에서 어떤 지침도 없이 행동해야 하고, 둘째, 인간의 기본 속성은 변화가 특정한 어려움을 수반하지 않는다고 하더라도 새로운 것에 대해서 거부감을 가지며, 셋째, 기업가가 속한 사회 역시 어떤 변화에 대해서도 꺼려한다는 것이다(Schumpeter, 1934, pp.85~86).

그러므로 슘페터에 있어서 기업가는 단순히 위험을 감수하려는 사람도 아닐 뿐만 아니라, 기업을 관리, 감독, 조정하는 사람도 아니며, 발명가와도 구분되며, 사회적 계급의 관점에도 정의될 수 없는 존재이다. 그에 의하면 위험부담은 생산수단 혹은 화폐자본의 소유자의 몫이다(Schumpeter, 1934, p.75). 또한 발명은 혁신에 우선하지만, 기업가의 역할을 구분지어 주는 것은 '새로운 조합(new combination)'의 실행 여부이다.

이상과 같은 경제발전과 기업가의 개념하에서 경제의 동태적 움직임을 이해할 수 있다. 기업가에 의한 기술혁신을 가장 잘 유발할 수 있는 상태는 경제가 하나의 균형에 접근하고 있을 경우이다. 가장 유능한 기업가들에 의해서 시작된 초기의 기술혁신이 성공적인 것으로 판명되면, 이는 이들보다 덜 유능한 기업가들을 따라오도록 자극한다. 후발 기업가들은 선발 기업가들이 개척자로서 이미 시행했던 아이디어를 활용하기 때문에 후발 기업가들을 후원하는 자본가가 감수하는 위험의 정도는 낮아진다. 이와 같이 기업가들에 의한 기술혁신은 연속적으로 진행되면서 경제성장이 달성된다. 요컨대 기업가가 경제발전의 궁극적 요인이라는 것이 슘페터가 전개한 동태이론의 핵심이다.

슘페터는 기업가적인 이윤에 대해서도 분명한 이론을 전개하였다. 먼저 그는 정태적 경제순환하에서는 이윤이 존재하지 않는다고 보았다. 바꾸어 말하면 기술혁신에 의해 발전하는 경제에서만 이윤이 발생한다는 것이다. 물론 그도 비용을 초과하는 잉여, 즉 수입과 지출의 차이를 이윤으로 보았다(Schumpeter, 1934, p.128). 즉 일반적으로 기술혁신은 제품의 평균비용의 감소를 초래하므로 현재의 균형가격과 낮아진 평균비용의 격차가 발생한다는 것이다. 이러한 이윤은 일시적으로 존재할지라도[5] 순이득이며, 다른 생산요소비용으로 흡수되지 않

5) 기술혁신가에 의한 초기이윤은 모방자들에게는 정상이윤(normal profit) 이상의 이득이 가능할 수 있음을 보여주는 일종의 신호등이다. 이 신호등을 보고 진입과 경쟁이 진행되면, 초기이윤은 소진되고 새로운 균형점이 달성된다.

는다(Schumpeter, 1939, p.15). 자연히 이윤은 새로운 요소의 조합을 도입한 사람, 즉 기업가에게 귀속된다.

3.5 의사결정자

기업가를 의사결정자로 보는 견해는 기본적으로 나이트에 근거하고 있다. 앞에서 언급한 바와 같이 나이트는 기업가를 위험의 감수자로 보았는데, 효율적인 시스템하에서는 어떤 한 의사결정으로 인한 금전적 결과에 대한 책임은 그 의사결정에 대한 책임문제와 분리될 수 없다고 하였다. 즉 그는 불확실한 상황뿐만 아니라 그러한 상황에서 책임 있는 의사결정자로서의 기능에도 초점을 맞추었다.

이러한 나이트의 생각을 이어받은 사람은 카슨(M. Casson)이었다. 카슨은 기존의 기업가이론들을 통합하는 과정에서 의사결정자(decision-maker)로서의 기업가의 역할을 강조하였다. 그에 의하면 기업가는 "희소한 자원의 조정에 관한 '판단적 의사결정(judgemental decisions)'에 전문화하는 사람"이다(Casson, 1982, p.23).

이러한 정의에서 핵심적 개념은 '판단적 의사결정'이라는 용어이다. 그는 판단적 의사결정을 '상이한 여러 사람들이 동일한 목적을 가지고 동일한 여건하에서 행동하나 상이한 의사결정을 하는 것'이라고 정의한다. 이러한 차이는 '상황에 대한 상이한 인식에 기인하는데, 이는 정보에 대한 상이한 접근 혹은 해석 때문에 발생한다'고 보고, 의사결정들 간의 차이는 의사결정에 소요되는 비용이나 자원 등 정량적인 데 있는 것이 아니라 의사결정 자체의 정성적인 차이에 있다고 설명하였다(Casson, 1982, p.24). 그러므로 카슨에 있어서 기업가는 다른 사람보다 더 나은 판단능력을 가지고, 복잡한 문제나 해결이 어려운 문제를 다룰 수 있는 사람이다. 물론 어느 누구도 다른 사람에 비해서 더 우월한 판단능력을 갖고 있다고 확신하기는 어려우나, 일부 사람들은 그러한 능력이 있다는 확신 속에서 행동한다고 한다. 예를 들면 자신이 다른 사람은 가지고 있지 못한 정보를 가지고 있다고 믿는 사람이다.

기업은 바로 이러한 사람들에 의해서 정보가 제시하는 효율적인 방법으로 자원을 재분배하는 기구로서 설립된다. 즉 기업가는 다른 사람들이 모르는 정보를 가지고 '희소한 자원을 조정'한다는 것이다. 따라서 카슨은 커즈너와 마찬가지로 기업가를 시장중개인으로 보고 있는 것으로도 해석할 수 있다. 기업가는 자원을 배분하는 사람으로, 이를 달성하기 위하여 소유권을 거래해야 하며 기업을 조직 혹은 재조직한다. 기업가는 하나의 기업이 조직되면 이윤이 창출될 수 있을 것이라고 보는 사람, 기업을 구입하는 사람, 경영방식을 바꾸는 사람, 그리고 이익을 위해서 그것을 파는 사람, 현재는 독립적으로 일하고 있는 일련의 사람들이 팀으로 모이면 더 효과적일 것이라고 생각하는 사람, 기존의 소득에 걸맞는 임금을 지급함으로써 사람을 고용하고 팀을 만드는 사람, 그럼으로써 팀의 노력을 통해서 생산성을 향유하는 사람이다.[6)]

카슨은 기업가에 대한 기대보수는 임금의 성격을 갖는다고 해석한다. 장기에서의 기대보수는 단순히 시간과 노력, 즉 의사결정의 문제를 규정하고 실행하는 데 쓰여지는 시간과 노력에 대한 대가이다. 반면에 단기에서 기업가에 대한 보수는 우월한 정보에 대한 보수라고 본다. 이는 일종의 독점이윤이다.

3.6 종 합

기업가를 역할 측면에서 정의한다면, "기업가란 기업가가 하는 일 자체(an individual entrepreneur is what he or she does)"라고 할 수 있다. 따라서 만약 기업가의 역할이 기술혁신활동이라고 본다면, 기술혁신을 수행하는 그 어느 누구도 지위에 관계없이 기업가가 될 수 있으며, 새로운 조합에 대한 실행동기가 중요한 자질이라고 할 수 있다. 그리고 그가 얻는 이윤은 기술혁신에 대한 대가이다(<표 3-1> 참조).

그렇다면 이상의 다양한 기업가정신 이론 중에서 어떤 이론이 가장 타당하다고 볼 수 있겠는가? 이는 매우 어려운 질문이다. 왜냐하면 각 기업가정신 이론은 당시의 사회·경제적 배경하에서 성립된 것으로서 나름대로의 근거를 가지고 있기 때문이다. 다만 다양한 이론들에 공통되는 요소를 찾는다면, 그것은 '새로운 가치창출'이라고 할 수 있다. 위험감수, 기회포착, 조정, 기술혁신, 의사결정 등은 결국 '가치창출'로 귀결될 수 있기 때문이다. 이를 반영하여 최근에는

6) 카슨은 기업가를 기본적으로 팀, 위원회, 조직 등으로 보지 않고, 개별적인 사람으로 보고 있다.

〈표 3-1〉 대안적 기업가이론들의 관점 요약

기업가의 기능	위험감수자			시장중개인	조정자	기술혁신가	의사결정자
	투기자	위험의 판단자	소유자				
주장자	Cantillon	Knight	Hawley	Menger Hayek Kirzner Drucker	Say Leibenstein	Schumpeter	Casson
기업가의 자질	위험감수 동기	예견력과 자신감	위험에 대한 책임감	기회포착 능력	조정능력, 노력	새로운 조합의 실행 동기	정보보유 및 판단능력
기업가의 행동유형	–	–	–	시장신호에 단순히 반응	점진적 변화 추구	혁신적 아이디어의 창출	–
시장변화 속에서 기업가의 역할	–	기업가 활동과 변화는 동반되는 현상	–	주어진 시장 여건하에서 기업가가 변화를 유발	기업가활동과 변화는 동반되는 현상이나, 기업가가 시장시스템을 창출	기업가는 시장여건을 파괴하고 창출하는 역할	기업가 활동과 변화는 동반되는 현상
생산과정에서의 역할	–	–	타생산 요소를 통제함	상위위계에 속하는 생산요소	다른 자원을 통제하는 네 번째 생산요소	단순한 생산요소가 아닌 경제 발전과 경기변동의 원동력	–
이윤의 본질	투기에 따른 위험에 대한 대가	측정 불가능한 위험의 감수에 대한 대가	소유에 대한 대가로 동기부여 하는 힘	시장중개 역할에 대한 보수	생산의 조정 기능에 대한 임금	기술혁신의 성과로서 변화의 신호등	단기: 우월한 정보에 대한 대가 장기: 의사결정에 필요한 시간과 노력에 대한 대가

자료: 성태경(2002).

통합적인 관점에서 기업가를 가치창출자(value creator)로 정의하는 연구들도 나타나고 있다(Bruyat and Julien, 2001). 이러한 관점에서 기업가정신을 "전에 존재하지 않은 노력을 통해서 기술혁신을 달성하기 위해서 기회를 발견하고, 평가하며, 활용하는 활동"으로 정의하는 Shane and Venkataraman(2000), Shane(2003) 등의 연구는 매우 시사적이다.

3.7 적용사례: 한국경제에서 기업가의 역할 및 자질

역사적으로 볼 때 우리나라는 제1장에서 언급한 바와 같이 유교전통하에서 '사농공상(士農工商)'의 가치체계가 근저에 깔려 있었기 때문에 기업가정신이 뿌리를 내리기 어려웠다. 물론 기업가정신이 발현된 사례가 전혀 없었던 것은 아니다. 세종대왕의 한글창제, 거상 임상옥, 정약용을 중심으로 한 실학사상, 조선 말기의 개화사상 등이 대표적인 사례이다. '개성상인(송상)', '의주상인(만상)' 등이 말해주듯이 지역적 특성을 가지는 기업가정신을 지칭하는 말들도 있었다. 하지만 나라가 일본의 지배하에 들어가면서 기업 활동 자체가 많은 제약을 받게 되었다. 일제 강점기 36년 동안 일본은 한국 사람들의 정상적인 기업 활동을 허용하지 않았다.

우리나라에서 기업 활동이 활발해지고 기업가정신이 발현되기 시작한 것은 경제개발계획이 착수된 1960년대 초반 이후이다. 정부는 공업중심의 수출주도형 경제성장 정책을 시행하였고, 이에 호응하는 많은 기업가들이 활발하게 기업 활동을 수행하였다. 이 과정에서 대표적인 기업가가 삼성의 이병철, 현대의 정주영, 대우의 김우중 등으로 자신들이 일군 기업을 토대로 한국의 경제발전에 이바지하였다. 현대경영학의 아버지로 불리는 피터 드러커(Peter Drucker)는 이러한 한국경제의 발전상을 보면서 한국의 기업가정신이 세계에서 가장 높은 수준이라고 평가하기도 하였다(Drucker, 2002).

이와 같이 한국경제의 고도성장 과정에서 기업가의 역할이 분명 있었고, 당시 상황에 적합한 바람직한 기업가의 자질이 요구되었다. 1960년대와 1970년대에 걸쳐 우리나라의 성공적인 창업자들에 대해 설문조사한 Jones and Sakong(1980)[7]은 기업가의 주요 자질로서 노력(hard work), 인재의 운용기술

7) 이 연구는 기업의 성공요인을 창업자 자신이 평가하였다는 한계를 가지고 있다.

(skill in handling people) 등을 들었다. 위험감수의지(willingness to take risks)는 별로 중요하지 않은 요인으로 지적되었으나, 1963년 이전에 기업을 설립한 창업자들은 1968년 이후에 기업을 설립한 창업자들에 비해서는 위험감수의지가 더 컸던 것으로 분석되었다. 또한 상식을 초월한 의사결정의지(willingness to make unpopular decisions)가 영향력 있는 요인으로 나타나, 당시 기업가들은 새로운 목적을 추구하여 기존의 사회규범을 무시하는 일종의 사회적 변종(social deviants)이었다고 해석하였다. 이러한 연구결과를 앞에서 설명한 기업가의 역할 측면에서 보면, 소위 '개발연대'에 있어서 요구되었던 기업가적 자질은 세이와 라이벤스타인이 주장한 조정자로서의 역할이었다고 할 수 있다. 또한 당시에 기업들이 기술개발보다는 기술도입에 의존하는 상황에서 실질적으로 발명활동을 하거나 기술개발을 지휘하는 활동에 전념하지 못했지만, '상식을 초월한 의사결정의지'는 슘페터의 혁신가로서의 역할과 연결지을 수 있겠다. 여기에 하나 덧붙인다면, 수출주도 경제성장을 추진하는 과정에서 시장중개인으로서의 역할을 수행한 기업가들의 공헌을 지적할 수 있을 것이다. 이들은 세계시장에서의 기회포착능력을 통하여 기업의 성장은 물론 국가경제에도 도움을 주었다.

비교적 최근의 상황을 반영하는 박영배·윤창석(2000)의 연구에서는 창업자의 성취욕구, 모호함에 대한 인내성향, 위험감수성향 등 심리적 특성과 창업동기의 명확성, 창업동기의 차별성, 카리스마적 리더십, 위험대처노력 등 행위적 특성 중 성취욕구와 창업동기의 명확성만이 경영성과에 정(+)의 영향을 미치는 것으로 분석되었다. 따라서 이 연구는 벤처기업의 성공요인 중 '자신의 왕국을 건설하려는 꿈과 의지' 혹은 '성공하려는 충동' 등 슘페터의 동기유발요인의 중요성을 부각시켜 준다고 하겠다.

그러나 기술진보가 가속화되고 정보혁명이 심화될 미래의 신경제(new economy)에서는 단순한 성취감이나 생산의 조정능력만 가지고는 창업을 성공시키는 데는 한계가 있을 것이다. 신경제는 지식기반경제(knowledge-based economy)로서 컴퓨터와 통신기술을 근간으로 하는 네트워크경제이다. 먼저 지식기반경제에서 가장 요구되는 기업가의 역할은 카슨의 의사결정자로서의 기능으로 여겨진다. 즉 정보보유 및 이를 근거로 한 판단능력이 기업가의 중요한 자질이 될 것이다. 이는 정보가 노동, 자본, 토지, 경영 등 전통적인 생산요소와 함께 새로운 생산요소로서 그 중요성을 더해 가기 때문이다.

급속한 기술진보와 관련하여서는 슘페터의 기술혁신가로서의 기능이 필요할 것이다. 자신이 직접 새로운 조합의 실행동기를 갖추고, 혁신적 아이디어를 창출할 뿐만 아니라 종업원과 연구조직으로 하여금 그러한 활동에 전념하게끔 하는 기업가의 자질이다. 특히 단순한 시장개척이나 조직혁신이 아닌 신제품 및 신공정의 개발을 추진할 수 있는 기업가적 능력이 요구된다. 최근에는 기술 내용이 복잡화·융합화 되는 추세이므로 기술에 관한 전문적인 지식도 요구된다. 따라서 경영 전공자로서 시장과 재무 측면에만 관심을 가지는 사람보다는 공학도로서 경영마인드를 가진 사람, 혹은 경영 전공자이지만 기술적 지식을 보유한 사람이 벤처기업의 경영자로서 적합할 것이다. 이러한 바탕 위에서 슘페터가 강조한 지위상승욕, 성취욕, 정복욕, 독창력 등 동기유발요인도 갖추어야함은 물론이다.

CHAPTER

04 기업가시장

▸▸ 이 장에서는 기업가를 하나의 생산요소로 보고, 기업가가 거래되는 기업가시장을 수요·공급모형을 통해서 분석한다.

4.1 기업가시장이란

재화, 노동, 자본, 기술 등에 대해서 시장이 형성되는 것과 마찬가지로 기업가라는 하나의 생산요소에 대해서도 시장의 개념을 도입할 수 있다. 즉 기업가시장(market for entrepreneur)으로, 기업가에 대한 수요와 공급의 상호작용에 의해서 보수가 결정되는 메커니즘이다.

하지만 재화, 노동, 자본 등과 달리 기업가시장에 대해서는 아직까지 정형화된 모형이 정립되어 있지 못하다. 이는 기업가적 활동이 혁신, 새로운 제품 및 창업, 그리고 새로운 산업의 형성이라는 광범위한 현상을 포함하기 때문이다(Kaiser, 1990). 더 나아가서 기존의 주류경제학에서 자원배분 문제를 설명하기 위해서 시장 메커니즘, 즉 '보이지 않는 손'에 초점을 맞춘 반면에, 자원을 재배분하는 존재로서의 기업가에 대해서는 소홀히 다루어온 측면도 없지 않았다.

그럼에도 불구하고 지금까지 '기업가시장'이라는 개념을 통해서 기업가를 경제활동의 영역으로 끌어들이려고 시도한 노력을 찾아볼 수 있다(Menudo and O'Kean, 2014). 역사적으로 보면, Say(1826, 1828, 1843)는 '기업가적 서비스 시장(market for entrepreneurial services)'을 분석하였다. 그는 기업가도 다른 생산요소와 마찬가지로 경쟁 메커니즘하에서 보수를 얻는다고 보았다. 기업가는 생산의 조정자로서 노동, 토지, 자본 등 다른 생산요소를 통제하는 네 번째 생산요소로서 조정기능에 대해서 일종의 임금을 얻는다는 것이다. 그리고 이러한 기업가적 서비스에 대한 보수를 설명하는 수단으로서 기업가시장을 상정하였다. 그러나 기업가시장이 어떻게 기능하는지에 대한 설명은 제공하지 못했다.

Marshall(1920)은 '경영능력에 대한 시장(market for business ability)'에 대해서 분석하였다. 그는 세이와는 달리 기업가시장 메커니즘의 기능을 설명하였다. 즉 기업가에 대한 보수는 기업가의 경영숙련도에 대한 수요에 기업가의 공급이 적응해 가는 과정에서 결정된다고 보았다. 기업가의 공급이 기업가에 대한 수요를 창출하는 것이 아니라, 기업가의 공급이 기업가에 대한 수요에 적응해 간다는 것이다.

Knight(1921)는 처음으로 수요와 공급의 관점에서 기업가시장에 대해서 분석하였다. 즉 기업가의 보수(이윤)는 기업가에 대한 수요와 공급의 상호작용에 의해서 결정된다고 보았다. 이 과정에서 그는 수요가 중요한 역할을 담당한다고 한다. 기업가에 대한 수요는 하나의 생산요소로서 기업가적인 서비스가 증가할수록 한계생산성이 감소한다는 것이다.

최근에 와서는 Casson(1982, 1990), Kaiser(1990) 등이 나이트의 전통을 이어받아서 기업가시장에 대한 수요공급모형을 제안하고 있다. 이하에서는 이상의 연구들을 토대로 기업가시장에서의 보수(임금 혹은 이윤)의 결정 메커니즘을 정립해 보고자 한다.

4.2 기본 전제

제품이든 생산요소이든 수요곡선(공급곡선)은 "있을 수 있는 '가격(price)'에 대응하여 구매(판매)하고자 하는 '양(quantity)'을 보여주는 예정표"이다. 따라서 기업가에 대한 수요곡선 및 공급곡선을 상정하기 위해서는 '가격'과 이에 대응되는 '양'을 분명하게 규정해야 한다. 이를 위해서 다음과 같은 전제가 필요하다.

첫째는 기업가의 역할이다. 만약 기업가의 역할이 세이가 말한 대로 생산의 조정자로서 임금을 받는다고 한다면 기업의 입장에서 기업가에 대한 수요곡선을 상정할 수 있다. 이 경우 기업은 시장창출자(market-maker)가 된다. 하지만 기업가의 역할이 슘페터의 주장처럼 기술혁신가로서 자가 고용되는 경우라면 기업가에 대한 수요는 분석하기 어렵다(Baumol, 2010). 새로운 기업의 창업자로서 기업가는 다른 누구에 의해서 일차적으로 수요되지 않기 때문이다. 다만 통상적인 환경하에서 기업가는 스스로 그들 자신의 기업가적 서비스를 수요하기를 선택할 따름이다. 그러나 Casson(2003)이 제안한 것처럼 은행을 하나의 시장창출자로서 간주하면 하나의 수요곡선을 상정할 수 있다. 즉 은행은 창업시 자금조달자로서 기업가적 능력이 없는 사람이 기업가가 되는 것을 차단할 수 있으며, 기업가적 능력이 있는 사람들 중에서도 기업가가 되는 것을 선택 및 조정할 수 있다.

둘째, 기업가에 대한 보수이다. 기업가가 기업에 고용된 관리자라면, 그가 받는 보수는 임금의 개념이다. 반면에 자가 고용된 기업가의 경우에는 그에 대한 보수는 정상이윤과 그것을 넘어서는 경제적 이윤의 합이다. 따라서 기업가의 역할에 따라서 보수의 개념이 다르다. 하지만 역할에 따른 보수의 성격에 관계없이 '기대보상(expected reward)'이라는 개념을 사용하면 하나의 가격으로서 신호등의 역할을 수행할 수 있다.

셋째, '기업가의 양'에 대한 전제이다. 기업가의 양은 다양하게 측정될 수 있다. 기업가의 양을 측정하는 지표로 기업가의 수, 기업가적 서비스, 혹은 기업가적 지출 등을 활용할 수 있다. 우리의 분석에서는 기업가의 양을 활동 중인 기업가의 수로 측정한다.

넷째, 우리가 분석하는 기업가는 '자질을 갖춘(qualified)' 사람이다. 여기서 자질이 있는 사람이란 새로운 아이디어를 실현시킬 수 있는 사람, 경영의사결정 능력이 있는 사람, 자원을 통제할 능력이 있는 사람, 혹은 기회를 포착할 수 있는 사람 중 어느 하나 또는 두 개 이상의 자질을 갖춘 사람이다.

4.3 기업가에 대한 수요

1) 기업가 수요곡선

기업가에 대한 수요곡선은 "다른 사정은 일정한 상황에서 기대된 대가와 기업가에 대한 수요량의 관계를 보여주는 예정표"이다. 여기서 다른 사정이 일정하다는 것은 산업구조변화, 기술진보, 글로벌화 등 기업가적 기회(entrepreneurial opportunity)에 영향을 미치는 외생변수들은 주어져 있다는 의미이다.

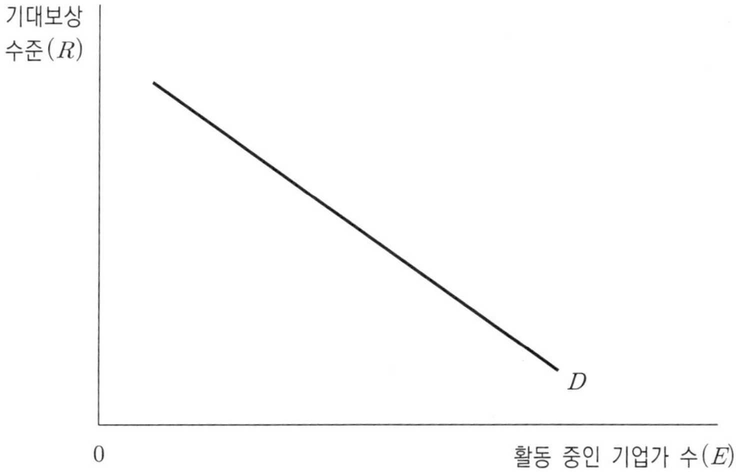

[그림 4-1] 기업가 수요곡선

[그림 4-1]에서 보는 바와 같이 기업가 수요곡선은 우하향한다. 즉 기업가의 기대보상수준과 기업가의 수요량은 부(-)의 관계를 갖는다. 그런데 이러한 관계는 통상적인 수요곡선과 다르다. 기대보수가 낮아짐에 따라서 기업가에 대한 수요가 낮아지는 것이 아니다. 오히려 기업가의 수가 증가함에 따라서 기업가의 기대보수는 낮아진다고 할 수 있다. 경제이론에 따르면 역수요함수(inverse demand function)의 개념으로, 가격조정(price adjustment)이기보다는 수량조정(quantity adjustment)의 성격을 가진다.

예를 들어서 설명해 보자. 기업가에 대한 수요주체로서의 기업이나 은행은 기업가에 대한 수요를 결정함에 있어서 기업가가 가져다주는 수익을 고려할 것이다. 가령 첫 번째 기업가의 한계생산가치(value of marginal product)가 100원이고,[1] 두 번째 기업가의 한계생산가치가 80원이며, 세 번째 기업가의 한계생산가치가 60원이라고 하자. 이때 기업가의 한계생산가치가 감소하는 것은 한계생산체감의 법칙이 작용하기 때문이다. 다른 조건이 일정한 상황하에서 기업가가 추가로 투입될수록 그들의 추가적인 기여도는 낮아질 것이라는 예측은 영구불

1) 생산요소의 한계생산가치는 생산성에 제품의 가격을 곱한 값이다. 하지만 기업가의 한계생산가치는 기존의 제품가격에 국한되는 것이 아니라 잠재적인 제품의 가치까지도 포함하는 광범위한 개념이다.

몇의 경제원칙이다. 이때 합리적인 수요자라면 주어진 예산제약하에서 당연히 한계생산가치가 높은 기업가 순으로 이들을 수요할 것이다.[2] 따라서 기업가 수요곡선은 우하향한다.

2) 기업가 수요곡선에 영향을 미치는 외생변수

이제 앞에서 일정하다고 가정했던 변수, 즉 기업가적 기회에 영향을 미치는 외생변수들로 눈을 돌려보자. 이러한 외생변수들로는 수요변화, 기술진보, 자금조달의 용이성 등으로 기업가적 기회에 영향을 미침으로써 기업가 수요곡선 자체를 이동시킨다.

① 수요변화

사람들의 기호와 수요패턴의 변화는 기업가적 기회의 중요한 원천이다. 예를 들어 비만과 음식에 대한 사람들의 인식변화는 새로운 사업기회를 창출하고 있다. 특히 인구수, 연령구조, 고용, 소득분포, 교육수준 등 인구구조의 변화는 수요측면에서 상당한 영향력을 갖는다. 고령화가 진행되면서 실버산업 관련 사업기회가 출현하는 것이 대표적인 예이다. 특히 글로벌화가 진행되면서 세계적으로 수요가 하나로 수렴되고 있으며, 이 과정에서 새로운 사업기회들이 창출되고 있다.

② 기술진보

기술혁신은 사람들로 하여금 새로운 제품을 개발하거나 더 생산적인 방법을 고안할 수 있는 길을 열어 준다. 이에 따라서 새로운 사업기회가 생기며 기업가에 대한 수요가 증대한다.

③ 자금조달의 용이성

창업 및 이에 따른 기업가에 대한 수요는 자금조달의 여건에 따라서 달라진다. 이는 개발 및 혁신, 그리고 이어지는 사업전개는 많은 투자비가 들어가는 과정이기 때문이다.

창업에 따른 자금조달이 용이하게 되면 기업가에 대한 수요는 증가할 것이

---

2) 이러한 점에서 기업가 수요곡선은 자본의 수요곡선과 유사한 특성을 갖는다. 자금의 수요자로서 기업은 투자수익률이 높은 프로젝트 순으로 사업에 착수할 것이기 때문이다.

다. 가령 이자율이 낮아지거나 통화공급이 증가하게 되면 기업은 신규사업계획을 세우거나, 자가고용되는 잠재적 기업가들의 창업의도가 커질 것이며, 벤처기업의 자금조달을 담당하는 벤처캐피털회사, 엔젤투자자 등 금융기관의 기업가에 대한 수요는 증가할 것이다. 이는 기업가 수요곡선을 우상향 이동시킬 것이다. 이와 반대로 창업에 따른 자금조달이 어렵게 되면 기업가에 대한 수요는 감소할 것이다.

4.4 기업가의 공급

1) 기업가 공급곡선

기업가에 대한 공급곡선은 "다른 사정은 일정한 상황에서 기업가가 기대하는 대가와 기업가 공급량의 관계를 보여주는 예정표"이다. 여기서 다른 사정은 교육수준, 산업특성, 위험에 대한 태도 등 외생변수들이다.

[그림 4-2]에서 S는 '자질을 갖춘(qualified)' 기업가의 공급곡선으로서 우상향한다. 즉 기업가 공급은 기업가에 대한 기대보상수준이 커질수록 증가한다. 이는 개인이 기업가가 되느냐 아니면 노동만을 제공하는 근로자가 되느냐 하는

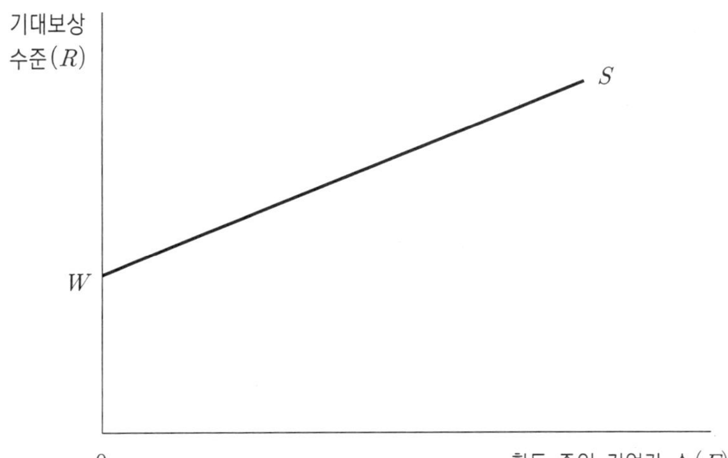

[그림 4-2] 기업가 공급곡선

양자택일의 과정에서 도출된 예정표이다.[3] 그림에서 W는 현행 임금수준이다. 기업가의 공급곡선이 W에서 시작되는 것은 기업가가 기대할 수 있는 보상수준이 현행 임금수준 W보다 적다면 아무도 기업가가 되려하지 않을 것임을 의미한다.

2) 기업가 공급곡선에 영향을 미치는 외생변수

이제 앞에서 일정하다고 가정했던 변수, 즉 기업가 공급에 외생적으로 영향을 미치는 변수들에 대해서 살펴보자. 이러한 외생변수는 임금수준, 노동시장 상황, 교육, 산업특성 등으로 공급곡선 자체를 이동시킨다.

① 현행 임금수준

어떤 개인이 기업가가 된다는 것은 다른 대안을 포기하고 기업가 활동에 전념하고자 하는 의사결정의 결과이다. 기업가 활동의 가장 경쟁적인 대안은 취업하여 피고용인이 되는 것이다. 따라서 현행 임금수준이 전반적으로 높다면 기업가가 되려는 유인은 줄어들 것이다. [그림 4−2]에서 W의 수준으로 W의 값이 상승한다면 기업가의 공급곡선은 좌상향 이동하게 될 것이다.

② 노동시장 상황

취업과 창업은 경쟁적인 대안 관계에 있으므로 노동시장에서 취업상황이 나빠지면 창업을 통해서 기업가가 되려는 유인이 증가할 것이다. 이는 기업가 공급곡선을 우하향 이동시킬 것이다. 대표적인 예로 1990년대 말 산업구조조정이 진행되면서 정리해고 등으로 노동의 초과공급현상이 나타난 결과, 창업이 크게 증가한 것을 들 수 있다.

이와 반대로 취업사정이 좋아지면 창업을 통해서 기업가가 되려는 유인이 줄어들 것이다. 이 경우에는 기업가 공급곡선이 좌상향 이동한다.

③ 교 육

정규교육(formal education)은 기업가적 자질을 향상시킴으로써 기업가 공급을 증가시킨다. 즉 기업가 공급곡선을 우하향 이동시킨다. 이는 교육을 통해

---

3) 여기서 단순한 근로자가 된다는 것은 '안전한 대안(safe alternative)' 중의 하나이다. 예를 들어 기업가가 되지 않고 여가만을 즐기는 경우도 하나의 안전한 대안이 될 수 있다.

서 사람들은 사업기회에 대한 포착, 분석능력, 시장 및 기업가적 과정을 이해할 수 있기 때문이다. 보다 근본적으로는 교육은 예측, 창의성, 계산, 소통 등 일반적인 기법뿐만 아니라 특정산업(예: 컴퓨터산업, 생명공학산업)에서 기업운영에 필요한 지식과 기법을 함양시킨다.

하지만 정규교육이 오히려 기업가가 되려는 의지를 약화시킨다는 지적도 있다. 정규교육에서 제공하는 기법과 기업가적 자질에 필요한 기법은 같지 않으며(Casson, 2003), 또한 사람들은 기업가로서의 관리능력을 배우는 수단으로서 학교교육을 추천하지 않는다고 한다(Lucas, 1978). 보다 구체적으로는 고등교육을 받은 사람들은 높은 봉급을 받을 수 있는 기회가 많아지면서 기업가가 되는 것이 별로 매력적이지 않게 생각할 수 있다고 한다(Le, 1999). 이 경우에는 정규교육이 오히려 기업가 공급곡선을 좌상향 이동시킬 것이다.

한편 기업가정신 교육, 즉 창업에 특화된 훈련과 교육은 기업가 공급곡선을 우하향 이동시킬 것이다. 왜냐하면 사람들은 자기가 가지 않았던 창업의 길을 단지 호기심 하나만으로 가려 한다기보다는 학교에서 배운 창업교육 프로그램들을 통해 인식함으로써 기업가가 되려고 하기 때문이다(Bridge et al., 1998).

④ 불확실성

기업가는 기본적으로 위험을 감수하는 사람이지만 위험을 관리함으로써 위험을 낮추고자 할 것이다. 따라서 미래 상황이 현재에 비해서 불확실해질 것으로 기대된다면 기업가의 공급은 감소할 것이다. 반대로 미래 상황이 현재에 비해서 확실해질 것으로 기대된다면 기업가의 공급은 증가할 것이다.

불확실성은 경제체제에 의해서도 유발되지만 많은 경우 정치적 및 사회적 불안정에 의해서 발생한다. 이 경우에 전반적으로 기업가의 공급은 감소할 것으로 예상할 수 있다(Binks and Vale, 1990).

4.5 기업가시장의 균형: 기대보상의 결정

만약 기업가들이 시장에서 취할 수 있는 기회가 일정하다고 가정하면, 기업가에 대한 수요와 공급이 작용하는 기업가시장은 [그림 4-3]과 같이 나타낼 수 있다. 그림에서 수요곡선 D는 기업가의 수가 증가함에 따라서 한 기업가가

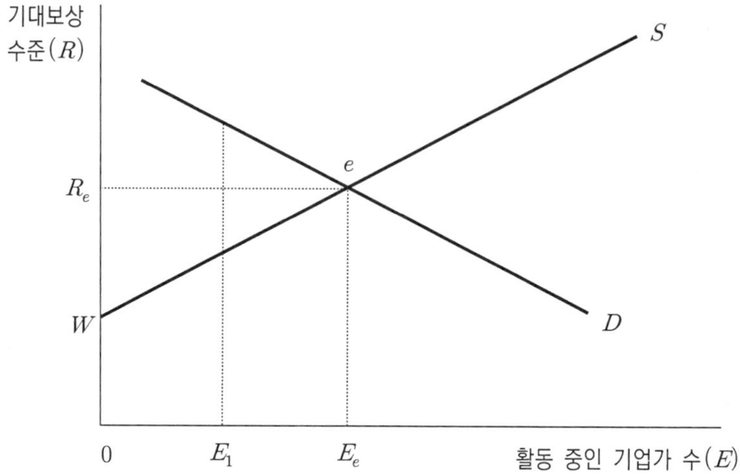

[그림 4-3] 기업가시장의 균형

기대할 수 있는 보수상수준이 감소하는 상황을 보여준다. 공급곡선 S는 '자질을 갖춘(qualified)' 기업가의 공급곡선이다.

이상과 같은 상황하에서 기업가시장의 균형은 수요와 공급이 일치하는 곳(e점)에서 달성되고, 기업가의 수(E_e)와 그들에 대한 보상수준(R_e)이 결정된다.[4] 여기서 특징적인 것은 일반적인 시장과는 달리 기업가시장은 가격신호를 통해서 조정되는 것이 아니라 수량에 대한 개인의 반응에 의해서 조정된다는 것이다. 예를 들어 기업가의 수가 E_1이라면 $E_1 E_e$구간에 있는 모든 기업가들은 시장에 진입하려고 할 것이며, 기업가 수의 증가는 기업가가 기대할 수 있는 보상수준을 하락시켜 균형 E_e에 이르게 되는 것이다.

4.6 기업가시장의 실패

재화시장, 노동시장, 자본시장 등에서 시장이 완벽하게 작동하지 못하는

4) 신고전학파의 시장이론에서는 이러한 유형의 보수 혹은 이윤은 단지 시장의 경쟁상황에 의해서만 결정된다고 한다. 완전경쟁시장이라면 기업은 경제적 이윤이 0인 상태에서 기업가는 정상이윤(normal profit), 즉 "경영에 전념하도록 하는 최소한의 이윤"만을 얻을 수 있다고 한다. 또한 경제적 이윤이 획득되는 비경쟁적 시장에서도 이윤의 원천은 제품차별화 혹은 진입장벽 때문에 가능하다고 한다. 이는 기업가에 대한 고려가 전혀 없는 상태에서 이루어진 분석이라고 할 수 있다.

시장실패가 발생하기 때문에 정부의 개입이 요구된다. 기업가시장도 예외가 아니다. [그림 4-3]에서 보면 시장균형 *e*점이 사회적 효율이 극대화되는 파레토 최적(Pareto optimality)이 아니라는 것이다. 기업가시장에서 시장실패의 요인들은 외부성, 정보의 불완전성, 전유성의 문제, 정보의 비대칭성 등으로 인해 나타나며, 이로 인해서 자질 있는 기업가의 공급이 사회적으로 적정한 수준보다 적게 된다. 이제 기업가시장에서의 시장실패요인들을 각각 살펴본다.

1) 외부성

경제관계에서 외부성이 존재하면, 시장실패가 나타난다. 대표적인 예로 양봉업자와 복숭아밭 주인의 이야기를 들 수 있다. 복숭아의 수확은 봄에 피는 꽃이 얼마나 잘 수정되느냐에 따라서 달라지기 때문에 주인은 암술과 수술을 인위적으로 건드려 준다고 한다. 그런데 마침 양봉업자가 복숭아밭 옆에 있으면 꿀벌들이 찾아오게 되고, 꿀을 채취하는 과정에서 암술과 수술의 수정을 도와준다. 분명 복숭아 수확은 단순히 바람에 의존하는 것보다 많아질 것이다. 양봉업자 입장에서도 복숭아밭이 옆에 있기 때문에 벌들이 쉽게 더 많이 꿀을 생산할 수 있다. 요컨대 양봉업자와 복숭아밭 주인이 직접 시장거래를 하지 않은 상황에서 서로에게 이득을 주게 된다. 경제학에서 이를 '외부성(externality)'이라 부르고, 서로에게 도움이 되는 경우 정(+)의 외부효과(positive external effect)가 나타난다고 한다.

기업가와 사회의 관계도 양봉업자와 복숭아밭 주인의 관계와 마찬가지이다. 기업가 역시 정(+)의 외부효과를 유발한다. 기업가는 새로운 아이디어, 새로운 제품, 고용창출, 그리고 경쟁력 향상을 통하여 사회적 후생을 증대시킨다.[5] 문제는 기업가들이 의사결정 시에 이러한 사회적 이득을 고려하지 못한다는 점이다. 기업가들은 단지 자신의 사적 이득(private benefit)만을 감안하여 기업가적 노력을 투입한다. 구체적인 예를 들어보자. 기업가들이 생산공정혁신을 통하여 비용을 절감하고 제품의 가격을 인하시켰다고 하자. 시장에서의 경쟁은 그 기술혁신을 산업 내 혹은 산업 간에 확산시키고, 이에 따라 소비자잉여는 더욱 커질 것이다. 하지만 기업가들은 혁신으로 인해 발생하는 소비자잉여

5) 사회적 기업가인 경우에는 더 큰 정(+)의 외부효과를 창출할 것이다.

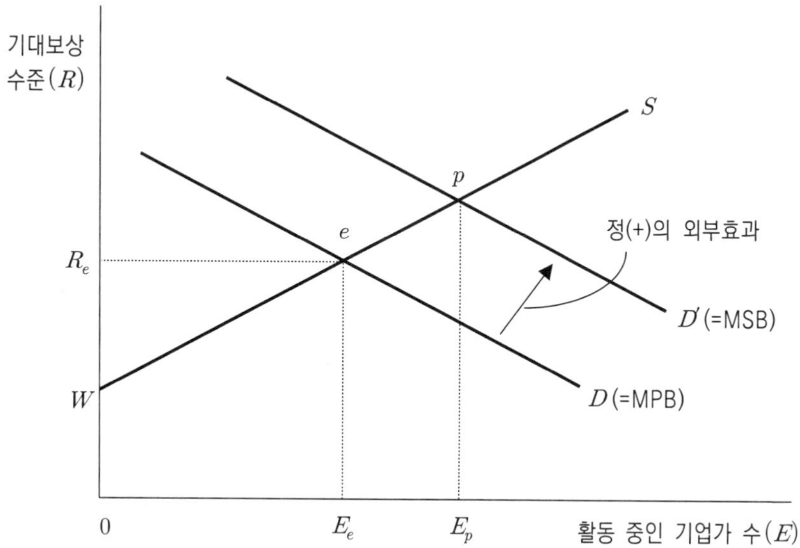

주) MPB: Marginal Private Benefit, MSB: Marginal Social Benefit

[그림 4-4] 기업가시장에서의 외부효과와 시장실패

를 고려하지 않는다. 이러한 상황에서는 기업가적 자원이 사회적으로 바람직한 수준보다는 적게 투입된다.

이를 [그림 4-4]에서 보면, 시장균형 e점은 사적인 비용만을 반영하는 공급곡선 S와 사적인 이득만을 반영하는 수요곡선 D에 의해서 결정된 것이다. 따라서 사회적인 관점에서 보면 사회적 효율이 극대화되는 파레토 최적(Pareto optimality) 상태가 아니다. 그림에서 기업가의 사회에 대한 외부효과를 반영하면 기업가의 수요곡선 D는 D'로 이동하며, 새로운 D'와 S가 만나는 점에서 새로운 균형 p가 달성된다. 이 상태는 사회적 이득을 반영하였기 때문에 파레토 최적이다. 다시 말하면, 기업가 자신의 이득(혹은 비용)만을 반영한 p점에서는 기업가적인 노력이 사회적으로 적정한 수준인 E_p보다 적게 투입된다는 것이다. 즉 시장실패가 발생한다.

기업가들이 얻는 사적 이득은 소비자잉여에 비해서 매우 적은 부분이 된다는 점은 실증분석을 통해서도 확인되고 있다. Nordhaus(2004)에 의하면, 1948~2001년 기간 미국의 비농업부문에서 혁신적 기업가들은 혁신으로 인한

총잉여 중 단지 2.2%만을 가져갔으며, 대체투자 대비 이윤율이 연간 0.19%에 불과한 것으로 보고하고 있다. 나머지는 모두 소비자잉여로 돌아갔다고 한다. 인터넷 판매라는 획기적인 기술혁신을 통해서 제품의 다양성, 편리성, 그리고 가격인하를 가능하게 했던 Amazon.com도 실제로 창출한 엄청난 소비자잉여에 비해서 실제로는 많은 이윤을 향유하지 못했던 것으로 알려지고 있다. 2002년에 겨우 흑자를 기록했고, 2005년 7,800만 달러의 이윤을 기록하였다(Parker, 2009).

따라서 만약 이러한 기업가들의 정(+)의 외부효과가 시장에 의해서 보정되지 않는다면, 전반적으로 혁신활동, 특히 기업가들의 노력이 과소하게 투입될 것이다. 이는 전형적인 시장실패 현상으로, 기업가들의 외부효과를 내재화시키는 정부의 정책개입이 필요하게 된다.

2) 전유성의 문제

전유성의 문제(appropriatability problem)는 일반적으로 자신의 경제적 행동으로부터 오는 이득을 모두 향유하지 못하게 되는 현상을 말한다. 예를 들어 어떤 사람이 새로 발명한 제품을 다른 사람이 쉽게 모방한다면, 그 사업으로 오는 이득의 일부를 그 사람에게 뺏기게 될 것이다.

전유성의 문제는 기업가적 행동의 경우에도 나타난다. 이는 기업가가 창업을 하면 이는 다른 사람에게 가치 있는 기회임을 알려주는 신호가 되며, 이 사람이 같은 사업에 착수하여 경쟁하면 창업으로 인한 이득의 일부가 사라지게 된다. 이 과정에서 '선도자(first mover)'는 탐험비용(cost of discover) 모두를 부담하게 되고, 완벽한 방어수단(예: 특허)이 없을 경우 추종자들(followers)은 비용분담 없이 무임승차한다(Alexander-Cook et al., 1998). 이 상황에서는 당연히 기업가적 노력과 자원이 위축될 것임은 자명하다(Klette et al., 2000). 이러한 전유성 문제는 시장에 의해서 해결되기 어려우므로 정부는 기업가적 행동이 위축되지 않도록 정책수단을 강구할 필요가 있다.

3) 정보의 불완전성

완전한 정보를 가정하는 완전경쟁시장에서는 자원이 효율적으로 배분되어 시장실패가 나타나지 않는다. 하지만 정보가 불완전한 기업가시장의 경우에는 그렇지 못하다.

정보의 불완전성(imperfect information)은 기업가들의 '무지(ignorance)'를 의미한다. 대부분의 기업가들은 창업으로부터 얻을 수 있는 자신의 사적 비용 혹은 사적 이득조차도 정확히 알 수가 없다. 따라서 창업하려는 사람의 수가 적정수준보다 적어지거나 많아질 가능성이 존재한다. [그림 4-4]에서 보면 기업가의 사적 비용을 반영하는 공급곡선 S에 대한 정확한 위치를 알기 어렵다는 것이다.

이는 기존기업에 종사하고 있는 기업가들도 마찬가지이다. 기업효율을 증대시키는 방법에 대해서 완전하게 알 수 없다. 이 경우에는 기업가적 노력이 충분하지 않을 것이다.

또 하나의 문제는 기업가들의 '무지' 정도가 기존 대기업보다 창업기업인 경우 더 크다는 것이다. 예를 들어 금융자원이나 인적자원을 조달함에 있어서 대기업들은 상당한 정보력을 바탕으로 유리한 고지에 있지만, 창업기업들은 정보력이 부족하여 저비용으로 자금을 조달하기 어렵거나 유능한 인력을 채용하기 쉽지 않게 된다. 이러한 상황에서 기업가적인 노력이나 자원투입이 위축될 것이므로, 정부의 정책개입이 요청된다고 할 수 있다.

4) 주인-대리인 문제

주인-대리인 문제(principal-agent problem)는 정보의 비대칭성(asymmetric information) 때문에 발생한다. 정보의 비대칭성이란 거래자 쌍방 간에 정보가 동일하지 않다는 것이다. 예를 들어 중고차시장에서 판매자는 자신의 차의 상태에 대해서 잘 알고 있지만, 구매자는 전혀 알지 못한다. 이는 기업의 소유자와 경영자 사이에서도 나타나는 문제이다. 즉 소유자는 경영자의 진정한 목표와 행동 특성을 알지 못한다. 이 경우에는 대리인 비용(agency cost)이 발생한다. 예를 들어 소유자는 경영자가 자신의 이득을 위해서 최선을 다하는지를 파악하기 위한 감시비용(monitoring cost)을 지불해야 한다. 이외에도 경영자가 소유자의 이해에 상반되는 행동을 하지 않고 있음을 증명할 때 소요되는 확증비용(bonding cost)과 소유자와 경영자의 서로 다른 의사결정으로 인한 손실, 즉 잔여손실(residual loss)이 발생한다.

주인 대리인 문제는 주로 소유와 경영이 분리된 대기업에서 나타나는 현상으로, 소유와 경영기능을 모두 가진 기업가가 경영하는 창업기업에서는 크게 문제가 되지 않는다. 더 나아가서 작은 기업들로 구성된 시장구조는 경제력 집중의 문제를 경감시킬 수 있다. 따라서 정부가 창업기업 혹은 초도기업가를 지원하면 감시비용을 포함한 사회적 비용을 줄일 수 있고, 경제적 공정성도 달성할 수 있다.

CHAPTER

05 기업가 행동

▸▸ 이 장에서는 기업가 행동을 유형화하여 생산적 행동, 지대추구행동 등 주요 행동양식을 분석한다.

기업가적 성과의 중요한 결정요인 중의 하나는 기업가 자신이 창업한 기업에 투입하는 노력(effort)이다. 기업가의 노력은 하나의 생산적인 투입요소로서 벤처기업이 생존하고 성장하는 데 있어서 필수적이다.

흔히 기업을 창업한 사람은 하루 24시간을 모두 투입해야 할 정도로 창업활동에 전념해야 한다고 한다. 하지만 기업가적 노력에는 기회비용이 따르므로 기업가는 얼마만큼의 노력을 투입할 것인가를 결정해야 한다. 또한 기업가는 생산적 활동에 전념하는 사람으로 인식되고 있지만, 많은 경우 비생산적인 활동을 하기도 한다. 따라서 기업가는 생산적 활동에 자신의 노력을 얼마나 기울일 것인지 여부에 대해서도 결정해야 한다.

5.1 기업가 행동의 유형

1) 생산적 기업가정신과 비생산적 기업가정신

기업가정신은 생산적 기업가정신(productive entrepreneurship)과 비생산적인 기업가정신(unproductive entrepreneurship) 혹은 와해적인 기업가정신(destructive entrepreneurship)으로 구분되고 있다(Baumol, 1990; 1993). 왜냐하면 제도나 사회문화적인 환경에 녹아있는 '게임의 룰(rule of game)'은 기업가들로 하여금 사회적으로 생산적인 활동에 전념하게 하지만, 어떤 경우에는 다른 사람의 희생을 토대로 자신만의 이득을 창출하는, 즉 사회적으로 비생산적인 혹은 와해적인 활동을 유도하기도 하기 때문이다.

Baumol(1990)에 따르면 생산적 기업가정신은 경제의 순산출량 혹은 추가적인 생산능력 증대에 직·간접적으로 기여하는 활동들을 말한다. 다시 말해서 슘페터가 말하는 기술혁신활동, 즉 자원과 기술의 '새로운 조합(new combination)'을 통해서 정(+)의 사회적 가치를 창출하는 활동이다. 구체적으로 신제품 개발, 신공정 개발, 신시장 개척, 신조직 운영, 신공급원 확보 등을 포함하는 활동이다. 더 나아가서 생산 활동을 지원하는 어떠한 활동(예: 금융)도 생산적 기업가정신에 속하며(Baumol, 1993), 잉여를 가져오는 특성, 기회, 절차 등의 발견 활동도 생산적 기업가정신을 구성한다(Foss and Foss, 2002).

생산적 기업가정신과는 반대로 비생산적 기업가정신은 사회적 생산가치에 영향을 미치지 못하거나, 어떤 경우에는 사회적 생산가치를 감소시키는 활동을 말한다. 즉 어떤 한 국민경제의 생산가능곡선을 외부로 이동시키는 활동은 생산적 기업가정신이지만, 생산가능곡선에 영향을 미치지 못하거나 내부로 이동시키는 활동은 비생산적 기업가정신이다(Coyne and Leeson, 2004).

2) 합법적 기업가정신과 비합법적 기업가정신

한편 기업가정신은 합법적 기업가정신(legal entrepreneurship)과 비합법적인 기업가정신(illegal entrepreneurship)으로 구분할 수 있다. 합법적 기업가정신은 말 그대로 한 사회 내에서 주어진 법 및 제도에 따르는 기업가 행동인 반면에, 비합법적 기업가 행동은 법에 저촉되거나 법망을 피하는 기업가 행동을 말한다. 비합법적 기업가 행동의 예로는 마약의 생산 및 유통, 공갈, 갈취 등을 들 수 있다.

3) 기업가 행동의 유형화

이상의 두 가지 행동 유형을 기준으로 기업가정신의 유형을 구분할 수 있다. [그림 5-1]에서 횡축은 사회에 대한 기여 여부를 나타내고, 종축은 합법성 여부를 나타낸다. 따라서 기업가 행동 유형은 다음 네 가지로 구분된다.

유형 I 은 생산적이며 합법적인 기업가 행동으로, 주어진 제도에 순응하여 경제의 순산출량 혹은 추가적인 생산능력 증대에 직·간접적으로 기여한다. 슘페

사회에 대한 기여 여부

행동방법		생산적	비생산적
	합법적	유형 Ⅰ • 기회포착 및 사업화 • 사회적 공헌	유형 Ⅱ • 로비 • 조세회피
	비합법적	유형 Ⅲ • 뇌물공여 • 규제회피	유형Ⅳ • 정부금융지원 유용 • 비합법적 가맹점

[그림 5-1] 기업가 행동의 유형

터가 말하는 기술혁신활동, 즉 자원과 기술의 '새로운 조합(new combination)'을 통해서 정(+)의 사회적 가치를 창출하는 활동이 이에 속한다.

유형Ⅱ는 합법적이지만 사회에 대하여 비생산적인 영향을 미치는 행동이다. 즉 법 및 제도에는 순응하지만 사회적인 후생증대에는 기여하지 못한다. 대표적인 예로 공무원들에 대한 기업가의 로비활동을 들 수 있다. 기존 제도나 법의 허점을 이용하여 자신에 유리하게 계약을 체결하는 행동도 이러한 유형에 속한다.

유형Ⅲ은 생산적이나 비합법적인 기업가 행동이다. 즉 사회적으로 후생의 증대는 가져올 수 있으나 이 과정에서 주어진 제도나 법을 회피하여 행동한다. 예를 들어 수익성 높은 사업을 확장하기 위해서 뇌물을 공여하거나 정부규제 등을 교묘히 빠져나가는 행동은 유형 Ⅲ에 속한다.

유형Ⅳ는 비생산적일 뿐 아니라 비합법적인 기업가 행동이다. 즉 제도나 법을 어겨가면서 사회에 악영향을 끼치는 행동이다. 대표적인 예로 실제로 사업에 착수하지 않을 것이면서도 제안서를 작성하여 정부로부터 금융지원을 받아내는 행동을 들 수 있다. 심한 경우, 즉 와해적이면서도 비합법적인 사례로는 마피아 조직, 비합법적인 가맹점, 체계적인 사기행각 등이 있다.

5.2 생산적 노력의 최적 수준

앞에서 설명한 바와 같이 생산적 기업가정신이란 기업가의 통상적인 행동으로서 사업기회를 포착하고 이를 상업화하여 경제적 이득을 취하는 행동이다. 이 과정에서 기업가는 위험감수, 기술혁신, 조정, 중개 등 기업가로서의 역할을 수행한다.

그렇다면 기업가가 생산적 활동을 수행하는 과정에서 적정한 수준은 어떻게 될 것인가? 앞에서 언급한 바와 같이 창업자는 하루 24시간을 모두 투입해야 할 정도로 창업활동에 전념해야 한다고 하지만, 기업가적 노력에는 기회비용이 따르므로 기업가는 얼마만큼의 노력을 공급할 것인가를 결정해야 한다.

간단한 모형을 통해서 이 문제를 분석해 보자. 먼저 다음과 같은 몇 가지 가정이 필요하다.

- 기업가적 활동과 피고용 활동 간에 근로시간을 배분한다.
- 위험중립적 기업가이다.
- 의사결정의 목표는 소득의 극대화이다.

이상의 가정하에서 기업가의 의사결정 문제가 [그림 5−2]에 나타나 있다. 그림에서 종축은 기업가가 얻을 수 있는 보수이고, 횡축은 근로시간으로 기업가의 노력을 나타낸다. w는 이 사람이 다른 기업에 종업원으로 취업하였을 경우의 임금수준으로, 고정되어 있다. 기업가에 대한 보수율은 $q(h)$의 기울기로 표시된다. 기업가에 대한 보수는 근로시간이 증가함에 따라서 감소하는데, 이는 기업가적 노력의 수확체감현상을 의미한다. H는 총 근로시간 혹은 노력수준을 나타낸다.

이러한 상황에서 위험중립적 기업가는 소득$(q(h)-wh)$을 극대화하기 위해서 기업가가 얻는 보수율과 피고용 시의 임금률 w가 같아지는 e점을 선택할 것이다. 그래프에서 기업가에 대한 보수곡선 $q(h)$의 기울기와 피고용 소득곡선 wh의 기울기가 일치하는 점이다. 이때 이 기업가는 기업가적 활동에 h^*를 할애하고, 피고용인으로서의 활동에 $H-h^*$만큼의 노력을 투입할 것이다.

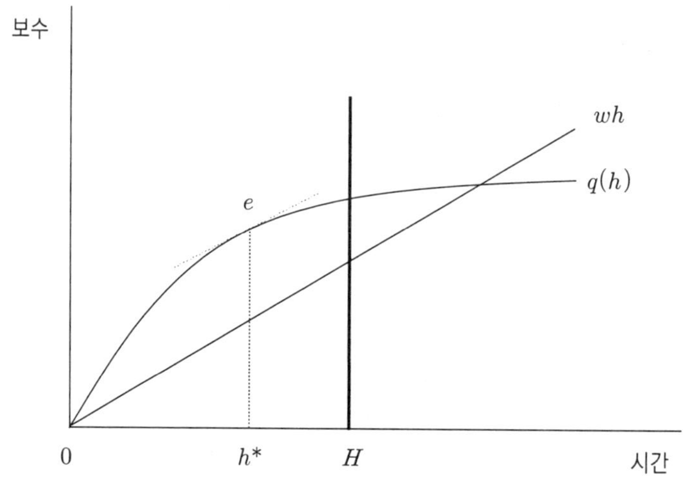

[그림 5-2] 기업가의 최적 노력수준

만약 기업가에 대한 보수곡선 $q(h)$가 기업가의 노력 h에 대해서 선형이거나 볼록하게 되면, 기업가의 노력수준은 코너 해(corner solution)를 가질 것이다. 즉 $h^*=0$ 혹은 $h^*=H$가 되는데, 이는 $q(h^*)-wh^*$ 값의 부호에 달려 있다. 가령 $q(h^*)>wh^*$이면, $h^*=H$가 된다. 즉 기업가적 활동이 주는 보수가 피고용인으로 노동을 제공할 때의 임금보다 크면, 이 기업가는 기업가적 활동에만 전념한다. 반대로 $q(h^*)<wh^*$이면, $h^*=0$이 된다. 즉 기업가적 활동이 주는 보수가 피고용인으로 노동을 제공할 때의 임금보다 적으면, 이 기업가는 기업가적 활동을 포기하고 피고용자로서의 역할만 수행할 것이다.

5.3 지대추구행위

생산적 기업가정신과는 반대로 비생산적 기업가정신은 사회적 생산가치에 영향을 미치지 못하거나, 어떤 경우에는 사회적 생산가치를 감소시키는 활동을 말한다. 앞에서 설명한 바와 같이 비생산적 기업가정신은 다양한 형태를 취한다. 그 중에서 가장 대표적인 예가 지대추구행위(rent-seeking behavior)이다.

1) 지대추구행위란

일반적으로 지대추구행위는 '사회적 비용을 수반하는 자산이전의 추구 활동(the socially costly pursuit of wealth transfer)'을 말한다(Tollison, 1997, p.506). 예를 들면 자신의 이익을 위한 뇌물공여, 부패, 약탈, 경쟁제한 등 비생산적인 활동을 말한다. 따라서 지대추구자의 사적 수익은 부의 창출이 아니라 부의 재분배로부터 온다. 지대추구는 사적 부문과 공적 부문, 모두로부터 발생한다.

2) 기업가의 지대추구행위

그렇다면 기업가는 어떤 경우에 지대추구행동을 하는가? 앞에서 언급한 바와 같이 제도나 사회문화적인 환경에 녹아있는 '게임의 룰(rule of game)'이 가장 중요한 요인이다. 특히 공정한 경쟁 여부를 결정하는 시장환경이 중요하다.

우리가 기업가를 칭찬할 수 있는 것은 그가 자유롭고 공정한 경쟁이 가능한 시장여건에서 창업과 기업성장을 이룩하였기 때문일 것이다. 이러한 시장여건은 명확하고, 침해논란이 없는, 그리고 잘 보호되는 재산권제도, 공정하고 투명한 법적 제도 등에 의해서 달성된다. 잘 정비된 특허제도는 기업가정신과 혁신을 촉진할 것이다. 안전한 재산권은 기업가적 노력의 대가를 다른 사람이 가져가지 못하도록 할 것이다. 그리고 안정적인 법체계는 계획, 자원획득, 조정 등 기업가적 활동을 증진시킬 것이다.

하지만 실제에 있어서는 이러한 환경이 주어지기 어렵다. 자유경쟁은 제한되고, 소유권이 침해되기 쉬우며, 계약의 시행이 제대로 이루어지지 않는다. 이러한 상황에서는 기업가는 자신의 자질과 노력을 새로운 부의 창출보다는 경쟁을 제한하는 일에 투입하게 될 것이다. 즉 기업가는 지대추구활동에 전념하게 된다. 그 결과 기업가는 다른 사람의 후생 감소를 발판으로 자신의 이득을 얻게 되어, 궁극적으로는 사회적 후생의 감소를 초래한다.

3) 지대추구행위의 유형

① 경쟁제한형

경쟁제한형 지대추구행위는 기업가가 경쟁을 제한하기 위한 목적으로 경쟁기업들의 진입을 막는 규제적인 절차를 동원하는 것이다(Holmes and Schmitz, 2001). 예를 들어 미국의 소규모의 비효율적인 은행들이 경쟁을 제한하기 위해서 전국규모 은행의 지점망 설치에 대해 규제할 것을 정부에 로비하는 행동이다. 우리나라 중소유통업자들이 정부에 대해 E-mart, 롯데마트, 홈플러스 등

대형할인매장의 영업활동에 제한을 가하도록 압력을 행사하는 것도 경쟁제한형 지대추구행위 속한다고 볼 수 있다.

경쟁제한형 지대추구행위는 '마피아식 강탈(mafia-style extortion)'이라고 불리기도 한다(Parker, 2009, p.225). 물론 이러한 행위들은 효율성 측면에서 사회적으로 바람직하지 못한 결과를 가져오는 것으로 밝혀지고 있다.

② 이득수취형

이득수취형 지대추구행위는 경제적 이득을 직접적으로 획득하기 위한 지대추구행위이다(Morck and Yeung, 2004). 예를 들어 가족기업을 운영하는 기업가들이 이권획득을 위해서 정부 관료들과 결탁하는 행위이다. 우리는 '정경유착'이라는 말을 들을 수 있는데, 이는 재벌기업의 기업가들과 고위정치인들과의 혈맹을 말한다. 이득수취형 지대추구행위는 '뇌물형'이라고도 하며, 사회적 손실을 초래한다(Parker, 2009, p.225). 이 문제의 본질은 사회적 불신의 문제가 아니라 기업가와 정부관료의 '부적절한 신뢰(inappropriate trust)'에 있다(Bertrand and Schoar, 2006). 더 큰 문제는 한번 재벌기업의 기업가와 정부관료 간에 지대추구행위가 정착되면, 그 관계가 쉽게 와해되지 않는다는 것이다.

한편 '정경유착'관계에서 기업가는 기업가가 아닌 지대추구자, 즉 정부관료의 먹잇감이 될 수 있다. 부패한 관료는 국가의 힘을 이용하여 기업가에게 지대 혹은 독점적 이윤을 얻게 해주고, 그 대가로 뇌물을 받는다. 이때 부패관료는 이득을 얻지만, 일반국민은 손해를 보게 된다. 기업가의 경우는 뇌물의 크기에 따라서 이득을 보기도 하고 손해를 보기도 한다. 만약 정부관료가 지대추구행위를 통해서 금전적 이득을 얻고, 이러한 관행이 범부처적으로 일반화되어 있다면, 아무리 개혁적이고 참신한 정치인이 등장하더라도 부패의 뿌리를 뽑는 일은 불가능하다(Bardhan, 1997; Foellmi and Oechslin, 2007). 단지 관료들을 순환보직시키거나, 새로운 기업가적 사업을 승인하는 데 필요한 관료의 수를 줄이는 정책에 그치고 있다(Lambert-Mogiliansky et al., 2007).

참고로 이와 같이 관료들이 국가의 힘을 이용하여 시장에 개입하는 자원배분 메커니즘은 '붙드는 손(grabbing hand)'으로 불리기도 한다(Frye and Shleifer, 1997). 이는 정부가 소유권을 분명히 하고 시장에 개입하지 않는 '보이지 않는 손(invisible hand)'에 대비되는 개념이다. 만약 일반 국민들이 자신이 속한 국가가 '붙드는 손'에 의해서 운영된다고 인식한다면, 기업가가 되려는 동기가 크게 위축될 것이다. 실제로 러시아 사람들은 부패가 사회적으로 만연되어 있다고 인식하고 있기 때문에, 기업가가 되거나 기업가적 노력에 투입하는 시간을 감소시키는 것으로 보고되고 있다(Djankov et al., 2005).

이러한 이유로 대부분의 국가에서는 기업가들의 창업동기를 북돋우기 위한 정책수단으로 규제완화를 중요하게 생각하고 있다.

5.4 기업가적 학습

기업가는 자신이 창업한 기업에 시간을 투입할 뿐만 아니라 학습노력을 기울인다. 즉 창업 및 기업성장을 위해 정보를 찾고, 기회를 평가하며, 사건 및 경험으로부터 학습을 통해 교훈을 얻는다. 사실 기업가정신의 핵심이 기회를 규정하고 이를 활용하는 것이라는 점에서 기업가적 학습(entrepreneurial learning)은 매우 중요하다. 기업가적 학습은 크게 능동적 학습(active learning)과 수동적 학습(passive learning)으로 구분할 수 있다.

기업가의 능동적 학습이란 기업가가 기업의 생산성 제고 및 발전을 위하여 기업환경을 적극적으로 그리고 신중하게 탐색하고 배우는 과정이다. 기업가가 능동적으로 학습한다는 것은 기업가는 선천적으로 만들어지기보다는 후천적으로 양성되어질 수 있음을 시사한다. 보다 정확하게 말하면 기업가는 자력으로 스스로 성공적인 결과를 만들 수 있다는 것이다. 기업가 중에 '입지전적'인 사람이 많은 것은 이러한 사실을 반영한다. 문제는 혁신적인 기업가들이 다른 사람이 자신의 기술을 배우고 개선할 것이라고 기대하는 경우 '초기진입자(first mover)'가 되기를 꺼려한다는 것이다. 이때는 경제 전체적으로는 사회적으로 기업창업의 수준이 적정수준보다 작아진다는 것이다. 즉 기업가적 자원이 과소투자된다.

반대로 기업가의 수동적 학습은 별도의 노력 없이 단순히 정보를 받아들이는 과정이다. 이 경우 기업가들은 시장으로부터 정보를 통해서 계속 조업을 할 것인지, 아니면 내재적인 생산성이 낮아서 미래에 소망하는 수준의 기대이윤을 실현하지 못한다는 판단하에 조업을 중단할 것인지를 결정해야 한다.

기업가적 학습과 관련된 실증적 연구결과는 다음과 같다. 첫째, 기업가들은 능동적 학습과 수동적 학습을 동시적으로 수행한다. 둘째, 수동적 학습을 하는 기업가가 운영하는 기업은 도태되고, 능동적 학습을 하는 기업가가 운영하는 기업은 지속적으로 성장한다(Taymaz, 2005). 셋째, 젊고 경험이 없는 기업가일수록 학습노력이 강한데(Sapienza et al., 2005; De Clercq and Sapienza, 2005), 그 이유는 학습에 대한 수확체감의 법칙이 작용하기 때문이라는 것이다.

CHAPTER 06 사내기업가정신

▸▸ 지금까지는 독립적인 개인기업가에 대해서 공부하여 왔다. 이제는 눈을 돌려 대기업을 포함한 기존기업들의 기업가적 활동에 대해서 알아보고자 한다.

6.1 사내기업가정신이란

기업가는 독립적인 창업기업으로서의 벤처기업을 설립하여 경영한다. 하지만 대기업을 포함하여 이미 설립된 많은 기존기업들도 기업가적인 활동에 전념하고 있다. 이러한 기존기업들의 기업가적인 활동을 사내기업가정신(Corporate Entrepreneurship: CE)이라고 부른다.

사내기업가정신은 "대기업을 포함한 기존기업 내에서 새로운 아이디어와 기회를 발전시키는 과정"이다. 구체적으로 기존기업 내의 팀들이 기존기업의 사업과는 전혀 다르지만 기존기업의 자원, 시장포지션, 경영능력을 활용하여 새로운 사업을 구상, 촉진, 착수 및 관리하는 과정이다.

사내기업가정신은 "새로운 기회"를 발전시킨다는 점에서 사내벤처창업(corporate venturing), 전략의 쇄신(strategic renewal), 그리고 기술혁신(innovation)을 포함한다([그림 6-1] 참조). 사내벤처창업은 새로운 아이디어와 기회를 발전시켜 사내에 새로운 사업조직을 만드는 것이다. 전략적 쇄신은 획기적인 전략적 및 구조적 변화를 포함하는 조직의 쇄신을 말한다. 기술혁신은 시장에 새로운 제품 및 서비스를 소개하는 활동이다.

사내기업가정신 중 사내벤처창업은 분사(spin-off)와는 다르다. 분사는 독립된 회사로서 본사 경영활동의 지속적인 활용을 필요로 하지 않지만 사내벤처

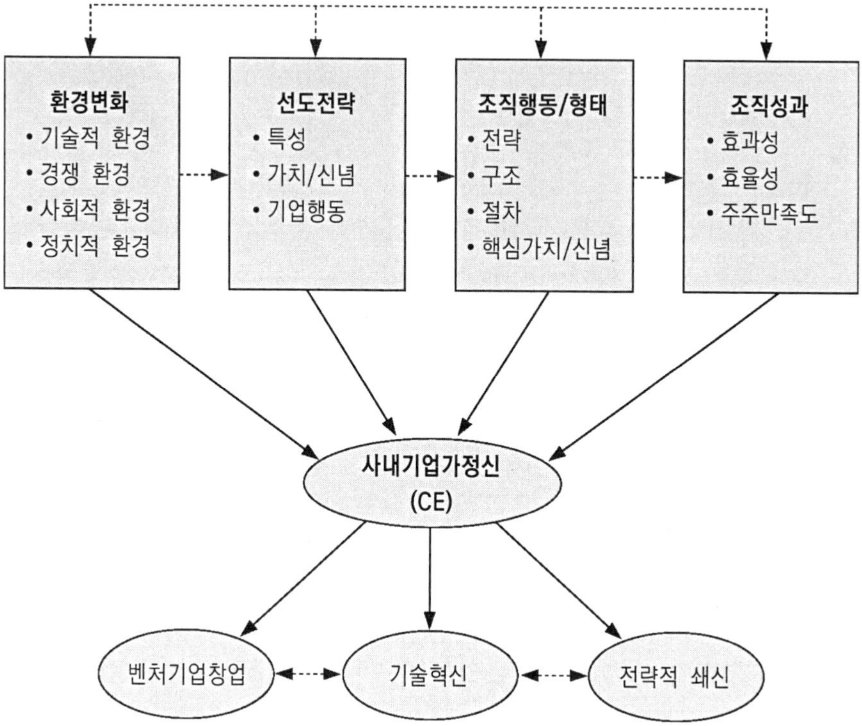

자료: Morris, et al.(2011) 참조하여 수정.

[그림 6-1] 사내기업가정신의 개념

창업은 사내 경영활동의 지렛대 효과를 계속적으로 필요로 한다. 사내기업가정신은 외부 협력자 혹은 능력(예: 인수)을 필요로 하지만 기본적으로 기존기업의 자원을 활용하고 내부 팀들이 프로젝트를 관리한다. 또한 사내기업가정신은 단순히 외부기업들에게 자금을 투자하는 기업벤처자본(corporate venture capital)과는 다르다.

사내기업가정신의 대표적인 사례로 유전자변형작물(GMO) 업체로 유명한 몬산토(Monsanto)와 구글(Google)을 들 수 있다. 원래 몬산토는 플라스틱 제품 등을 생산하던 화학업체였다. 하지만 화학업계가 저성장 국면에 처하고 수익성이 점점 압박을 받는 등 위기가 감지되자 종자 개량 등 농업 및 생명공학 중심으로 사업구조를 완전히 재편했다. 구글은 사내기업가정신의 고취를 위해서 '70/20/10의 룰'을 실천하고 있다. 종업원들은 근무시간 중 70%를 자신의 핵심

프로젝트에 쓰고, 20%를 프로젝트와 관련된 아이디어 창출에 사용하며, 나머지 10%를 자신이 원하는 아이디어 개발에 할애하라는 행동지침이다. 구글의 제품 중에서 gmail과 구글뉴스가 20%의 활동에서 탄생하였다고 한다.

6.2 사내기업가정신의 중요성

사내기업가정신은 모든 기존기업들에게 중요하지만, 특히 대기업에게 더욱 중요하다. 왜냐하면 대기업들은 대부분 성공한 기업들로서 현재에 안주하려는 경향이 강하기 때문이다. 대기업들은 일반적으로 위험기피성향과 관료적 기업문화를 가지고 있다. 따라서 급변하는 기업환경, 특히 기술변화, 시장변화, 그리고 경쟁환경의 변화에 적절히 대응하지 못한다. 2010년까지 노키아는 이동통신산업에서 글로벌 선두주자였으나 단 1년 만에 애플과 삼성에 자리를 내어주고 도산하고 말았다. 기술혁신과 조직혁신, 그리고 기업가정신에 취약하였기 때문이었다.

사내기업가정신은 대기업들로 하여금 기술혁신을 시도하게 하고, 경영자나 팀에게 보다 높은 수준의 기업가정신을 고취시킨다. 궁극적으로 사내기업가정신은 기존기업의 이윤을 증대시키고, 경쟁력을 향상시키며, 또는 전략적 우위를 확보하도록 한다. 실증연구들도 이를 뒷받침하고 있다. 108개의 기업들을 대상으로 사내기업가정신과 재무적 성과의 관계를 분석한 결과, 사내기업가정신이 재무적인 성과에 정(+)의 유의한 영향을 미치는 것으로 나타났다(Zahra and Covin, 1995).

물론 기존기업은 새로운 제품을 개발하고 유통채널, 브랜드, 그리고 서비스에서 혁신을 추구하고 있다. 기존기업들은 기존 경영기능과 활동에 적합한 혁신을 통해서 가치를 창출한다. 하지만 사내기업가정신은 그러한 활동에 그치지 않는다. 새로운 제품 및 서비스에 맞는 새로운 비즈니스 모델을 찾음으로써 제품을 시장으로 연결시킨다. 또한 종전에는 기술혁신의 선도적인 수행자를 부각시킴으로써 기업가정신을 함양하였다. 하지만 최근에는 오히려 '조직적인 느슨함(organizational slack)'이 성공의 열쇠가 되고 있다. 3M은 사내 엔지니어들과 과학자들에게 근무시간의 15%를 자신이 고안한 프로젝트에 할애할 수 있도록 하고 있으며, 이것이 기업성공의 요인이 되고 있다. 요컨대 기업조직 및 기업문화의 혁신도 추구하는 것이 사내기업가정신이다.

6.3 사내기업가의 특성 및 행동

사내기업가는 'Intrapreneur'라고 불리며, 사내에서 어떠한 형태로든 기회를 포착하고 책임을 지는 '실천력 있고 꿈을 가진 사람'으로 정의된다. 사내기업가들의 특성 및 자질은 독립기업가와 다르다.[1] <표 6−1>에는 이러한 차이들을 요약하여 비교해 놓았다.

첫째, 기업가정신의 동기를 보면 양자 모두 다른 사람에 의해서 영향을 받기 보다는 스스로 동기부여된다는 점에서 같으나, 독립기업가는 자유감과 개인

〈표 6-1〉 사내기업가와 독립기업가의 비교

구분	독립기업가(Entrepreneur)	사내기업가(Intrapreneur)
동기	자유감과 개인적 부의 축적	사내 자원에 대한 접근과 회사가 제공하는 보상
위험	직접적으로 위험/책임 감수	회사가 위험을 맡지만 개인적 경력상의 위험 존재
소유	모두 혹은 상당 부분 소유	소유하지 않거나 약간의 지분 보유
성공 시 보수	잠재적 보수는 무제한이며 투자자와 공유	보수는 제한되며, 회사와 공유
지위의 안정성	한 번의 실수는 실패를 의미	시행착오 가능하며 회사가 실패의 결과를 흡수
의사결정방식	독자적으로 의사결정하며 빠름	집단적 합의로 이루어지며 긴 과정이 필요
거래방식	독자적 거래 및 협력하며 소수의 사람들과 소통	계층구조하에 거래하며 광범위한 네트워크 활용

자료: Morris et al.(2011).

1) 물론 기업가라는 점에서 사내기업가와 독립기업가는 같은 점도 많다. 예를 들어 그들은 기회를 포착하여 활용하고, 제품 및 서비스 형태의 사업개념을 발전시켜야 하며, 고객에게 가치를 제공해야 한다.

적 부의 축적이 중요한 역할을 수행하는 반면에, 사내기업가는 사내 자원에 대한 접근을 목적으로 하거나 회사가 기업가적 활동이나 성과에 대해서 제공하는 보상에 반응한다.

둘째, 기업가정신 전개과정에서의 위험 측면을 보면 독립기업가는 개인이 대부분의 위험을 감수하며 실패에 대한 책임을 지지만, 사내기업가의 경우에는 회사가 기본적으로 위험을 감수한다. 다만 사내기업가는 혁신에 착수하여 실패할 경우에 개인적인 경력에 타격을 입을 수는 있다.

셋째, 독립기업가는 기업 자체 이상을 소유하나, 사내기업가는 기업을 소유하지 않거나 일부의 지분만을 보유한다. 독립기업가는 아이디어, 사업개념, 그리고 특허권을 소유할 수 있다. 하지만 기존기업에서는 회사가 대부분을 소유한다. 따라서 사내기업가는 법적인 소유권을 가지지 못하며 심리적인 소유의식도 강하지 않다.

넷째, 독립기업가는 사업 성공 시에 잠재적 보수의 크기는 무한하나, 사내기업가는 회사규정에 의해서 제한받는다. 또한 독립기업가는 보수를 투자자와 공유하지만 사내기업가는 회사와 공유한다.

다섯째, 독립기업가의 경우 지위가 불안정한 반면에 사내기업가의 경우는 상대적으로 안정적이다. 독립기업가의 경우 한 번의 실수는 실패를 가져올 수 있지만, 사내 기업가의 경우에는 그 충격을 흡수하며 또다시 시도할 수 있다. 또한 독립기업가는 초기에 거의 보수를 받지 못하며 도산 시에는 실업자가 된다. 반면에 사내기업가는 혁신 프로젝트가 진행되는 상황에 관계없이 회사가 제공하는 임금, 복지, 보험 등 각종 혜택을 안정적으로 누릴 수 있다. 이와 같이 사내기업가는 안정적 지위를 보장 받을 수 있기 때문에 회사를 떠나서 독자적으로 창업하지 않는 경향이 있다.

여섯째, 독립기업가는 독자적으로 바로 바로 의사결정하는 반면에, 사내기업가는 사내의 관련 그룹 혹은 조직과 연계하여 의사결정하며 오랜 승인기간을 기다려야 한다.

일곱째, 독립기업가는 독자적으로 거래 및 협력하며 소수의 사람들과 소통하는 반면에, 사내기업가는 계층구조하에서 거래하며 광범위한 네트워크를 활용한다.

여덟째, 자원의 가용성 면에서 보면 독립기업가는 대부분 심각한 자원부족 상황에 직면하는 반면에, 사내기업가는 기존조직이 가지는 자원을 비교적 용이하게 활용할 수 있다. 특히 사내기업가는 자금 이외에도 브랜드 명성, 유통채널, 마케팅능력, 인적 자원, 생산설비 등 여러 가지 면에서 유리할 수 있다.

더 알아보기 6-1: 사내기업가의 특징 및 행동 리스트

사내기업가들의 일반적 특성 및 자질은 다음과 같다.

- 기업 조직 내에서 일에 대한 열정과 동기가 매우 높다.
- 조직구성원들에게 동기부여를 통해 강한 연대의식을 구축하는 리더십을 발휘한다.
- 미래에 대한 비전을 가지고 있고, 다른 사람들과 그 비전을 공유한다.
- 자신이 종사하고 있는 분야의 환경을 이해하고, 사업 및 조직에 대한 지식을 가지고 있다.
- 자신감이 충만하고, 소속된 기업에서 일하는 데 대해서 매우 긍정적이다.
- 적절한 수준의 위험을 감수하고, 책임감이 강하며, 회사에서 해고당하는 것에 대해 두려워하지 않는다.
- 사고가 유연하며, 필요시에 기업조직과 타협한다.
- 다양한 경영방식 및 선택대안을 창출하는 능력과 문제해결 능력이 뛰어나다.
- 팀워크를 잘 형성하고, 공개적 토론을 통해서 의견의 일치를 유도한다.
- 인내심이 많으며 상사, 고객 등 이해관계자와 좋은 관계를 유지하려고 노력한다.

6.4 사내기업가정신의 유형 및 사례

사내기업가정신의 유형은 조직의 성격과 자원투입의 정도를 기준으로 [그림 6-2]와 같이 네 가지 유형으로 구분할 수 있다(Wolcott and Lippitz, 2007). 조직의 성격은 사내기업가정신의 활동이 강한 단일조직에 의해서 수행되는지, 아

조직성격

자원투입		강한 조직	느슨한 조직
	정규적	**유형 Ⅰ: 생산자** • 기업은 사내기업가정신 전담 부서를 설립하여 지원하고 권한을 부여함 • 사례: Cargill	**유형Ⅱ: 조력자** • 기업은 유망한 프로젝트에 대해서 자금과 관심을 제공함 • 사례: Google
	간헐적	**유형 Ⅳ: 주창자** • 기업은 사내기업가정신을 강조하나, 여기에 투입되는 자금은 해당 부서에서 조달함 • 예: DuPont	**유형 Ⅲ: 기회주의자** • 기업은 사내기업가정신에 대해 특별한 지원 없음. 개방적 기업문화와 네트워크에 의존함 • 예: Zimmer

자료: Wolcott and Lippitz(2007)를 토대로 작성.

[그림 6-2] 사내기업가정신의 유형

니면 느슨하게 분산되어 이루어지는지의 여부를 나타낸다. 자원투입의 정도는 사내기업가정신에 자금이 할애되어 지속적으로 투입되는지, 혹은 간헐적으로 자금이 조달되는가의 여부이다.

그림에서 종축은 자원투입의 정도를 나타내고, 횡축은 조직의 성격을 나타낸다. 그림에서 유형Ⅰ은 생산자 모형, 유형Ⅱ는 조력자 모형, 유형Ⅲ은 기회주의자 모형 그리고 유형 Ⅳ는 주창자 모형이다.

1) 유형 Ⅰ: 생산자 모형

생산자 모형(Producer model)은 사내기업가정신을 추진하기 위해서 공식적인 조직을 만들고 이에 대해서 상당한 자금으로 지속적으로 지원하는 유형이다. 이 유형의 목적은 사내에 숨어 있는 기업가들을 찾아내어 기업가정신을 촉진시키는 것이다. 또한 경쟁기업으로부터 유망한 프로젝트를 보호하거나 사내 부서간의 협력을 유도하며 미래에 와해적인 혁신을 구축하는 것을 목적으로 수행된다.

생산자 유형의 대표적인 예로 Cargill Inc.를 들 수 있다. Cargill Inc.는 미국 미네소타주에 본사를 두고 있는 농산품 업체로서 EBA(Emerging Business Accelerator)를 설립했다. 사내기업가정신과 관련하여 이 회사의 창업자이자 대표이사인 D. Patchen은 다음과 같이 말한 바 있다.

> "EBA 설립 이전에 우리는 기존의 사업단위 및 기능을 벗어나는 사업기회를 추진하는 과정이 분명하지 않았다. 우리는 우리의 사업단위들과 사내벤처그룹(Cargill Ventures)을 지원하는 새로운 접근방법이 필요하였다."

일반적으로 관리자들은 기존사업에 적합하지 않은 새로운 사업개념을 어떻게 다루어야 하는지를 알지 못하고, 혹시나 새로운 사업에 착수하여 적자를 내지 않나 하는 두려움을 갖는다. 바로 이러한 문제를 해결하기 위해서 설립한 것이 Cargill의 EBA이다. Cargill의 제빙(de−icing)사업부가 새로운 제빙기술을 개발했을 때 회사본부는 그 기술이 상업화되지 못할 것이라고 생각하였다. 결빙을 저지하기 위해 에폭시수지 도금을 사용하는 이 기술은 다리 결빙을 방지하기 위한 방법으로 도로건설업자 등이 최종제품으로 사용하는 데 그칠 것으로 보았다. 하지만 제빙사업부는 이를 상품화하여 미국 교통수송부에 판매하였다. 결국 이 기술은 EBA가 접수하여 상업화에 성공하였다.

현재 EBA는 Cargill 전반에 걸쳐서 새로운 사업개념의 전개 및 가치창출을 돕는 글로벌 조직이 되었다. Cargill은 기업의 내부뿐만 아니라 외부로부터 아이디어를 받아들이는 웹사이트를 운영하고 있다. 하나의 사업기회가 전망이 좋다고 판단되면 EBA는 계획을 세우고, 관련된 활동을 수행하며, 인재를 채용한다. 만약 본부 이사회에서 사업계획이 승인되면 새로운 사업에 필요한 자금을 제공하고 진행상황을 확인한다. 초기 단계에서 프로젝트 팀들은 사업개념과 비즈니스 모델, 그리고 시장판매에 대해서 명확히하는 데 초점을 맞춘다. 이 과정에서 그들은 개발한 제품 및 서비스를 시장에서 검증하기 위해서 잠재적 고객들과 많은 시간을 함께한다. 마지막으로 실제 고객들로부터 검증받은 프로젝트들은 기존 혹은 새로운 사업부서로 이관된다.

생산자 모형도 단점을 가진다. 첫째, 수년 동안 상당한 자금의 투입을 필요로 한다. 예를 들어 Motorola의 사내기업가정신 부서는 1년 예산이 수천만 달러에 이르고 35명 이상의 전담직원을 보유하고 있다. 둘째, 성공한 프로젝트를 기존사업에 통합시키는 일은 어렵다. 프로젝트 팀들은 고립되기 쉽고 기존 사업 부서들에게 위협적 존재로 인식되어질 수 있다. 결국 생산자 모형의 성공여부는 회사 전반에 걸쳐 믿음과 신뢰를 획득하는 데 있다. 사내기업가를 이끄는 관리자들은 많은 시간을 사내에서 소통하는 데 할애해야 하며, 성공하기 위하여 사내 정치학의 달인들이 프로젝트를 이끄는 것이 바람직하다.

2) 유형 II : 조력자 모형

조력자 모형(Enabler model)에서는 조직에 소속되어 있는 모든 종업원들이 충분한 지원을 받는다면 새로운 사업개념을 개발할 수 있다. 공식적인 조직 소유권이 없을지라도 사내에서 지원되는 자원과 절차가 팀들로 하여금 나름대로의 사업기회를 발굴하여 추진하도록 한다. 조력자 모형에서 고위관리자들은 다음과 같은 사항을 제공한다.

- 기회에 대한 분명한 선택기준
- 자금조달에 대한 적용지침
- 의사결정의 투명성
- 진취적인 종업원의 채용 및 보유
- 회사로부터의 적극적인 지원

조력자 유형의 대표적인 예로 앞에서 소개한 구글(Google)을 들 수 있다. 구글의 프로그램 매니저인 K. Desai는 다음과 같이 말한 바 있다.

> "구글은 하나의 기업가정신 생태계이다. 이는 실리콘 밸리가 한 지역에서 하나의 생태계인 것처럼 회사 내에서 작동하는 생태계이다."

구글의 종업원들은 동료들에게 자신의 아이디어를 설명하고, 팀을 조직하며, 개념을 탐구하는 활동에 근무시간의 20%를 쓸 수 있다. 프로젝트 그룹들은 팀들이 필요로 하는 자원을 토대로 하여 하나의 보호막을 형성한다. 초기 팀은 프로젝트 관리자, 기술리더, 마케팅관리자, 품질관리전문가, 법적 전문가 등으로 구성된다. 만약 프로젝트가 성공적이라고 판단되면 팀은 구글의 제품관리위원회에 자금을 요청한다. 구글의 창업자, 고위 관리자, 엔지니어링 팀 등이 참여하는 제품관리위원회는 전반적인 전략적 방향을 제시하고 최적의 자원을 지원한다. 아울러 프로젝트 팀은 제품전략포럼이라는 조직의 지원을 받아 비즈니스 모델과 중간목표들을 설정한다. 이 과정에서 구글은 사전적으로 어떠한 지침이나 기준을 주지 않고 프로젝트의 기각률도 정해 놓지 않는다.

구글은 항상 각 개발단계에서 100개 이상의 새로운 사업개념을 지원하고, 프로젝트에 대한 정보를 기업본부에서 관리하고 공개한다. 대체로 프로젝트의 70%는 구글의 핵심사업과 관련되고, 20% 정도는 막 출현하는 사업개념에 관한 것이고, 10% 정도는 투기적인 실험을 수행하는 것으로 알려져 있다. 프로젝트가 성공하는 경우에는 팀원들은 '창업자 상(Founder's Award)'이라고 불리는 상을 받게 되는데, 어떤 경우에는 수백만 달러도 부상으로 주어진다.

조력자 모형은 사내기업가정신을 위해서 자본을 적절하게 배분하는 것 이상이다. 인적 자원과 책임자의 전념하는 태도 역시 중요하다. 구글은 종업원 선발 시에 상당 수준의 시간과 노력을 투입한다. 프로그램 관리자 혹은 고급 기술자들이 고용되기 위하여 여러 단계에서 20번 정도의 인터뷰를 거쳐야 한다. 그리고 마지막에 기업가적 자질, 기술능력, 지적 민첩성 등이 갖추어졌다고 판단되면 채용한다. 또한 책임자가 전념하는 태도는 사람들로 하여금 기업이 기업가적 과정을 진지하게 생각하고 있음을 믿게 하는 요인이다. 고위경영자로부터의 지원 없이 새로운 프로젝트가 진행될 경우 기업에서 갈등의 소지만 남기고 중단될 수 있다. 또한 조력자 모형은 종업원들이 금전적인 보상을 위해서 통상적인 프로젝트나 실제로 중요하게 생각하지 않는 아이디어에 대해서도 자금을 요청할 수 있다.

구글의 기업가적인 기업문화, 동태적 시장 대처, 자본조달능력 등은 다른 기업들이 모방하기 어렵다. 그럼에도 불구하고 Boeing, Whirlpool 등이 구글의 모델을 성공적으로 채용하고 있다.

3) 유형 III: 기회주의자 모형

유형 III은 기회주의자 모형(Opportunist model)으로 공식적인 조직이나 자원의 뒷받침 없이 주로 용감무쌍한 '프로젝트 챔피언(project champion)'들의 노력과 흥미에 기반하여 사내기업가정신이 수행된다.

기회주의자 유형의 대표적인 예로 미국 인디애나주에 본사를 둔 의료업체인 Zimmer Holdings Inc.를 들 수 있다. Zimmer는 신제품을 개발하는 R&D조직들은 갖추고 있지만 사내기업가정신 수행을 위한 공식적 조직을 설립하거나 자원을 지속적으로 투입하지 않는다. 한 예로 외과의사인 D. Mears가 전고관절대치를 위해 외과적인 수술을 가장 최소화하는 아이디어를 창안하였을 때 그는 Zimmer의 관리자인 K. Gregg와 비공식적으로 상업화를 추진하였다. 이 두 사람은 당시 Zimmer의 CEO였던 R. Elliot에게 이 아이디어를 가지고 갔고 이사회의 승인을 받아 개발 및 실험에 소요되는 자금을 회사에서 지원받았다. 이들이 개발한 새로운 의료접근법은 인적자원훈련에 있어서 혁신을 필요로 하였기 때문에 Zimmer는 Zimmer Institute를 설립하여 외과 의사들을 훈련시켰다. 이러한 혁신의 결과로서 당시 경쟁이 심한 상황에서도 Zimmer는 선도적인 기업으로 발돋움하였다.

기회주의자 모형은 신뢰를 바탕으로 하는 기업문화를 가진 회사에서 잘 작동된다. Zimmer의 경우에는 실험에 대해서 개방적이었고 공식적인 위계 뒤에 다양한 사회적 네트워크를 가지고 있었다. 다시 말해서 다수의 경영책임자들이 '좋다'라고 말할 수 있는 기업문화였다. 아무리 좋은 아이디어라고 하더라도 이러한 환경적 도움 없이는 조직적인 갈등이나 불충분한 자금 때문에 실패할 수밖에 없게 된다. 따라서 이러한 기회주의자 모형은 기업들에게는 채용하기 어려운 방법이다. 기회주의 모형에 의해서 기술혁신이 성공된다 하더라도 공식적인 조직의 필요성이 대두된다. Zimmer의 사례에서도 새로운 사업개념을 시장으로 연결시키기 위해서 느슨하지만 공식적인 조직을 만들었다. 요컨대 기회주의자 모형은 사내기업가정신 발현 및 수행의 첫걸음이라고 할 수 있다.

4) 유형 Ⅳ: 주창자 모형

유형 Ⅳ는 주창자 모형(Advocate model)으로 기업이 사내에서 기업가정신의 구현을 위해 조직적으로 움직이지만 유망한 프로젝트 팀에게만 약간의 자금을 지원하는 경우이다. 주창자 모형에서 혁신조직들은 혁신의 전도사 혹은 전문가로서 기존의 부서들과 연계하여 사내기업가정신을 추진한다.

주창자 모형의 대표적인 예로 200년 전통의 화학회사인 DuPont을 들 수 있다. 밀레니엄 도래를 1년 앞둔 1999년 DuPont의 CEO C. Holliday는 이윤율은 증가하지만 매출액이 감소하는 상황에 직면하여 사고의 전환이 필요하다고 생각하였다. 그래서 그는 DuPont에서 오랜 기간 근무해온 A. Cooper에게 기업의 매출액 증대에 초점을 맞춘 작은 사내그룹을 이끌어 줄 것을 요청하였다. 바로 그 그룹의 이름이 Market Driven Growth였다. 이 조직은 종업원들에게 아이디어의 개념화로부터 상업화까지 광범위한 지원을 제공한다. 예를 들어 종업원들로 하여금 서로 상이한 사업개념들을 창안하여 우선순위를 매기는 4일간에 걸친 '사업설계'모임을 진행한다. 이 모임이 끝난 후에 각 팀들은 4주 내지 8주에 걸쳐서 자세한 사업계획서를 작성하고 제안된 사업개념이 가지는 불확실성 등의 문제를 가지고 최고경영진과 180일 정도 접촉한다. 그리고 마지막으로 사업부서들의 책임자들로부터 승인을 받는다.

DuPont의 경우 한 사업부서의 성공에 대해 다른 부서들이 관심을 갖게 하는 메커니즘을 갖추고 있고, 팀들은 변화의 핵심적인 대변자들이 되고 있다. 외부 컨설턴트들이 이러한 과정을 지원하지만 최상의 주창자는 회사 내에서 잘 알려지고 존경받으며 경험이 많은 사람이 된다.

DuPont의 고위 경영자들은 Market Driven Growth가 제공하는 프로그램을 적극적이고 공개적으로 지원하지만 다른 사업부서들이 그것을 채용하라고 강제하지는 않는다. Market Driven Growth의 프로그램들은 초기부터 사명, 성장영역, 그리고 기회에 대한 기준을 명확히 하기 위하여 기존 부서의 책임자들과 함께 일한다. DuPont 본사는 새로운 프로젝트에 투자를 하지만 나중에 각 부서들은 그것에 대해서 부담을 하여야 한다. DuPont은 부서들로 하여금 혁신활동에 참여하라고 하지는 않는다. 하지만 사내 부서들은 Market Driven Growth가 창출하는 가치를 인식하기 때문에 적극 참여한다. Market Driven Growth의 오랜 지지자였고 안전 및 보호분야 부사장이었던 E. Kullman은 다음과 같이 회고하고 있다.

> "만약 우리가 Market Driven Growth가 제공하는 프로그램을 활용하지 않았었더라면 약 5억 달러 정도의 새로운 수입을 창출할 수 없었을 것이다."

6.5 사내기업가정신 모형의 선택

이상의 사내기업가정신 모형들 중에서 어느 모형이 기업에게 적합할까? 물론 그것은 기업의 비전과 목표에 따라서 달라질 수 있다. 예를 들어 조직 및 기업문화의 전환을 추구하는지, 기존 특정부서의 개혁을 꾀하는지, 아니면 백지상태에서 새로운 플랫폼의 창출을 목표로 하는지에 따라서 적정한 모형이 다르다.

기회주의자 모형은 출발점으로 기업이 조직이나 자금에 대한 지원 없이 새로움을 추구하는 '프로젝트 챔피언들'에 의해서 수행된다. 따라서 사내기업가정신을 발전시키려는 기업은 생산자 모형, 조력자 모형, 혹은 주창자 모형 중 하나 이상을 선택하여 수행해 나가면 된다. 특히 대기업의 경우는 세 개 모두 선택하여 활용할 수 있다.

먼저 생산자 모형은 블루오션을 찾거나 경쟁에서 선도기업이 되는 것을 목표로 하는 기업에게 적합하다. 일반적으로 사내의 기존부서들은 와해적인 사업개념에 몰두하기 어렵다. 하지만 생산자 모형은 이를 극복해줄 수 있다. 생산자 모형은 복잡한 기술들을 포함하고 상이한 부서 간에 통합을 필요로 하는 새로운 사업기회에 대해서 조정기능을 잘 수행할 수 있게 도와준다.

조력자 모형은 기업문화의 전환을 통해서 사내기업가정신을 촉진시키려는 기업들에게 적합하다. 만약 조직이 협력과 창의성을 갖추고 있다면 조력자 모형의 과정은 많은 종업원들로 하여금 혁신의 주체가 되도록 한다. 특히 사내뿐만 아니라 사외까지 걸쳐서 네트워크가 잘 구성된 기업이라면 조력자 모형을 통해서 지식근로자들로부터 나오는 아이디어를 상업화할 수 있다.

주창자 모형은 사내 기존부서들의 성장을 꾀하려는 기업들에게 적합할 수 있다. 이 모형에서는 자원의 부족 때문에 관리자들은 기존 사업의 연장선상에서 프로젝트를 추진해야 하고, 종업원들은 조직 전반에 걸쳐서 협력을 강화해야 한다. 혁신의 주창자들은 기존부서들 스스로 할 수 없지만 변화해야만 살아남을 수 있는 처지에 있는 부서들을 도와준다. 특히 주창자 모형은 사내기업가정신이 사내 부서 간 장벽이 되지 않도록 할 수 있다.

〈표 6-2〉 사내기업가정신 모형의 비교

구분	생산자 모형 (Producer model)	조력자 모형 (Enabler Model)	주창자 모형 (Advocate Model)
전략적 목표	• 획기적인 기회 활용	• 기업가적 종업원과 팀의 활성화	• 사업조직의 쇄신 • 사내기업가정신 팀의 지원
기본적 기능	• 사내기업가정신 전 과정에 대한 충분한 지원	• 새로운 아이디를 가진 종업원에 대한 최고경영층의 관심 및 독립적 재정지원	• 새로운 사업을 추진하기 위한 전도사적인 역할
투입	• 신망 있는 사내기업가 및 팀 구성 • 상당수준의 독자적인 자금 지원	• 자금 • 실행 • 신규종업원 채용 • 팀원에 대한 훈련	• 소규모 조직을 갖추고 폭넓은 네트워크를 갖춘 사내 베테랑
산출	• 스스로 지속가능하고 잠재적인 획기적 신사업(기존사업에 맞을 수도 안 맞을 수도 있음)	• 기업의 전사적 전략에 맞는 검증된 신사업 개념	• 기존 핵심사업에 밀접한 신사업
성공요인	• 내부적 의사결정 권한을 가진 존경받는 리더십 • 신사업구축에 대한 전문지식 • 사내기업가정신 실행 경험에 대한 명시적 관심	• 혁신적 기업문화 • 팀에 대한 구조적 유연성 • 사내자원의 투입 시 최고경영자의 지원 • 프로젝트 선정기준 및 과정에 대한 효과적인 소통	• 신사업구축에 대한 전문지식 • 상당수준의 팀 운영능력 • 사내 및 외부 네트워킹 능력 • 최고경영층의 지원
주요 해결 사항	• 성공적인 프로젝트를 핵심사업으로 통합하는 일 • 리더십을 계속적으로 지속하는 일 • 기존 사업부서의 지원을 획득하여 유지하는 일	• 임무수행에 필요한 시간 및 자금에 대한 최고경영층의 지원 • 기업 브랜드에 일치 및 원칙 유지 • 혁신 팀이 아이디어에 대해 블랙홀이 되지 않도록 하는 일	• 단기적인 사업성과 실현 압력 극복 • 경영층 중에서 혁신보다는 실행에 대해서 더 보상 받기를 원하는 '사업 구축자'의 발견

자료: Wolcott and Lippitz(2007).

6.6 사내기업가정신의 촉진

사내기업가정신의 수행과정에서 기업들은 혁신능력과 경쟁능력을 다시 정의하고, 갱신하며, 대체해야 한다. 동시에 기업들은 전략, 우선순위, 그리고 절차의 변화가 기존 조직 전반에 걸쳐서 받아들여져야 한다. 따라서 사내기업가정신을 촉진하기 위한 전략은 두 가지 차원에서 제안할 수 있다. 하나는 개별 종업원들에게 힘을 부여하는 것이고, 다른 하나는 기업가적인 조직을 고안하는 것이다.

1) 사내기업가 발굴 및 지원

개별적 기업가들은 조직적인 혁신의 엔진이 된다. 하지만 대기업에 있어서 사내기업가들은 기업의 기존 사업에 맞는 새로운 제품, 공정, 그리고 서비스를 창출한다. 뿐만 아니라 독립기업가들과 달리 사내기업가들은 이미 정착된 기업 문화, 가치, 그리고 절차에 의해서 제약을 받는다(<표 6-1> 참조). 따라서 사내기업가들은 자생적으로 나타나기 어려우며 기업들은 기업가적 자질을 가진 관리자나 종업원들을 발굴하여 지원해야 한다. 즉 대기업을 포함한 기존기업에서는 기업가적 사고를 가지고 사업기회를 인식하여 이를 활용하는 종업원들을 우대하는 조직문화를 창출해야 한다.

일반적으로 대기업에서는 새로운 제품이나 서비스를 개발하는 것보다는 기존 제품이나 서비스를 판매하는 데 초점을 맞춘다. 따라서 기회의 인식이 제대로 이루어지지 않는다. 설사 기회가 인식된다고 하더라도 그것이 연속적으로 활용되려면 추가적 자원이 필요하고 자원투입의 변화가 뒤따라야 한다. 또한 새로운 역량에 대한 학습과 개발이 필요하다. 물론 이러한 활동들은 기업에게는 위험의 요인이 된다. 그러나 대기업의 관리자들은 이와 다른 의사결정구조 속에서 업무를 수행한다. 그들은 모험을 하기보다는 최소의 위험하에서 성과를 유지하는데 대해 보상을 받고 만족한다. 이러한 대기업의 보상제도는 사내기업가정신에 대해서 하나의 장애요인이 된다. 사내기업가정신을 고취시키기 위해서 최고경영자는 기업의 각 계층에서 위험감수활동과 기업가적 의사결정이 활발히 이루어질 수 있도록 유도해야 한다. 애매함에 대해서도 관대하고 유연성도 가져야 한다.

물론 모든 종업원들이 기업가적 활동에 종사할 필요는 없을 것이다. 일상적인 업무에 종사하는 종업원들은 기업가적 프로젝트를 추진하는 사람들과 협력하면 된다. 하지만 일상적인 업무를 추진하는 사람들은 변화에 저항하고 기업가적 활동을 수행하는 사람들은 일상적인 활동에 저항한다. 따라서 사내기업가정신이 성공하기 위해서는 양자 간의 갈등을 잘 해결해야 한다. 전통적인 조직은 이러한 복잡한 관계를 해결하는 데 적합하지 않을 수 있다.

2) 기업가적 조직 설계

사내기업가정신이 성공하기 위해서는 적절한 기업가적 조직을 갖추어야 한다. 기업가적 조직을 고안하려면 프로젝트의 전략적 중요성과 그것이 기업의 능력 및 기술과 갖는 연계성을 고려해야 한다. 이 두 결정요인에 근거하여 사내기업가정신은 사내뿐만 아니라 사외에서도 착수될 수 있다([그림 6-3] 참조). 내부적 사내기업가정신의 예는 통합된 혁신시스템, 별도의 사내벤처팀, 직접적 통합 등이다. 만약 프로젝트가 전략적으로 매우 중요할 뿐 아니라 기업의 능력 및 기술과 갖는 연계성이 매우 크다면 직접적인 통합조직이 사내기업가정신을

운영상의 연계 정도 \ 프로젝트의 전략적 중요성	중요하지 않음	보통	매우 중요함
강한 연계	지원	새로운 벤처사업과	직접적 통합
부분적 연계	계약	새로운 벤처사업부	신제품/신사업 부서
연계 없음	완전한 분사	독립사업부팀	특별사업팀

자료: Burns(2008).

[그림 6-3] 사내기업가정신 수행을 위한 조직적 설계

수행하기에 적합한 조직이라고 할 수 있다. 한편 외부적 노력에 의한 조직의 예는 분사 혹은 합작투자이다. 만약 프로젝트가 전략적으로 중요하지 않을 뿐 아니라 기업의 능력 및 기술과 갖는 연계성이 없다면 완전한 분사(spin-off)가 적합한 조직이라고 할 수 있다. 이 경우는 사내기업가정신의 영역을 벗어난다.

물론 한번 결정한 조직형태는 지속적으로 유지되는 것은 아니다. 환경의 변화에 따라서 변할 수 있다. 일반적으로 조직의 형태는 신제품 개발의 초기단계에서 결정된다. 그러나 제품이 성숙단계로 들어가고 생산공정이 제도화되어져야할 필요성이 제기되면 변화를 시도해야 한다. 예를 들어 별도의 벤처사업부가 다른 부서로 통합되거나 완전한 사업단위로 재편되는 경우이다. 요컨대 혁신의 초기단계에서 성공을 가져오는 조직적 형태, 즉 핵심적인 사내기업가정신 조직은 장기적으로 성공을 보장하는 고정된 조직이 아니다. 이러한 점에서 사내기업가정신의 수행은 매우 복잡하고 어려운 일이다. 하지만 사내기업가정신은 기업의 추가적인 성장을 견인하고 고수익을 가져다 줄 수 있으므로 계속적으로 추진할 가치가 있다.

CHAPTER

07 사회적 기업가정신

▸▸ 제2장에서 사적 기업가와 대립되는 개념으로서 사회적 기업가를 간단히 소개하였다. 이 장에서는 사회적 기업가정신에 대해서 보다 자세하게 분석한다.

7.1 사회적 기업가정신이란

우리는 제2장에서 사회적 기업가(social entrepreneur)를 단순히 "사회적 이득을 추구하는 기업가"로 정의하였다. 보다 구체적으로 정의한다면 사회적 기업가는 "사회적 문제에 대해서 기업가적인 정신과 개성을 가지고 새로운 기회를 인식하고 혁신적인 방법으로 해결책을 제시하는 개인"으로 정의할 수 있다. 물론 사회적 기업가는 개인의 금전적인 이득보다는 사회적인 가치 창출을 더 중시하는 사람이다. 제2장에서는 대표적인 사회적 기업가로 이미 벤자민 프랭클린을 들은 바 있다.

사회적 기업가는 사회적 기업(social enterprise)을 창출하고 운영한다. 사회적 기업이란 "소유권이나 법적 형태에 관계없이 재정적 독립성, 혁신성, 그리고 사회적 개혁성을 가지고 사회의 이득을 창출하는 조직"을 말한다. 대표적인 사회적 기업으로 Piramal Savarjal을 들 수 있다. 이 회사는 하루에 1달러 미만으로 생활하는 개인들에게 깨끗한 음료수를 제공하는 프랜차이즈 가맹점들을 창업하는 영리법인이다.

그렇다면 사회적 기업가정신(social entrepreneurship)이란 어떻게 정의할 수 있겠는가? 사회적 기업가정신은 "기업가적이면서도 혁신적인 접근방법을 통하여 사회적 가치를 창출하고 유지하는 다양한 활동 및 과정"을 말한다. 사회적 기업가정신은 사회적 기업가 및 사회적 기업과의 연관관계를 통해서 보다 정확하게 정의할 수 있다.

[그림 7-1]에는 사회적 기업가정신, 사회적 기업가, 그리고 사회적 기업 간의 관계가 나타나 있다. 먼저 사회적 기업가와 사회적 기업은 서로 분리된 개념이지만 현실 속에서는 서로 밀접하게 연관되어 있다. 즉 사회적 기업가가 사회적 기업가정신을 포함한다. 한편 사회적 기업은 사회적 기업가 및 사회적 기업가정신 없이는 존재할 수 없다. 사회적 기업은 사회적 기업가에 의해서 창출되지만 기업가가 사회적 기업을 떠나거나 단순히 관리자에 의해서 기업이 운영되어질 수 있다. 따라서 사회적 기업은 항상 사회적 기업가정신에 근거하여 운영되어지는 것은 아니다. 그림에서 2b와 3b가 점선으로 그 관계가 약하게 표시된 것은 이를 반영한다. 하지만 사회적 기업가정신의 과정에서 한 사회적 기업가는 항상 하나의 조직에서 자원을 동원해야만 한다(Verstraete and Fayolle, 2005). 이러한 조직은 하나의 단순한 프로젝트가 될 수도 있지만 어느 경우에도 하나의 사회적 기업이 된다. [그림 7-1]에서 나타난 관계들을 간단히 설명하면 다음과 같다.

- 1a: 사회적 기업가는 필수적으로 사회적 기업가정신을 갖추고 경영활동을 수행한다(강한 관계).
- 1b: 사회적 기업가정신은 필수적으로 사회적 기업가 속에 체화되어 있다(강한 관계).

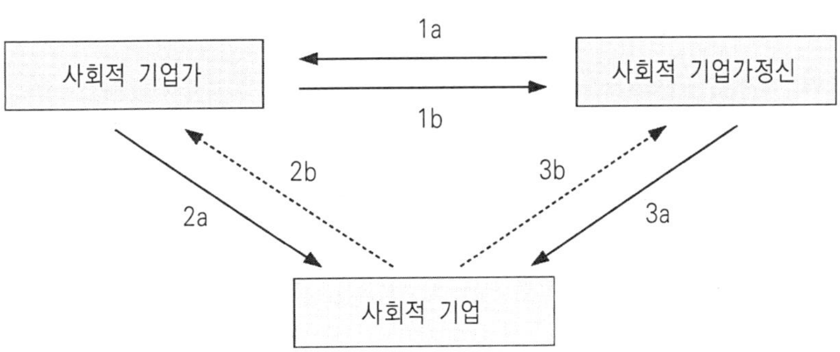

자료: Brouard and Larivet(2010), p.51.

[그림 7-1] 사회적 기업가정신, 사회적 기업가, 사회적 기업 간의 관계

- 2a: 사회적 기업가의 프로젝트는 사회적 기업이라는 조직 형태로 구현되어야 한다(강한 관계).
- 2b: 사회적 기업은 사회적 기업가에 의해서 운영될 수 있지만 그렇지 않을 수도 있다(약한 관계).
- 3a: 사회적 기업가정신은 사회적 기업의 창출 및 성장을 선도한다(강한 관계).
- 3b: 사회적 기업은 사회적 기업가정신의 과정에 필수적 혹은 영속적으로 남아 있지 않는다(약한 관계).

7.2 사회적 기업가정신의 등장 배경

사회적 기업가정신에 대한 관심은 항상 있어 왔다. 민간기업뿐만 아니라 공공부문 역시도 사회적 문제에 대해서 만족할 만한 답을 주지 못해왔기 때문이다. 따라서 민간기업과 공공부문의 역할 미흡이 최근 전 세계적으로 사회적 기업가정신에 대한 관심이 뜨거워진 데 대한 이유가 될 수 없다. 그렇다면 왜 사회적 기업가정신이 갑자기 부각되고 있는 것일까?

첫째, 전 세계적으로 경제적 번영이 달성되었다는 점이다. 이로 말미암아 중산층이 크게 성장하고 부의 증가가 이루어져 사회적 기업을 재정적으로 뒷받침 할 수 있게 되었다. 둘째, 전 세계적으로 민주적 사회의 수가 크게 증가하였기 때문이다. 이에 따라 시민들은 사회적 문제나 환경문제를 해결함에 있어서 정부나 기업 이외의 방법을 활용할 수 있는 자유가 신장되었다. 셋째, 정보화가 이루어졌기 때문이다. 정보화기술의 발달로 사람들의 사회적 문제에 대한 인식의 수준이 크게 높아졌다. 넷째, 교육수준이 전반적으로 증가하였기 때문이다. 특히 대학교육을 받은 사람들이 늘어남에 따라서 소득이 증가하고 인식의 수준도 높아졌다. 다섯째, 사회적 문제 해결에 있어서 예속된 그룹과 여성들의 참여가 쉽게 되었기 때문이다. 요약하면 사회적 문제를 표출함에 있어서 더 많은 사람들이 과거에 비해 자유, 시간, 부, 건강, 사회적 이동성, 신뢰 등을 더 가지게 되었기 때문에 사회적 기업가정신에 대한 관심이 크게 부각되었다.

7.3 사회적 기업가의 특성 및 행동

1) 사적 기업가와의 비교

사회적 기업가정신에 사적 기업가정신의 개념을 적용할 수 있다. 사회적 기업가들도 사적 기업가들의 행동양식, 기법, 수단, 사업전개과정을 채용한다. 즉 사회적 기업가들도 기회를 인식하고, 자원을 효율적으로 동원하며, 위험을 관리하며, 혁신한다(Perrni and Vurro, 2004). 따라서 사회적 기업가는 일반적 기업가의 한 유형이다.

하지만 사회적 기업가는 사회적인 사명에 초점을 맞추기 때문에 경제적 이윤을 목표로 하는 사적인 기업가와는 구별된다(<표 7-1> 참조). 다시 말하면 사회적 기업가는 이해관계자(stakeholders)를 위해 봉사하지만 사적 기업가는 주주(shareholders)를 위해서 일한다. 무엇보다도 사회적 기업가는 창업동기가 자신을 위한 부의 축적에 있는 것이 아니라 사회적인 임무의 실행을 통해서 가져올 효과를 목표로 하여 창업한다. 사회적 기업가에게 돈은 목적을 달성하기 위한 하나의 수단에 불과하다. 반면에 사적 기업가들에 있어서 부의 창출은 성공을 가늠하는 기준이다. 사적 기업가들은 시장원리에 따라 행동한다. 만약 그들이 자원을 보다 경제적 혹은 생산적인 방법으로 사용하지 못한다면 실패하게 된다. 이와 달리 사회적 기업가들에 대해서 시장은 적절한 메커니즘이 아니다. 특히 시장은 사회적 기업가들이 가져오는 사회적 후생의 개선을 측정하지 못한다. 사회적 기업가들이 제공하는 재화 및 서비스에 대하여 제값을 지불하지 못하는 사람들이 누리는 가치를 측정하기 어렵기 때문이다. 결과적으로 사회적 기업가들이 사회적 기업 활동에 자원을 투입할 만한 타당성을 제공하기에 충분한 사회적 가치를 창출하고 있는지를 판단하기 어렵다. 가령 아프리카 어린이들에게 무료로 깨끗한 물을 제공하는 경우에 그 가치를 어떻게 측정하겠는가? 따라서 사회적 기업의 생존과 성장은 성공의 기준이 될 수 없다.

사회적 기업가들도 시장메커니즘하에서 기업을 운영한다. 하지만 시장은 사회적 기업가들에 대해서 적정한 신호등이 되지 못한다. 사회적 기업가들이 제공하는 가치에 대해서 소비자들이 대가를 지불하지만 진정한 시장가치가 되기 어렵다. 따라서 사회적 기업가들은 보조금, 기부금, 자원봉사자 등 다른 수단

〈표 7-1〉 사적 기업가와 사회적 기업가의 비교

구분	사적 기업가	사회적 기업가
동기	기회창출 및 사적 부의 축적	사회적 기회 및 가치 창출
부에 대한 태도	궁극적인 목표	목표달성을 위한 수단
위험에 대한 태도	신중하게 위험관리	적정한 위험감수 성향
시장의 역할	시장원리에 따름	시장에서 활동하나 부차적
거래방식	독자적 활동 및 협상	네트워크에 의존
의사결정방식	독자적 의사결정	민주적 의사결정
수익창출구조	제품 및 서비스의 제공 대가	보조금, 기부금, 자원봉사 등
성과지표 및 평가	재무적 지표로 평가 쉬움	사회적 가치로 평가 어려움
성공 시 보수	주주와 공유	사회구성원과 공유

자료: Kaplan and Waren(2013), Fayolle and Matlay(2010) 등을 참고하여 작성.

들에 의존하게 된다. 예를 들어 사회적 기업가들이 제공하는 제품 혹은 서비스가 사회적 가치가 있다고 판단하는 가족 혹은 친구들이 기부금을 내거나 제품을 구매할 것이다.

2) 사회적 기업가의 동기 및 행동

사실 사회적 기업가는 일반적인 사적 기업가가 가지지 못하는 특성, 자질 혹은 동기를 가지고 있기 때문에 사회적 기업을 창업하여 운영한다. 그렇다면 사회적 기업을 설립하는 동기는 무엇일까?

대부분의 사회적 기업가들을 보면 두 가지 면에서 공통점을 가진다. 하나는 배경(background)이고 다른 하나는 내용(contents)이다. 배경은 한 개인이 개별 기업가가 양육되고 사회화되는 방법을 말한다. 만약 한 개인이 가족, 친구, 종교지도자, 교사 등에 의해서 사회적 문제를 바라보는 태도에 대해서 배우거나 개인적으로 그러한 문제에 대하여 민감하게 반응하는 성격을 가진다면 사회적 기업을 설립하는 동기가 강해질 것이다. 예를 들어 낙후 지역에서 아이들의 놀이터를 짓는 사회적 기업인 KaBOOM을 설립한 D. Hammond는 어릴 때 학습

장애를 가지고 있었고 양부모 밑에서 자랐다고 한다. 경험도 중요한 배경이다. 과거의 경험은 사회적 기업가로 활동하는 데 대해서 자기효능감 혹은 편안함을 줄 수 있다. 많은 사회적 기업가들은 사회적 기업을 설립하기 이전에 사적 기업을 설립하여 성공적으로 운영한 것으로 보고되고 있다.

한편 내용은 사회적 기업가의 배경이 사회와 상호작용하게 하는 환경을 제공한다. 내용은 사회적 기업가들이 사회적 문제에 접하게 되는 것, 예를 들어 노숙자들을 돌보는 일, 무료급식소에서 봉사하는 일, 혹은 전쟁범죄에 관한 책을 읽는 일 등이다. 이러한 내용들은 사회적 기업가들로 하여금 사회정의 차원에서 이타주의 혹은 분노를 불러일으킨다. 뿐만 아니라 사회적 가치의 창출기회를 인식하여 이를 사업화시키는 과정에도 영향을 미친다.

Mair and Noboa(2006)는 한 사회적 기업가가 가지는 이러한 동기, 즉 배경과 내용이 사회적 기업의 창업의도와 실제 행동을 가져오는 인식에 미치는 영향을 [그림 7-2]와 같이 모형화하였다. 그림에서 보는 바와 같이 사회적 기업가가 바람직하다고 인식하고(인지된 당위성) 또한 그것을 실현하기 위한 사회적 기업의 창업이 가능하다고 인식(인지된 타당성)하면 행동의도가 생긴다. 인지된 당위성은 약자에 대한 동정심과 그들이 처한 어려움이 '잘못'되었다는 판단으로

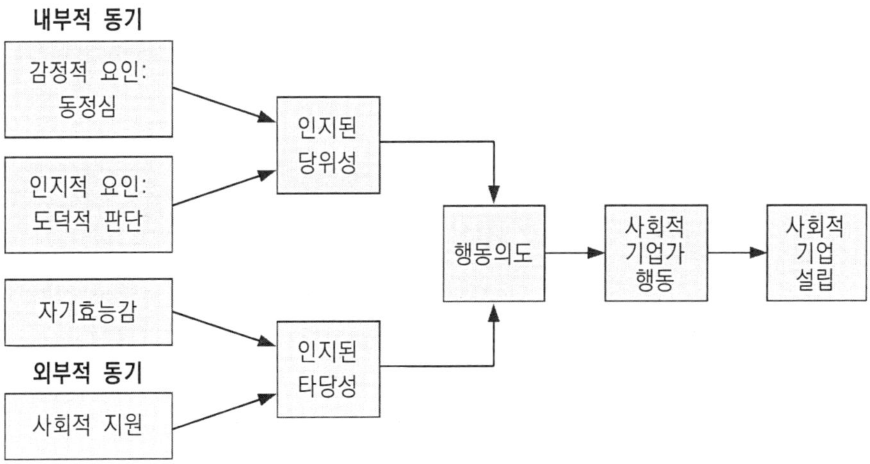

자료: Mair and Noboa(2006), p.23.

[그림 7-2] 사회적 기업가의 의도 및 행동

부터 유발된다. 인지된 타당성은 그들이 하려고 하는 일을 성공적으로 수행할 수 있다는 신념(자기효능감 등)과 그것에 동조하는 다른 사람들의 지원을 토대로 형성된다. 이러한 사회적 기업가의 인지는 행동의도를 유발하고 실제행동을 통해 사회적 기업을 설립하는 동인으로 작용한다.

더 알아보기 7-1: 사회적 기업가의 특징 및 행동 리스트

지금까지 연구에서 나타난 사회적 기업가의 특성과 행동양식을 정리하면 다음과 같다(Brouard and Larivet, 2010).

- 사회적 기업가는 개인으로 정의된다(예: 벤자민 프랭클린).
- 사회적 기업가는 변화의 주체이자 미래 변화를 예견하는 선도자이다.
- 사회적 기업가는 사회적 문제를 다룬다(예: 환경, 교통, 복지 등).
- 사회적 기업가는 사회적 가치를 창출하고, 그것을 계속 유지하기를 원한다.
- 사회적 기업가는 돈을 버는 것보다 남을 도와주고 돌보아주는 데 관심이 있다.
- 사회적 기업가는 기업가정신과 개성을 갖고 있다. 그들은 열정적이고 헌신적이며 자기계발에 적극적이다. 특히 그들의 열정은 그 근원이 도덕적이고 정의에 근거한다는 점에서 사적 기업가나 정부 관료들의 열정과는 차이가 있다.
- 사회적 기업가는 새로운 기회를 인식한다.
- 사회적 기업가는 혁신적이며 어떤 문제에 대해서 선제 대응한다.
- 사회적 기업가는 비즈니스 원리와 사회적 원리를 잘 조화시킨다.
- 사회적 기업가는 필요한 자원을 잘 동원한다. 특히 그들은 사회적 네트워크와 사회적 자본(social capital)을 활용한다.
- 사회적 기업가는 새로운 아이디어를 구체적인 해결책으로 전환시킨다.
- 사회적 기업가는 경제, 즉 시장의 힘과 지역사회를 연결시킨다.
- 사회적 기업가는 혁신 프로젝트가 가져오는 사회적 및 재무적 수익을 균형 있게 다룬다.

- 사회적 기업가는 적정한 선에서 위험을 감수한다.
- 사회적 기업가는 장기적인 이득을 우선시 한다.
- 사회적 기업가는 모든 분야에서 활동할 수 있다. 특히 사적 기업은 물론 정부도 해결하지 못하는 사회적 문제를 감당할 때 하나의 틈새시장(niche market)으로서 가치가 극대화된다.

7.4 사회적 기업가정신의 전개과정

사회적 기업가정신은 [그림 7-3]에서 보는 바와 같이 일반적으로 2단계에 걸쳐서 전개된다(Mair and Noboa, 2006). 제1단계는 아이디어의 창출단계이고 제2단계는 사회적 임무의 달성단계이다.

제1단계에서 아이디어는 기업가 개인의 동기, 표출되는 사회적인 필요, 그리고 사회적인 필요를 충족시키는 데 소요되는 자원의 존재 여부에 의해서 동시적으로 유발된다. 기업가의 동기는 기업가 자신의 삶의 배경과 처한 상황에 의해서 영향을 받는다. 만약 기업가가 사회적 기업가로서 활동하기로 결정한다면 사회적으로 충족시켜야 하는 필요와 그 필요를 충족시키는 데 활용가능한 자원을 평가할 것이다. 그 결과 바람직한 방향으로 사회를 변화시키는 아이디어

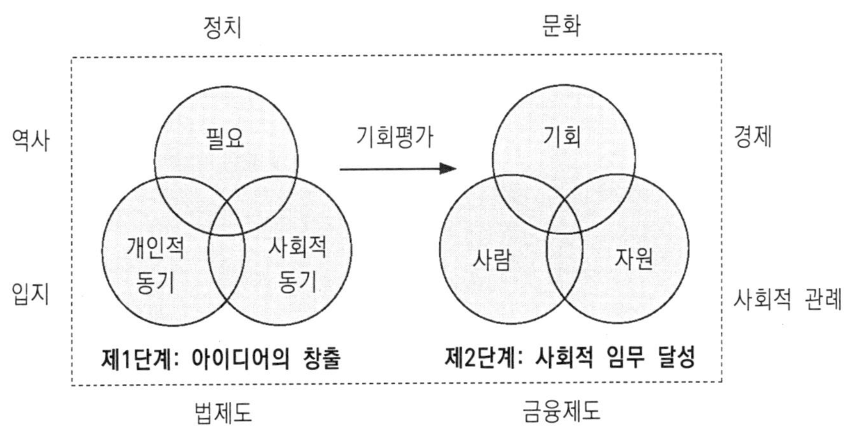

자료: Mair and Noboa(2006), p.34.

[그림 7-3] 사회적 기업가정신의 전개과정

가 생산된다. 하지만 아이디어는 검증 받지 않은 상태이다. 사회적 기업가는 아이디어를 실현하기 위해서 사회적 기업을 설립할 수 있는지에 대해서 확신을 가지지 못한다. 그러므로 창출된 아이디어의 사업적 타당성을 분석해야 한다. 아이디어가 정당한 사회적인 이슈로서 사회적으로 수용될 수 있는지? 아이디어 실현에 소요되는 인적, 물적, 사회적 자본이 장기적으로 충분하게 확보될 수 있는지? 자신이 제안하는 사회적 혁신에 대한 시장이 존재하는지? 규모의 경제를 달성할 수 있는 잠재성이 있는지? 등등. 만약 이러한 질문들에 대해서 긍정적인 답을 얻는다면 아이디어는 사회적인 기회가 될 것이고, 이러한 기회로부터 나오는 사회적 임무를 추구하기 위하여 기업가는 사회적 기업의 설립을 추진할 것이다.

제2단계는 사회적 임무의 달성단계이다. 이 단계에서는 새롭게 설정된 기회와 인적, 물적 및 사회적 자원을 서로 조화시키는 활동이 이루어진다. 제2단계에서 가장 핵심적인 요소는 사회적 기업의 목표 또는 임무이다.

제1단계와 제2단계가 모두 성공적으로 전개되기 위해서는 사회적 기업가정신의 두 가지 요소, 즉 아이디어와 사회적 임무 간의 상호작용이 잘 이루어져야 한다. 그러면 사회적 혁신 혹은 변혁을 가져오게 될 것이다. 물론 이러한 모든 활동은 사회적 기업가가 속한 사회의 정치, 문화, 경제, 사회적 관례, 역사, 법제도, 금융제도 등 외부적 환경 속에서 일어난다.

7.5 사회적 기업가정신의 비즈니스 모델

사회적 기업가정신의 비즈니스 모델, 즉 수익창출구조는 영리 혹은 사회적 임무를 목적으로 하는지 여부에 따라서 순수비영리모델, 순수영리모델, 그리고 혼합모델 등으로 나눌 수 있다([그림 7-4]).

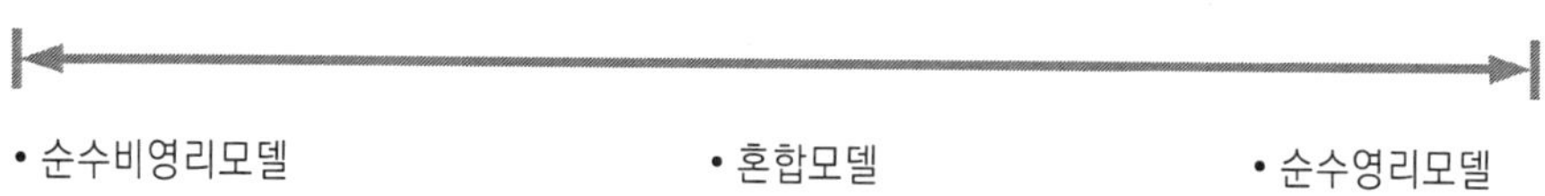

[그림 7-4] 사회적 기업가정신의 비즈니스 모델 유형

1) 순수비영리모델

순수비영리모델은 사회적인 임무에 전적으로 초점을 맞추는 비영리조직이다. 이 모델은 비영리조직이기 때문에 자원의 부족으로 잠재적 사업성과를 달성하고 지속적인 성장을 유지하기에는 한계가 있다. 또한 투자자금에 대한 수익을 보장하는 메커니즘이 없기 때문에 자선기금, 자원봉사, 정부보조금 등에 의존한다. 순수비영리모델은 독립적 비영리조직모델, 비영리 자회사를 가진 비영리본사모델, 그리고 비영리조직간 파트너십으로 구분할 수 있다.

① 독립적 비영리조직모델

독립적 비영리조직모델은 하나의 조직으로 사회적 임무를 수행하되 영리를 추구하지 않는 조직이다. 독립적 순수비영리모델의 대표적인 예로 Fair Trade USA를 들 수 있다. Fair Trade USA는 전 세계적으로 농가와 농업종사자들을 도와줌으로써 빈곤을 퇴치하는 사회적 기업이다. 소비자들은 Fair Trade라는 상표명이 붙은 차, 코코아, 과일, 채소, 설탕, 꿀, 꽃, 곡물, 고무제품 등을 구매함으로써 개발도상국을 돕고 환경문제를 해결한다. Fair Trade USA는 Fair Trade라는 상표가 붙은 인증상품을 생산하는 농가와 종사자들이 안전한 환경에서 일하면서 적정한 가격 및 임금을 받게 하고 더 나아가서 환경을 개선하도록 한다. 이를 위하여 Fair Trade USA는 제품인증제도를 시행하고 미국회사들과 농산품 공급자들 간의 거래를 감시한다. 또한 소비자들을 교육하고, 더 많은 제품 공급자들과 유통업자들이 자사의 시스템에 참여하도록 독려하며, 농민들이 국제적인 비즈니스맨으로 살아가는 데 필요한 교육훈련, 자원, 그리고 도구를 제공한다. 물론 이 사업이 가능하게 된 배경에는 미국 소비자들의 역할이 있다. 그들은 세계적 문제에 관심을 가지게 되었고 시장에서 그들의 힘을 사용하여 그 문제들을 해결하려는 기회를 찾고 있었기 때문이었다.

Fair Trade USA의 사회적 임무는 각국의 환경시스템을 보호하고 농민들이 생산한 제품에 대해서 합당한 가격을 받도록 함으로써 지속가능한 농업이 되게 하는 것이다. Fair Trade USA의 수입원은 인증한 파트너들이다. 이 파트너들은 약 1,000개 정도로 Fair Trade USA가 제공하는 공익성과 시장에서의 상표 이미지를 통해서 이득을 얻고, 일부는 기부금을 받는다. 만약 Fair Trade USA가 흑자를 기록하면 그 돈은 현지의 유기농 지원금으로 쓰이거나 전 세계적으로 빈곤한 농촌지역의 환경문제 개선을 위해서 지출한다.

② 비영리 자회사를 가진 비영리본사모델

이 모델은 한 비영리조직이 새로운 자회사로 비영리조직을 설립하는 형태이다. 비영리조직을 자회사로 설립하는 이유는 다양하다. 예를 들면 본사의 활동 혹은 임무와는 관계가 없지만 수입을 가져오는 활동에 착수하거나 새로운 자회사를 통하여 기금을 확보할 가능성이 있는 경우이다.

비영리 자회사를 둔 비영리본사모델의 대표적인 예로 뉴욕에 기반을 둔 ReServe를 들 수 있다. 이 기업은 은퇴한 노년층의 사람들을 비영리조직에 취업하도록 도와주는 비영리조직이다. 비영리조직에 취업한 은퇴자들은 자신들이 일생을 통해서 축적한 기능이나 기술을 제공하고 약간의 봉급을 받는다. 비영리조직들은 숙련된 인력들을 활용한 대가로 약간의 금액만 지급하면 되므로 ReServe와의 협력관계에 기꺼이 참여한다. 이 과정에서 ReServe는 고용기금을 운영하는데, ReServe의 일차적인 목적이 고용기금의 운용이 아니기 때문에 이를 전담하는 자회사를 설립하였다.

③ 비영리조직 간 파트너십

비영리조직 간 파트너십은 비영리조직 컨소시엄으로도 불린다. 이 컨소시엄은 두 개 이상의 비영리조직들이 모여서 협력관계를 유지하는 형태이다. 컨소시엄을 형성하는 이유는 자원을 공동으로 활용함으로써 각 조직이 목적으로 하는 사회적 임무를 효율적이고도 효과적으로 달성하는 데 있다. 다시 말해서 조직 측면에서 규모의 경제를 얻기 위한 것으로 볼 수 있다. 비영리조직 간 컨소시엄은 협동조합이나 전략적 합병의 형태로 운영될 수 있다. 소규모 비영리조직들은 협동조합을 선호하는데, 이는 지분이나 영향력이 평등하게 배분되기 때문이다.

비영리조직 간 협동조합의 대표적인 예로 시카고에 기반을 둔 United Way를 들 수 있다. 이 협동조합은 교육 및 의료분야에서 약자들을 돕는 역할을 수행하고 있다. 이 협동조합은 상당규모의 예산을 조성하여 사무실을 공동 운용하거나 대량구매 등을 통하여 비용을 절감하고, 이를 시급하지만 재원이 뒷받침되지 못하는 프로그램 운영에 투입한다. Chicago Community Trust는 협동조합 결성 시에 40만 달러를 지원하였고, 조합에 가입한 회원사들은 매출액의 0.13%를 연회비로 납부하고 있다.

이상의 순수비영리 모델의 장단점은 다음과 같다. 먼저 장점(혹은 긍정적 측면)을 보면,

- 사회적 임무에 전적으로 초점을 맞출 수 있다.
- 창업자금을 쉽게 얻을 수 있다.
- 자원봉사자나 기부자들의 공감을 얻을 수 있다.
- 모든 사업수입은 기업에 사용된다.
- 세금부담이 없거나 매우 적다.

단점(혹은 부정적 측면)을 보면,

- 조세 및 조직의 지배구조문제가 복잡하다.
- 사업을 장기적으로 지속하기 어렵다.
- 투자자들로부터 자금을 조달하기 어렵다.
- 유능한 종업원들을 채용하기 어렵다.

2) 순수영리모델

순수영리모델은 영리조직이라는 측면에서 일반 상업적 벤처기업과 동일하다. 하지만 사회적인 임무를 추구한다는 점에서 다르다. 동시에 선한 일을 잘 수행하는 것을 추구하기 때문에 높은 수준의 윤리경영을 시도한다. 특히 사회적 기업이 고객 및 일반시민들과 함께 창출하는 선한 의지(goodwill)가 중요하다. 이러한 선한 의지는 사회적 기업이 제공하는 제품 및 서비스의 매출을 증가시키고 이윤을 실현하도록 함으로써 궁극적으로 기업이 추구하는 사회적 임무를 달성하게 한다.

순수영리모델의 대표적인 예로 Newman's Own, Inc.를 들 수 있다. 이 회사는 영리를 목적으로 하는 식품 제조 및 유통업체이다. 하지만 세후 영업이익의 전부를 자선기금으로 기부한다. 식품산업은 매우 경쟁적인 시장구조를 가진다. 따라서 일반 기업들과 마찬가지로 식품공급업체, 포장업체, 그리고 유통업체들과 협력해야만 한다. 또한 자선사업을 의미 있게 수행하기 위해서 기부과

정도 잘 관리해야 한다.

순수영리모델의 장단점은 다음과 같다. 먼저 장점(혹은 긍정적 측면)을 보면,

- 대표가 회사를 잘 통제할 수 있다.
- 상업적 기업처럼 엔젤투자자, 벤처캐피털, 은행, 지인(친구, 가족, 창업자) 등으로부터 투자를 받을 수 있다.
- 개인기업 형태로 운영되며 회사의 재무정보를 공개할 의무가 없다.
- 지식재산권도 잘 보호할 수 있다.
- 다양한 형태의 법인(예: 유한회사, 합명회사, 주식회사)으로 운영할 수 있다.

단점(혹은 부정적 측면)을 보면,

- 순수비영리조직과 달리 자원봉사, 기부금, 정부보조금을 획득할 수 없다.
- 이윤획득과 사회적인 임무수행의 과정에서 갈등 혹은 괴리가 생길 수 있다. 따라서 사회적 기업가는 다른 대안적인 조직을 찾아야 한다.

3) 혼합모델

혼합모델은 '혼합'이라는 말이 의미하듯이 영리조직과 비영리조직의 요소를 동시에 갖는다. 따라서 민간투자자들로부터 자금을 확보할 수 있기 때문에 자선기금, 정부보조금, 자원봉사 등에 대한 의존을 줄임으로써 지속가능한 성장이 가능하다. 혼합모델은 다음 몇 가지 유형으로 나누어 볼 수 있다.

① 비영리 자회사를 가진 영리조직모델

대부분의 사회적 기업가들은 영리법인만을 통하여 그들의 목표를 추구하기 어렵다는 사실에 직면하게 된다. 사회적 임무를 추구하는 활동 자체가 이윤획득에 치명적인 장애요인이 될 수 있기 때문이다. 다시 말해서 순수영리모델의 형태로 기업을 유지하기 어렵다. 앞에서 예로 든 Newman's Own, Inc.도 이러한 문제에 직면하여 세후 영업이익을 자선단체에 기부하는 업무를 전담하는 별도의 비영리법인을 설립하였다. 즉 비영리법인을 자회사로 둔 영리조직이 된 것이다. 일종의 혼합모델로 발전한 것이다. 이러한 측면에서 실제로 많은 경우 영리조직모델을 가지는 사회적 기업가들은 비영리 자회사들을 설립한다. 이렇게 되면 자회사인 비영리법인은 사회적 임무의 수행을 위해서 영리법인인 본사

의 이윤을 사용할 수 있으며, 동시에 외부로부터의 기부금 혹은 정부보조금을 받을 수 있다.

비영리 자회사를 가진 영리조직모델의 대표적 예로 미국 시애틀에 본사를 두고 있는 Pura Vida Coffee를 들 수 있다. 이 회사는 라틴아메리카와 아프리카 지역의 응달에서 키운 유기농 커피를 공정무역인증을 받아 웹사이트와 소매점을 통해 판매하는 영리법인이다. 아울러 Pura Vida Create Good이라는 비영리법인을 자회사로 설립하여 코스타리카, 이디오피아, 과테말라, 니카라구아 등에서 자선사업을 펼치고 있다. 따라서 동사는 기부금, 정부지원금 등을 수입원으로 잡을 수 있으며 세제상의 혜택도 누리고 있다. 아울러 사회적 임무 달성도 극대화하고 있다. 라틴아메리카와 아프리카 지역의 커피 농업종사자들에게 더 높은 이득을 주고 환경도 보호한다. 특히 자회사인 Pura Vida Create Good은 본사인 Pura Vida Coffee가 커피를 구매하는 지역주민들의 삶의 질을 높이는 활동을 활발히 수행한다.

② 영리 자회사를 가진 비영리조직모델

이 모델은 앞에서 소개한 Pura Vida Coffee와 정반대의 유형이다. 즉 본사는 비영리조직이지만 자회사들은 영리조직인 경우이다. 이러한 유형의 조직은 비영리조직을 운영하는 사회적 기업가들이 자선기금이나 정보보조금만으로는 사회적 임무의 달성이 어렵다고 생각하여 만든 경우가 많다. 또한 비영리조직을 운영하는 사회적 기업가가 상업적인 영리법인들로부터 불공정하다는 비판에 직면하여 하나의 대안으로서 영리목적의 자회사를 설립하기도 한다.

영리 자회사를 가진 비영리법인은 영리조직과 비영리조직이 가지는 혜택을 동시에 누릴 수 있다. 사업을 통한 이윤뿐만 아니라 기부금도 수입으로 잡을 수 있으며, 이를 통해서 회사가 추구하는 사회적 임무를 효과적으로 달성할 수 있다. 또한 영리 자회사들은 은행, 벤처캐피털 등 일반투자자로부터도 투자자금을 유치하거나 자금을 빌릴 수 있다.

영리 자회사를 가진 비영리조직모델의 대표적 예로 미국 뉴욕에 본사를 두고 있는 Greyston Foundation을 들 수 있다. Greyston Foundation은 영리조직인 Greyston Bakery를 자회사로 두고 있으며 이 두 조직이 완벽하게 서로 협력한다는 점에서 혼합모델이라고 할 수 있다. 이 기업의 창업자는 Bernard Glassman으로 처음에는 생계를 위한 수단으로 Greyston Bakery를 창업하였다. 창업 후에 고용을 하나의 사회적 임무로 삼아 지역사회에서 '고용될 수 없는 사람들(예: 마약중독 경험자, 전과자, 알코올중독 치료자)'을 고용하는 일에 착수하였다. 또한 이들에게 주택, 사회복지, 건강보험 등 혜택을 제공하고자 하였다. 이를 위한 조직이 바로 비영리조직으로서의 Greyston Foundation이었다. Greyston Foundation은 영리조직인 Greyston Bakery가 창출하는 이윤을 사회적 임무 달성을 위해서 관리할 뿐만 아니라 기부금과 정부보조금을 받아서 활용한다. 특히 지역사회에서 다른 비영리기관들과 밀접한 협력관계를 유지하고 있다.

Greyston Bakery는 영리조직이지만 사회적 임무를 수행한다는 점에서 'Benefit Corporation'이라고도 한다. 이 기업의 사회적 임무는 다음과 같이 요약할 수 있다.

> "Greyston Bakery는 개인적 삶의 전환과 지역사회 쇄신의 동력이다. 우리는 고급빵을 구움으로써 고객의 만족을 충족시키며 이윤도 얻는다. Greyston Bakery는 많은 사람을 고용하는 일터이자 자기계발의 장이다. 우리는 확보한 이윤을 가지고 Greyston Foundation이 지역사회발전에 기여하도록 한다."

③ 비영리조직과 영리조직 간 파트너십

비영리조직과 영리조직 간의 파트너십은 부문간 제휴(cross sector alliance)라고 불린다. 이 모델은 하나의 사회적 임무를 목표로 두 개 이상의 상이한 조직이 장기적으로 밀접한 협력관계를 유지하는 형태이다. 이 유형은 특정 지역에서 사업활동을 영위하는 대기업이 지역사회 구성원들의 삶의 질을 높이기 위한 활동을 하고자 할 때 활용되는 방법이다. 특히 정보화 사회에서 이 모델은 고급기술을 가진 종업원을 채용하고 이들이 계속 조직에 남아 있도록 하는 역할도 한다. 또한 지역사회에서 사회적 임무를 수행하기 때문에 대규모 고객기반을 형성할 수 있다.

비영리조직과 영리조직 간 제휴가 이루어질 수 있는 조건들은 다음과 같다(Lasprogata and Cotten, 2003).

- 양 조직 간의 협력이 상호 간 이득이 될 수 있다는 인식

- 양 조직 간 전략적 보완관계
- 양 조직 간 기업문화의 동질성 혹은 적합성

양 조직 간의 전략적 보완관계는 마케팅 분야에서 잘 관찰된다. 가령 사회적 임무수행으로 명성을 쌓은 비영리조직과 일반기업이 협력하게 되면 일반기업은 비영리조직의 명성을 광고나 포장 등에 활용함으로써 매출을 증가시킬 수 있다. 이를 '공익연계마케팅(cause-related marketing)'이라고 한다. 물론 비영리조직은 자기의 브랜드 사용에 대한 대가로 자금을 획득할 수 있다.

비영리조직과 영리조직 간 파트너십의 대표적 예로 유방암 연구조직인 Susan G. Komen Foundation을 들 수 있다. 이 조직은 비영리법인으로 다수의 영리조직들과 협력관계를 맺으면서 수익을 얻고 있다. 이들 영리조직들은 많은 사람들이 관심을 갖는 유방암을 해결하려는 Susan G. Komen Foundation과 협력관계를 갖고 있다는 사실에서 직·간접적으로 이득을 얻을 수 있다. 예를 들어 요플레 요구르트(Yoplait Yogurt)는 Susan G. Komen Foundation을 활용한 공익연계마케팅을 펴고 있다. 요플레 요구르트는 제품뚜껑에 Susan G. Komen Foundation의 분홍색 서명을 새겨서 고객들이 제품을 구매하여 마시면 요플레 요구르트로부터 Susan G. Komen Foundation으로 기부금이 적립된다. 이외에도 많은 영리조직들이 이러한 방법으로 Susan G. Komen Foundation과 협력관계를 맺고 있다. 한편 Susan G. Komen Foundation은 영리조직인 이들 협력사들로부터 기부금을 받으며, 더 나아가서 협력사들의 고객들로부터도 기부금을 받는다.

이상에서 몇 가지 유형의 혼합모델을 살펴보았다. 이들 모델에 공통되는 장단점은 다음과 같다. 먼저 장점(혹은 긍정적인 측면)을 보면,

- 사회적 이득과 부의 창출이라는 두 마리의 토끼를 동시에 잡을 수 있다.
- 비영리법인은 조세감면 혜택을 받을 수 있다.
- 비영리법인은 창업보조금 등을 받을 수 있다.
- 영리법인은 외부로부터 자금을 조달할 수 있다.
- 영리법인은 비영리법인에게 기부금을 주고 세제상 혜택을 받을 수 있다.
- 영리법인은 능력 있는 종업원들을 채용할 수 있다.

단점(혹은 부정적 측면)을 보면,

- 조세 및 조직의 지배구조문제가 복잡하다.
- 독립적이고 갈등이 없는 이사회가 필요하다.
- 사내 혹은 협력조직간 사내거래는 시장가격에서 이루어져야 한다는 비판에 직면할 수 있다.
- 회계 및 법적 자문에 대해 높은 비용을 지출해야 한다.

7.6 사회적 기업가정신의 성과

사회적 기업가, 사회적 기업가정신, 그리고 사회적 기업은 사회적 임무 혹은 사회적 가치를 추구한다는 점에서 사회적 후생을 증가시킬 것으로 예측할 수 있다. 사실 사회적 기업가정신은 사적 기업가정신 혹은 공공부문이 영위하지 못하는 영역이나 추구하지 못하는 가치를 대체할 수 있다. 따라서 사회적 기업가정신은 파레토 최적을 달성할 수 있는 하나의 수단으로 볼 수 있다. 특히 사회적 기업가정신의 영역이 국제적으로 확장됨에 따라서 글로벌 차원에서 후생의 증가를 경험할 수 있다.

그렇다면 사회적 기업가정신의 성과는 어떻게 평가될 수 있는가? 지금까지 사회적 기업가정신을 측정하려는 많은 노력들이 있어 왔다. Syrjä et al.(2015)은 사회적 기업의 평가기준으로 사회적 가치창출의 효율성과 제품 및 서비스의 품질을 들고 이의 평가수단으로 투자의 사회적 수익률, 가치융합(blended value), 재무적 성과, 소비자 만족감 등을 들고 있다. Hadad and Găucă(2014)는 사회적 기업가정신의 측정원리로 공리주의, 파레토원리, 공동의 사회적 영향 원리 등을 들고 평가기준으로 확장성(scalability 혹은 spillover), 부가가치(value added), 지속가능성(sustainability) 등을 들고 있다([그림 7-5] 참조). 하지만 사회적 기업가정신의 사회적 영향은 단순한 몇 개의 측정치로 평가하기 어렵다. 왜냐하면 사회적 기업가정신의 구체적인 사례가 보여주는 현실을 반영하고, 필요 및 상황을 아우르면서 사회적 영향을 비교하는 작업은 어렵기 때문이다.

마지막으로 사회적 기업가정신의 부정적인 측면도 지적할 수 있다. 예를 들면 사회적 기업가정신의 전개과정에서 자원배분의 비효율성, X-비효율 등 효율성 측면뿐만 아니라 사적 부분에서 활용할 수 있는 사업기회들을 잠식할 수 있다. 따라서 향후 연구에서는 다양한 사례연구들을 바탕으로 사회적 기업

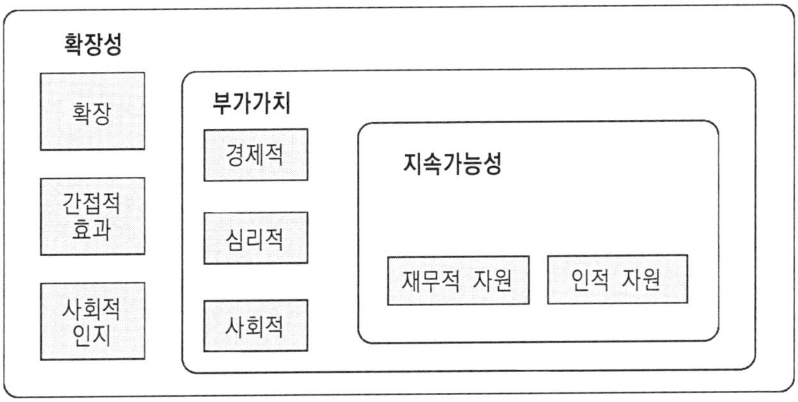

자료: Hadad and Găucă(2014), p.130.

[그림 7-5] 사회적 기업가정신의 성과측정 모형

가정신의 성과를 보다 정교하게 분석하는 것이 필요하다.

더 알아보기 7-2: 사회적 사내기업가정신

우리는 제6장에서 사내기업가정신을, 제7장에서 사회적 기업가정신을 각각 공부하였다. 그런데 2002년부터 이 두 개념을 결합한 사회적 사내기업가정신(corporate social entrepreneurship)의 개념이 나타나기 시작하였다(Hemingway, 2002).[2)]

사회적 사내기업가는 기업에 소속되어 주어진 일을 수행하면서도 사회적인 문제를 해결하려는 개인을 말한다. 이들의 개인적인 성향은 자기초월적(self-transcendent)이며 사회적 기업가와 같은 방법으로 행동한다(Hemingway, 2005). 사회적 사내기업가의 예로는 M-pesa를 설립한 Vadafone이 주도하는 팀을 들 수 있다. M-pesa는 아프리카, 인도, 아프가니스탄 등으로 돈을 송금하는 자금이체시스템으로 새로운 시장을 개척하고 수익창출을 위한 비즈니스 모델을 발전시키고 있다(http://outside-inc.nl).

사회적 사내기업가들은 기업의 사회적 책임(Corporate Social Responsibility:

2) Social intrapreneurship이라고 부르기도 한다(Hemingway, 2013).

CSR)을 추구하는 성향을 가진 조직에서 일할 수도 있고 그렇지 않은 조직에서 일할 수도 있다. 또한 사회적 사내기업가의 직장 내에서의 공식적 역할은 기업의 사회적 책임과 연관이 없어도 되며, 기업대표나 고위경영층이 아니어도 된다(Austin et al., 2006).

Hemingway(2013)는 사회적 사내기업가를 개인적 가치와 기업의 사회적 책임의 지원 여부를 기준으로 4개의 유형으로 나누고 있다. [그림 7-6]에서 횡축은 기업의 사회적 책임에 대한 지원 여부를 나타내고, 종축은 개인적 가치가 개인주의적이냐 아니면 집단주의적이냐의 정도를 나타낸다.

유형 I은 기업의 사회적 책임이 지지받는 상황에서 개인의 가치가 집단주의적(혹은 자기초월적)인 경우로 적극적 사회적 사내기업가(Active corporate social entrepreneur)로 부를 수 있다. 적극적 사회적 사내기업가는 사내에서 리더로서 사회적 책임을 고취시키려는 고위경영자인 경우가 많다. 대표적인 예를 든다면 영화 "It's a Wonderful Life"의 제임즈 스튜어트(James Stewart)에 의해서 투영된 조지 베일리(George Bailey)로, 그는 지역사회에 크게 기여한 은행관리자였다. 하지만 Hemingway(2013)는 기업의 사회적 책임을 강조하는 조직에서 어떤 종

기업의 사회적 책임의 지원 여부

개인적 가치		지지하는 상황	지지하지 않는 상황
	집단주의	유형 I 적극적(Active) 사회적 사내기업가	유형 II 숨겨진(Concealed) 사회적 사내기업가
	개인주의	유형 III 순응자 (Conformist)	유형 IV 무관심자 (Apathetic)

자료: Hemingway(2013)를 토대로 작성.

[그림 7-6] 사회적 사내기업가정신의 유형

업원도 공식적인 역할에 관계없이 적극적 사회적 사내기업가가 될 수 있다고 하였다. 또한 사내에서의 리더로서의 지위도 사회적 사내기업가의 필요조건이 아니라고 하였다.

유형 Ⅱ는 기업의 사회적 책임이 지지받지 못하는 상황에서 개인적으로 집단주의적(혹은 자기초월적)인 특성을 가지는 경우로 숨겨진 사회적 사내기업가(Concealed corporate social entrepreneur)로 부를 수 있다. 숨겨진 사회적 사내기업가는 기업의 사회적 책임의 구현이 기업에 가져올 경제적 이득을 강조한다. 이들은 기업이 사회적 책임을 추구하는 것을 원하지만 조용히 있거나 아무것도 하지 않는다. 또는 사회적 책임을 구현할 수 있는 기회를 발전시키지만 그것을 상업적으로 수용 가능한 형태로 바꾸어 진행한다. 사회적 사내기업가의 대표적인 예로 영국 대형유통업체의 정책결정자들을 들 수 있다(Crane, 2000). 숨겨진 사회적 사내기업가는 최고경영층에서 나올 수 있지만 일선에서 일하는 종업원들도 숨겨진 사회적 사내기업가가 될 수 있다.

유형 Ⅲ은 기업이 사회적 책임을 지지하는 상황이지만 개인주의적(혹은 이기적)인 성향을 가진 사람으로서 순응자(Conformist)라고 불린다. 순응자는 엄밀한 의미에서 사회적 사내기업가는 아니다. 순응자는 기업의 불법적인 사건에 연루되거나 직장에서 자리를 유지하거나 자신의 경력에 금이 가게 하지 않을 목적으로 도덕적 측면에서 해이하게 행동한다. Hemingway(2013)는 순응자를 최고경영자의 지시에 의해서 사회적 책임도 구현하지만 개인주의라는 개인적 특성 때문에 재미없이 일을 하고 권한도 가지지 못하는 사람으로 규정한다.

유형 Ⅳ는 기업이 사회적 책임을 지지하지 않는 상황에서 개인주의적(혹은 이기적)인 성향을 가진 사람으로서 무관심자(Apathetic) 혹은 분리자(Disassociated)로 불린다. 이 유형 역시 사회적 사내기업가는 아니다. 오히려 반대편에 서있다. 이들은 기업의 사회적 책임에 어떠한 관심도 표명하지 않으며 그 가치조차도 비하한다. 무관심자들은 기업의 사회적 책임의 수행이 경제적 이득을 가져오지 않을 것이라고 인식하기 때문에 자신이 속해 있는 기업이 사회적 책임에 적대적일 것으로 인식한다(Harris and Crane, 2002). 기업의 사회적 책임을 비하하는 사람들은 사내조직문화가 사회적 책임을 지지하는 경우에도 나타난다.

2005~2008년 사이에 14억 달러의 매출액을 기록하는 한 다국적기업을 대

상으로 연구를 수행한 결과, 이상의 4가지 유형 중에서 순응자가 가장 많고, 적극적 사회적 사내기업가는 가장 적은 것으로 조사되었다. 특히 적극적 사회적 사내기업가들은 회사 내에서 조직을 통합하는 책임 있는 개인적 리더로서의 명성을 가지고 있었다고 한다(Hemingway, 2013).

사회적 사내기업가들의 활동은 기업의 사회적 책임의 영역에 따라서 다르다. 예를 들어 어떤 사회적 사내기업가들은 환경문제를 전사적으로 공식화하여 그 해결을 위한 프로젝트를 추진한다. 또 어떤 사회적 사내기업가들은 동물들의 복지를 주창하거나 취약한 직장 동료들의 입지를 강화시키기도 한다.

마지막으로 Summers and Dyck(2011)은 사회적 사내기업가정신의 수행단계를 사회화, 외부화, 통합화, 그리고 내부화로 구분하였다. 첫 단계로서 사회화는 사회적으로 바람직한 아이디어를 구상하는 단계, 외부화는 그 아이디어를 구체적인 실행계획으로 전환하는 단계, 통합화는 가용한 자원을 사용하여 아이디어를 현실화시키는 단계, 그리고 내부화는 사회적으로 바람직한 관행을 기업 내부로 정착시키는 단계라고 하였다.

제 Ⅲ 편

거시적 측면

CHAPTER

08 기업가정신의 환경적 결정요인

▸▸ 이 장에서는 기업가정신, 즉 기업가가 되고자 하는 성향 혹은 활동의 정도를 결정하는 환경적 요인들을 살펴본다. 경제적 요인, 사회문화적 요인, 제도적 요인, 그리고 정책적 요인으로 나누어 설명한다.

8.1 기본 모형

앞의 제5장에서는 개인의 직업선택이라는 미시적 관점에서 기업가정신의 결정요인을 알아보았다. 이와 달리 이 장에서는 기업가정신의 결정요인을 환경적 측면에서 경제적 요인, 사회문화적 요인, 제도적 요인, 그리고 정책적 요인으로 나누어 분석하고자 한다. 이 장의 내용은 다음의 함수관계를 토대로 구성된다.

$$E^* = f(EF, SF, IF, PF)$$

위에서 E^*는 기업가정신(Entrepreneurship)이고, EF는 경제적 요인(Economic Factors), SF는 사회문화적 요인(Social and Cultural Factors), IF는 제도적 요인(Institutional Factors), PF는 정책적 요인(Policy Factors)이다.

기업가정신의 경제적 결정요인으로는 기술혁신, 경기변동, 소득분배, 이자율, 클러스터, 산업특성 등이 있고, 사회문화적 결정요인으로는 인구통계적 여건, 사회적 자본, 가치관, 학교교육, 지역적 요인 등이 있으며, 제도적 결정요인으로는 법, 소유권, 규제, 자유 등이 검토될 수 있다. 정책적 요인은 크게 일반적 정책과 선별적 정책으로 구분할 수 있다. E^*는 기업가가 되려는 성향(the

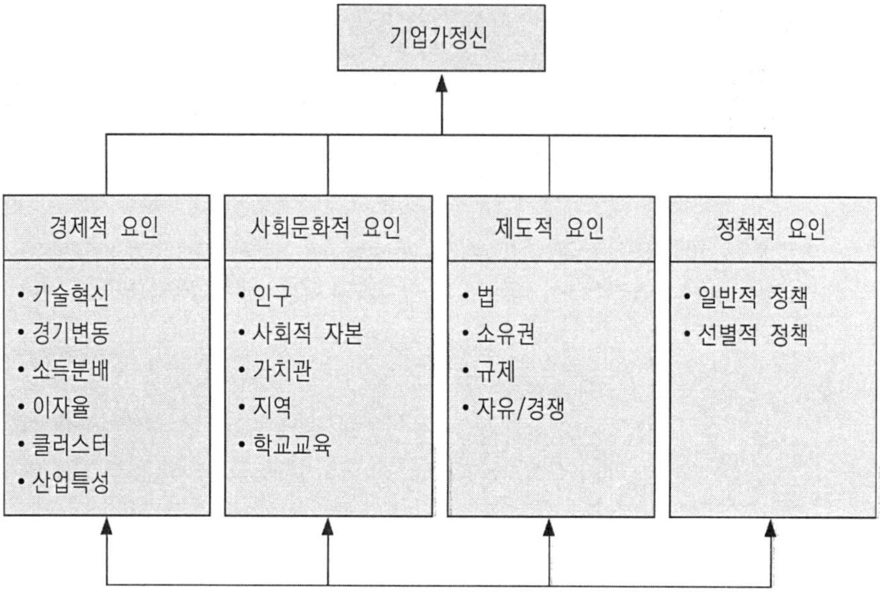

[그림 8-1] 기업가정신의 환경적 결정요인

preference to be an entrepreneur) 또는 기업가적 활동의 수준으로 볼 수 있다. E^*를 기업가가 되려는 성향으로 보는 경우에는 이항변수(binary variable)가 되며, 이 모델을 활용하여 기업가정신 결정요인을 계량경제학적으로 추정할 수 있다. 위의 함수관계를 모형으로 표현하면 [그림 8-1]과 같다.

8.2 경제적 요인

기업가정신의 경제적 결정요인으로는 기술혁신, 경기변동, 소득분배, 이자율, 산업클러스터, 산업특성 등이 있다.

1) 기술혁신

많은 벤처기업들은 신기술을 기반으로 하여 창업된다. 이러한 기업들은 신기술기반기업(New Technology-based Firms: NTBFs)이라고 불린다. 따라서 기술변화 혹은 기술혁신은 기업가정신에 영향을 미친다.

가장 대표적인 예가 컴퓨터의 등장이다. Fairlie(2006)는 미국의 경우 컴퓨터의 사용으로 인해 성인들이 창업을 하여 기업의 소유자가 되는 확률이 커진다는 결과를 발표하였다. 이는 정보기술(Information Technology: IT) 분야뿐만 아니라 전 산업에 걸쳐서 나타났다고 한다. 또한 IT는 기업가들에게 재화 및 서비스를 아웃소싱하거나 다른 기업에 의해서 아웃소싱된 재화 및 서비스를 공급할 수 있게 함으로써 새로운 기회를 열어줄 수 있다. IT로 말미암아 기업규모가 작아질 수 있고, 기존의 수직 통합된 대규모 기업을 분리시킬 수 있으며, 더 나아가서 기존기업을 신생 중소기업의 네트워크로 대체시킬 수 있다. 이는 IT가 기업가적 활동 및 창업을 촉진시킬 수 있다는 의미를 갖는다. 더 나아가서 IT뿐만 아니라 생명공학기술(Biotechnology: BT), 문화기술(Culture Technology: CT) 등 다양한 분야에서의 기술혁신에 의해서 기업가정신은 촉진되고 있다. 예를 들어 유전자기술 등은 연구실로부터 출발하여 특정 연구결과를 바탕으로 비교적 쉽게 창업할 수 있다.

그렇다면 기술혁신과 기업가정신은 국민경제적 차원에서는 어떠한 관계를 보이는 것일까? Acs et al.(1994)은 U－자형의 관계를 보인다고 한다. 즉 어떤 한 국가의 경제발전 초기단계에서 기술발전은 농업이나 소규모 제조기업 중심에서 대규모 제조기업 중심의 경제로 전환시키며, 이 과정에서 자영업자들의 비율은 감소한다. 반면에 그 국가가 경제발전의 후기단계에 들어서면 기술혁신은 서비스업 및 자영업비율을 증가시킨다는 주장이다. 그러나 이에 대해서는 보다 체계적인 실증연구에 의해서 확인해 보아야 한다.

2) 경기변동

기업가정신은 GDP의 증감 사이클, 즉 경기변동에 의해서 영향을 받는다. 기업가들은 앞으로의 경제상황을 예측하여 위험을 감수하면서 생산활동을 하기 때문이다.

먼저 기업가정신이 경기변동과 같이 움직인다는 주장이 있다. Rampini(2004)는 위험요인 때문에 기업가의 수가 경기순응적(pro－cyclical)으로 움직인다고 한다. 만약 경제가 호황인 경우라면 생산성과 자산은 증가하며 이는 경제활동 주체들로 하여금 위험을 감수하는 기업가가 되려는 동기로 작용한다. 뿐만 아니라 기업가들은 호황 상황에서 더 큰 수익률을 예상하여 기업가적 노력 수준을 높인다. 이와 함께 도덕적 해이의 정도는 감소하고, 자금공급자들은 위험한 투자 프로젝트에 투자하는 현상이 나타난다. 그러나 경제가 불황에 처하게 되면, 이상에서 기술한 현상과 전혀 반대의 과정이 진행된다. 즉 자산과 투자가 감소하며, 이에 따라 기업가정신은 위축된다.

기업가정신이 경기변동에 순응하여 움직이는 또 다른 이유로는 혁신활동에 내재하는 동태적 외부성(dynamic externality)을 들 수 있다. 획기적인 기술혁신이 일어나면 경제활동이 직접적으로 증대되는 한편, 간접적으로는 다른 연속적인 기술혁신의 기회를 창출한다. 더 나아가서 기업가적 기회를 증대시키고 경제활동은 더욱더 활성화된다. 이때 기업가들은 투자 및 기술혁신에 대한 결정을 할 때 이러한 동태적인 외부효과를 내부화시키지 못하기 때문에 혁신과 경제성장의 과도한 변동 혹은 경기순응효과가 초래된다.

미국에 대한 실증적 연구결과들은 최소한 거시경제적 차원에서 신생기업의 창업은 경기순응적인 것으로 보고하고 있다. 즉 벤처기업창업률과 자영업증가율이 호황에는 증가하고 불황에는 감소하는 것으로 나타났다(Audretch and Acs, 1994; Grant, 1996; Carrasco, 1999).

이와 달리 기업가정신과 경기변동은 반대로 움직인다는 주장도 가능하다. 불황은 '청소효과(cleaning effect)'를 가진다는 것이다. 즉 불황 때에는 질 낮은 기업들은 퇴출되고 평균적 질을 가진 기업가들이 운영하는 기업들은 증가한다고 한다(Caballero and Hammour, 1994). 하지만 이에 대해서 Ghatak et al.(2007)은 반론을 제기하였다. 그들은 불황 때에는 임금이 하락함으로써 불황의 청소효과는 상쇄된다고 주장하였다. 즉 임금이 하락하게 되면서 질 낮은 기업군들은 다시 살아나게 되고 평균적인 기업가군들은 다시 감소하게 된다는 것이다.

요약하면 아직은 기업가정신이 경기변동에 대해서 순응적이라는 연구결과가 지배적이다. 하지만 이는 미국 등 일부국가를 대상으로 한 것으로서 보다 명확한 연구결과를 얻기 위해서는 다양한 국가 혹은 기간을 분석대상으로 하는 추가적인 연구가 필요하다.

3) 소득분배

불평등한 소득분배는 기업가정신에 영향을 미친다(Verheul et al., 2001). 먼저 공급측면에서 보면, 낮은 임금을 받는 사람들을 자영업 쪽으로 눈을 돌리게 한다. 왜냐하면 기업가가 되는 기회비용이 낮기 때문이다. 특히 빈곤에 있는 사람들에게는 창업만이 자립하여 살아갈 수 있는 최후의 수단이 될 수 있다. 소득의 상위계층에 있는 부자들도 창업자본을 조달함에 있어서 용이하고 위험을 감수할 수 있기 때문에 창업에 비교적 쉽게 착수할 수 있다.

한편 소득불평등은 시장에서 다양한 재화 및 용역에 대한 수요를 유발한다. 부유한 계층은 기본적으로 필요한 상품뿐만 아니라 사치품을 찾는 반면에 빈곤계층은 생필품을 주로 찾는다. 이를 기업가정신의 수요측면에서 보면, 소득불평등이 다양한 사업기회를 제공함으로써 기업가정신을 촉진시킬 수 있음을 알 수 있다. 20개 OECD회원국에 대해서 연구한 Ilmakunnas et al.(1999)은 소득불평등이 한 국가 내에서 기업가정신에 정(+)의 효과를 가지는 것으로 보고하고 있다. Bosma et al.(2000)도 네덜란드에 대해서 시계열 자료를 사용한 연구에서 소득불평등이 자영업에 대해서 정(+)의 효과가 있음을 밝히고 있다.

이와 같이 소득불평등은 기업가정신을 촉진시키는 측면이 있지만, 반대로 기업가정신의 증대는 소득불평등을 더 크게 만든다. 왜냐하면 부자와 빈자에 의해서 창업된 기업들은 다양할 뿐 아니라 이 기업들 간에 부가가치 면에서 많은 차이가 있기 때문이다. OECD(2000)는 임금소득자들 간의 소득격차보다 자영업자들 간의 소득격차가 더 크다는 실증적 연구결과를 발표하였다.

4) 이자율

하나의 기업을 창업하는 데 필수적인 활동이 자금조달이다. 따라서 기업가적 활동의 수준은 창업자금조달의 비용을 결정하는 이자율 수준에 영향을 받는다. 만약 이자율이 높아지면 창업활동이 감소되고 기업도산이 늘어나면서 기업가정신이 위축된다. 그러나 은행들이 고정된 이자율로 장기적으로 대출해 주게 되면 현재기의 이자율에 크게 신경 쓰지 않고 기업가들이 창업활동에 전념할 수 있을 것이다.

미국과 영국의 시계열자료를 통한 연구들에서도 이러한 이자율의 기업가정신에 대한 효과가 확인되고 있다. 즉 이자율은 창업률과 자가고용비율에 대해 각각 부(−)의 효과를 미치는 것으로 나타났다(Evans and Leighton, 1989; Audretsch and Acs, 1994; Parker, 1996; Cullen and Gorden, 2002).

5) 클러스터

기업가정신의 지식파급이론에 따르면, 기업가는 지식을 사업화하는 역할을 수행한다고 한다. 따라서 기업가들은 지식파급의 원천에 가까운 곳에 위치하려는 동기를 가질 것으로 예측할 수 있다. 이러한 측면에서 대학, 기업, 연구소가 위치하여 형성된 클러스터(cluster)는 기업가정신을 촉진시키는 역할을 가질 것이다.

실제로 지식 및 기술 기반 벤처기업들은 대학이나 민간기업연구소가 있는 지역에 위치하는 경향이 있다. 기업 독자적으로 R&D 기반이 없더라도 옆에 위치한 대학이나 연구소들로부터 파급되어 나오는 기술을 활용할 수 있는 가능성이 높아지기 때문이다. 미국의 경우 스탠포드대학을 중심으로 하여 실리콘밸리가 형성되고, MIT공대를 중심으로 Route 128이 형성된 것은 이를 잘 말해주고 있다. 대학, 기업, 연구소들이 밀집된 하나의 클러스터로서의 실리콘밸리와 Routr 128에서는 많은 신생 벤처기업들이 창업되어 성공적인 기업으로 성장한 것은 널리 알려진 사실이다.

기업가정신의 지식파급이론은 산업 혹은 지역적 차원에서도 의미를 가진다. 즉 산업클러스터와 지역클러스터는 기업가정신을 증가시킨다는 예측이다. 일찍이 산업클러스터는 Marshall(1920)에 의해 제기되어 Porter(1990)에 의해서 정립된 개념이다. M. Porter는 산업클러스터를 "특정분야에서 경쟁 또는 협력관계인 기업, 전문공급업체, 용역업체, 관련 산업의 기관들이 지리적으로 인접하고 있는 결집체"로 정의하였다. 그리고 이러한 산업클러스터가 어떤 한 국가에서 특정산업에서 국제경쟁력을 가지는 데 있어서 매우 중요한 역할을 담당한다고 주장하였다. 그는 산업클러스터와 기업가정신을 직접적으로 연결시키지는 않았지만 산업클러스터 내에서의 지식파급의 역할을 암묵적으로 강조한 것으로 볼 수 있다.

한편 Rocha and Sterberg(2005)는 클러스터(clusters)와 산업복합체(industrial agglomeration)를 구분하여 양자가 기업가정신에 미치는 효과를 분석하여 흥미롭다. 이 연구에서 클러스터는 지역적인 근접성뿐만 아니라 활동주체 간 상호작용을 가지는 개념으로 상호작용은 [그림 8-2]에서 보는 바와 같이 기업 간

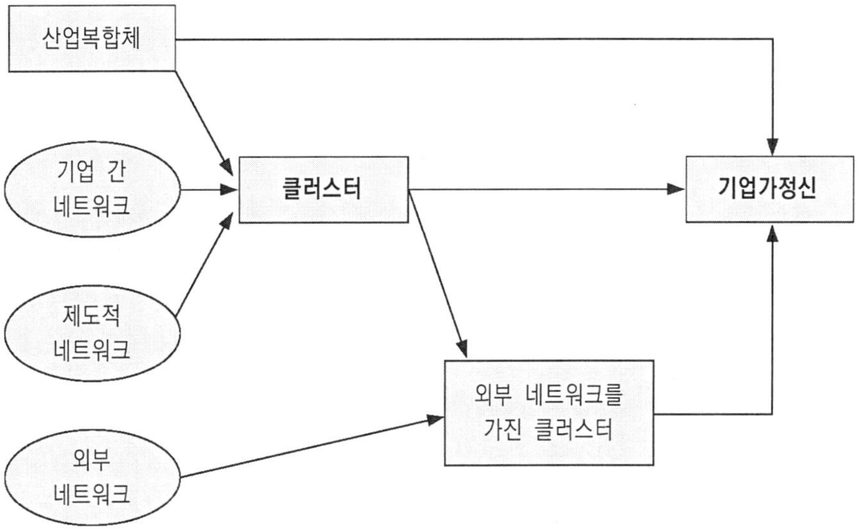

자료: Rocha and Sternberg(2005), p.269.

[그림 8-2] 클러스터와 기업가정신의 연관성

네트워크와 기관 간 네트워크를 통해서 이루어진다. 이러한 네트워크를 통한 상호작용은 가격신호등뿐만 아니라 클러스터 내에 있는 사람과 기업 간의 개인적 관계를 기반으로 한다. 반면에 산업복합체는 단순히 동일 산업 혹은 밀접히 연관된 산업에 속하는 기업그룹들이 지역적 내에 근접되어 있는 상태를 말한다. 산업복합체에도 활동주체 간 상호작용이 일어날 수 있지만 사회적 관계나 관례 등을 통해서라기보다는 가격신호등에 의한 시장거래에 기반을 둔 수요자-공급자 관계를 기반으로 한다. 기업가정신은 새로운 기업의 창업으로 나타내었다. 연구결과, 클러스터는 기업가정신에 대해 정(+)의 유의한 효과를 보인 반면에 산업복합체는 기업가정신에 영향을 미치지 않는 것으로 나타났다. 이는 기업가정신은 단순히 경제활동주체 간 지역적 근접성에 의해서 촉진되는 것이 아니고 경제활동주체 간 상호작용, 즉 지식의 이전 및 파급에 의해서 촉진된다는 것을 확인시켜 주는 것이다.

6) 산업특성

어떤 산업 혹은 직업에서는 기업가들이 많이 존재하는 반면에 다른 어떤 산업에서는 기업가들을 찾아보기 어렵다. 이는 기업가정신은 산업특성에 따라서 영향을 다르게 받기 때문이다.

기업가정신에 영향을 미치는 가장 중요한 산업특성은 진입장벽(entry barriers)이다. 즉 다른 사정이 일정하다면, 진입장벽이 낮은 산업에서는 기업가적 활동 수준이 높게 나타날 것이다. 또한 퇴출 시 매몰비용(sunk cost), 즉 회수할 수 없는 비용이 적은 산업에서 기업가적 활동이 그렇지 않은 산업에 비해서 활발할 것이다. 이러한 이유로 제조업보다는 서비스산업에서 기업가정신의 수준이 높게 나타나고 있다(Bhide, 2000; van Stel et al., 2007). 서비스산업은 제조업에 비해서 일반적으로 진입장벽이 낮고 작은 규모로도 시작할 수 있기 때문에 성공적으로 진입할 수 있다. 진입장벽으로서의 소요자본의 크기도 중요한 역할을 한다. 개인으로서의 기업가들은 자본집약적 대규모 기업이 지배하는 산업에서 창업하려 하지 않을 것이다. 자신들에 비해서 대기업들은 자본을 조달함에서 있어서 상대적으로는 물론 절대적으로 유리한 위치에 있기 때문이다. 실제로 제조업에서도 자본소요량이 크거나 자본집약적인 산업에서는 소기업들의 비중 혹은 소기업의 진입률이 매우 낮은 것으로 나타나고 있다(White, 1982; Acs and Audretsch, 1989).

시장구조 및 기업 간 경쟁환경도 기업가정신에 영향을 미친다. 기업가들은 시장규모가 큰 산업에 들어가려고 하겠지만, 이러한 산업이 경쟁이 너무 심하다면 들어가기를 꺼려할 것이다(Nocke, 2006). 반대로 독점도가 너무 높은 시장에도 들어가려고 하지 않는다(Shane, 2003).

산업발전단계도 하나의 요인이다. 제품생애주기는 도입기 → 성장기 → 성숙기 → 쇠퇴기로 구분되는데, 도입기나 성장기에 시장에 진입하는 기업가들이 많이 출현할 것이다. 컴퓨터산업이 막 출현하여 발전하는 시기에 많은 기업가들(예: 빌 게이츠, 스티브 잡스, 래리 앨리슨 등)이 등장한 것이나, 최근 바이오산업이 성장하면서 많은 기업가들 혹은 소규모 기업들이 출현하는 것을 볼 수 있다. 이러한 측면에서 산업구조의 동태적인 변화가 기업가적 활동 변화의 중요한 동인이 된다. 예를 들어 산업혁명 시대에서 정보화 시대로 접어들면서 산업 간 부침이 있었고, 이 과정에서 산업에 따라서 기업가적 활동 수준이 달랐을 것이다.

직종의 특성도 중요하다. 예를 들어 상담, 법률, 사교육 등 노동집약적인 일대일 서비스의 경우에는 자영업 형태의 기업이 많을 것이다. 이러한 서비스의 경우에는 대기업들이 조직을 만들기에는 많은 비용이 들고, 독립적인 전문가들에 의해서 쉽게 문제가 해결될 수 있다.

마지막으로 특정한 산업에서 요구되는 기능의 성격이다. 예를 들어 기업가들이 균형감각을 갖춘 팔방미인이라면, 디자인이나 산업미술 같이 예술적인 감각과 경영능력이 분리된 사람을 필요로 하는 산업보다는 보험 등과 같이 서로 비슷한 기술을 필요로 하는 사업에서 기업가들이 더 많이 나타날 것이다(Lazear, 2005).

8.3 사회문화적 요인

기업가정신의 수준을 결정하는 사회문화적 요인으로는 인구특성, 사회적 자본, 가치관, 지역적 요인 등을 검토할 수 있다.

1) 인구특성

① 인구증가

일반적으로 인구증가는 사업기회를 확대시킴으로써 기업가적 활동을 증대시킬 것으로 예측할 수 있다. 실제로 인구증가를 경험하는 국가들에서는 그렇지 않은 국가들에서보다 전체 경제활동인구 중 기업가들의 비중이 더 높은 것으로 나타나고 있다(ILO, 1990).

인구증가는 기업가정신에 대해서 간접적인 영향도 미친다. 첫째, 이민유입에 의해서 인구가 증가하는 경우에는 창업활동이 증가한다(Storey, 1994). 둘째, 인구증가는 임금을 하락시키는 요인으로써 창업의 기회비용을 낮춘다(Verheul et al., 2001). 셋째, 인구증가는 소비재에 대한 수요를 증가시킴으로써 새로운 제품 및 서비스에 대한 시장 및 창업기회를 증대시킨다.

② 인구밀집도

인구가 밀집된 지역에서는 기업가적 활동에 필요한 중요한 자산들이 존재한다. 우선 사업을 수행하기에 적합한 시장을 제공한다. 소통이 잘되고 교통이 편리한 비교적 작은 지역에서는 다양한 수요가 존재한다. 따라서 상업, 학교교육, 연구기능 등과 함께 높은 인구밀집도를 가진 도시는 공동효과를 통해서 기업가들을 끌어들일 수 있다. 경제활동주체 간 협력, 외부효과, 그리고 신호등효과를 누릴 수 있기 때문이다. 여기서 신호등효과란 인구가 밀집된 지역에서 창업의 성공가능성이 커지는데, 이미 성공한 기업들을 보고 다른 신규기업들이 진입을 시도하는 효과를 말한다.

③ 인구이동

기업가정신의 결정요인 중 하나로 인구이동, 특히 이민(immigration)이 지적되고 있다. 이민이 기업가정신에 미치는 효과는 이민자의 학력수준이나 기술능력, 그리고 이민국가의 여건에 따라서 다르게 나타날 수 있다. 가령 이민자가 특정한 기술을 가지고 있고, 언어장벽이 없으며, 이민지역의 법적 및 행정적인 장애가 없다면, 그들은 고용되기보다는 창업을 선호할 가능성이 클 것이다. 물론 반대인 경우에는 기업가정신이 위축될 것이다.

한편 국가적 측면에서는 이민이 기업가정신에 미치는 효과가 긍정적인 것으로 나타나고 있다. Reynold et al.(1994)은 프랑스, 독일, 이탈리아, 스웨덴, 미국, 영국 등 6개국을 대상으로 한 연구에서 1980년대 중반 기간에 기업창업률을 지역별로 조사하였다. 연구결과 6개국 중 5개국에서 어떤 한 지역으로의 이민은 창업률과 정(+)의 상관관계를 가지는 것으로 나타났다.

특히 이민이 창업에 미치는 효과는 문화적인 요인에 의해서 영향을 받는다. 일반적으로 미국에 이민온 아시아계 사람들이 아프리카계 사람들에 비해서 기업가가 되는 비중이 큰 것으로 알려지고 있다.

④ 인구통계학적 특성

(가) 연 령

젊은 대학생들과 미래에 대해서 얘기하다 보면, “졸업 후 우선은 회사에 취직하고, 회사에서 경험을 쌓은 후 창업을 하여 나름대로 회사를 경영할 계획”이라는 말을 자주 듣는다. 이는 나이에 따라서 기업가적 활동의 수준이 달라질 수 있음을 말해준다.

일반적으로 나이든 사람들이 젊은이들보다 기업가가 될 가능성이 큰 것으로 알려지고 있다. 그 이유는 첫째, 나이든 사람은 젊은 사람에서 비해서 창업자금을 쉽게 조달할 수 있다. 둘째, 나이든 사람들은 임금고용자들이 흔히 경험하는 강제퇴직을 피하기 위해서 자영업을 선택한다. 셋째, 나이든 사람들은 창업에 있어서 중요한 네트워크를 가지고 있다. 넷째, 기업가들은 자신이 투입하는 노력과 시간을 어느 정도 통제할 수 있는데, 건강이 안 좋은 나이든 사람들은 이를 극복하기 위한 방법으로 창업을 한다.

물론 이상의 견해와 달리, 나이든 사람들은 위험을 감수하려는 의지가 약하고, 창업 후에도 장시간 동안 일하기도 어렵다는 이유로 오히려 젊은이들이 더 기업가가 되려한다는 주장도 있다. 하지만 대부분의 연구들은 연령과 기업가정신은 정(+)의 관계를 보여주고 있다. 즉 나이가 들수록 창업률이 높아진다는 것이다. 보다 구체적으로 Cowling(2000)과 Reynols et al.(2002)은 자영업자들이 중년, 즉 35세와 45세 사이에 집중되어 있음을 밝히고 있다. Aronson(1991)도 미국의 경우 성별에 관계없이 기업가들은 임금노동자들에 비해서 연령이 더 높은 것으로 추정하였다.

(나) 젠더(성별)

극히 최근까지 기업가정신은 주로 남성에 근거하여 연구되고 평가되어 왔다(Ogbor, 2000). 하지만 1980년대 이후부터 여성들이 기업을 소유하는 비중이 커지면서 여성기업가와 여성기업가정신에 대한 논의가 활발히 진행되어 오고 있다. 물론 아직도 남성기업가들이 지배적이지만 여성기업가들의 비중이 커지는 이유는 무엇일까?

첫째, 많은 여성들이 가정과 일 사이에서 느끼는 부담 때문에 유연하게 노동시간을 관리하기 위해서 자영업을 선택한다. 둘째, 서비스산업이 확대됨에 따라서 서비스업종에 적합한 자질을 가진 여성으로서의 기업가가 필요하게 되었다. 셋째, 정보화 사회로 접어들면서 기술적 하드웨어보다 감성적 창의력과 여성적 특성을 가진 기업가가 경쟁력을 가지게 되었다.

(다) 결혼 여부

기혼자들은 기업가로 전환할 때 독신자들의 경우보다 기회비용이 더 낮기 때문에 기업가적 활동을 더 활발히 수행할 수 있다(Evans and Leihton, 1989). 그 이유로는 첫째, 배우자가 창업자금을 제공할 수 있다. 둘째, 배우자가 다른 직장에 다니지 않는다면 창업 후에 좋은 조력자가 될 수 있다. 특히 감정적인 측면에서도 도움이 될 수 있다. 셋째, 배우자가 직장에 다니는 경우 소득이 있기 때문에 사업이 잘 안되더라도 안전장치가 될 수 있다. 넷째, 부부로서 세제혜택을 받을 수 있다. 다섯째, 연령과 관련된 요인으로 기업가들은 평균적으로 나이가 든 사람이며, 이들은 대부분 결혼한 사람들이다. 기업가정신에 대한 이상과 같은 결혼의 효과는 결혼이 다음에 다루게 될 사회적 자본(social capital)로서의 역할을 한다는 주장까지도 나오게 하였다(예: Davidsson and Honig, 2003).

결혼이 기업가정신에 대해 미치는 영향과 관련한 또 하나의 문제는 왜 결혼한 사람들은 부부 모두가 기업가가 되느냐 하는 것이다. 대부분의 연구결과들은 남편이 기업가인 경우 부인도 기업가가 된다는 사실을 보여주고 있다(Brown et al., 2006; Parker, 2008). 그 이유로는 부부간 지식파급효과를 들 수 있다. 즉 부부간에는 사업에 대한 지식 및 정보의 소통이 쉽고도 효율적으로 이루어진다는 것이다.

2) 사회적 자본

사회적 자본(social capital)은 개인들의 행동을 원활히 하게 하는 사회적 관계에 대해서 붙여진 용어이다. 사회적 자본을 보다 명확하게 정의하면, "사회적 구조, 네트워크, 그리고 관계로부터 편익을 추출해내는 활동주체들의 능력"이다(Davidsson and Honig, 2003). 예를 들면 경제활동주체들 간 신뢰의 정도, 단체 내에서의 네트워크의 질 등은 사회적 자본을 구성한다.

이러한 사회적 자본은 기업가정신 혹은 기업가적 활동을 촉진시킨다. 구체적으로 사회적 자본을 활용하여 기업가들은 노동력과 자본을 손쉽게 구할 수 있고, 고객, 경쟁자, 부품공급자 등에 대한 정보를 얻을 수 있으며, 사업과정에서 유발되는 심리적 스트레스를 완화시킬 수 있다. 심지어 기업이 도산하는 것을 막는 기능도 있다. 따라서 사회적 자본은 창업할 때 인적자본 및 금융자본과 함께 중요한 역할을 수행한다.

사회적 자본이 기업가정신에 미치는 실증적 연구결과를 보면 긍정적 역할과 부정적 역할이 혼재되어 나타나고 있다. 먼저 Gomez and Santor(2001)는 자영업자로서 어떤 '클럽'에 가입하여 회원으로 활동하는 경우가 그렇지 않는 경우에 비해서 상당수준 더 많은 이윤을 얻는 것으로 보고하고 있다. 반면에 Kim and Aldrich(2005)는 관계성이 매우 큰 사회적 자본은 신뢰를 돈독하게 하고 지식을 공유하게 하지만, 기업가들에게 편익을 가져다 줄 수 있는 다양한 정보원천들을 막아버리는 역기능도 있다고 보았다.

한편 사회적 자본이 창업에 미치는 정(+)의 효과는 실증연구를 통해서 확인되고 있다. Brüderl and Preisendörfer(1998)은 독일에 대한 연구에서 사회적 자본이 신생벤처의 창업 및 생존 확률을 증가시키는 것으로 분석하였다. 그러나 이러한 몇 개의 연구결과를 가지고 사회적 자본과 창업의 관계를 확정적으로 얘기하기는 어렵다. 따라서 앞으로 이에 대한 실증적 연구가 더 진행될 필요가 있다.

3) 태도, 규범 및 가치관

기업가 공급의 질과 양은 사회문화적 요인에 의해서 영향을 받는데, 이 중 가장 핵심적인 요인은 가치시스템(value system)이다. 예를 들어 제1장의 사례에서 본 바와 같이 '사농공상'이라는 가치체계가 지배하는 조선시대 후기라면, 일부의 혁신적인 사람들(예: 다산 정약용, 거상 임상옥 등)을 제외하고 기업가의 배출에 제한을 받을 것이다. 반대로 생산이나 상거래를 수행하는 사람들을 존경하는 사회에서는 기업가적 활동이 활발하게 이루어질 것이다.

처음으로 가치체계와 기업가적 행위를 연계시켜 생각한 사람은 독일의 사회학자 Max Weber였다. Weber(1930)는 청교도정신이 자본주의 정신의 뿌리가 되었다는 가설을 제시하였다. 그리고 청교도적 직업윤리의식, 즉 경제활동이 청지기로서의 신의 소명을 실천하는 행위라는 신념은 서유럽에서 기업가적 활동을 촉진하였다고 주장하였다.

McCelland(1961)은 기업가들의 개인적 특성으로 성취감, 모험정신, 성공과 실패에 대한 책임감, 그리고 위험감수의지 등을 들고 있다. Fagenson(1993)은 미국의 경우 기업가들과 경영자들의 가치우선순위의 차이를 밝히려는 연구에서 기업가들은 활기찬 생활, 성취감, 자유, 그리고 자존감 등에 우선순위를 두는 반면에, 일반 경영자들은 진정한 우정, 지혜, 도움, 즐거움을 중요시 여기는 것으로 보고하고 있다.

Licht(2007)는 보다 경제적인 관점에서 가치요소들을 기업가정신에 연결시켰다. 구체적으로 그는 <표 8-1>에서는 보는 바와 같이 Schwartz(2003)가 제시한 10개의 가치요소들을 활용하고 있다. 그는 기업가들은 기업가가 아닌 사람들에 비해서 자비와 보편타당성의 가치를 낮게 평가하는 반면에 성취감, 자기통제, 그리고 자극을 높게 평가하는 것으로 분석하였다. 더 나아가서 자기통제와 자극과 같은 변화에 대한 개방성은 다양성에 대한 선호를 의미하는데, 이

〈표 8-1〉 Schwartz의 가치요소 정의

가치	정의	가치요소
자기주도	독립적 사고, 행동선택, 창조, 탐색	창조성, 자유, 자율성, 호기심, 자기 목표 선택
자극	흥미, 새로움, 도전적 삶	용기, 다채로운 삶, 흥미로운 삶
쾌락주의	즐거움, 자신의 감각적 욕구 충족	즐거움, 삶 즐기기
성취	사회적 기준에 따른 능력 발휘를 통한 개인적 성공	성공, 능력, 야심, 영향력
권력	사회적 지위와 명성, 사람과 자원에 대한 통제 또는 지배	사회적 권력, 권위, 부
안전	안전, 조화, 사회의 안정, 관계의 안정, 자기 자신과의 안정	가족의 안전, 국가적 안전, 사회적 질서, 청결, 호의, 상호교환
순응	타인에게 해가 되거나 사회적 기대 또는 규범을 위반할 만한 행동, 성향, 그리고 충동의 억제	자기통제, 복종, 예의, 부모와 노인 공경
전통	전통적 문화 또는 종교가 제시하는 관습 및 사상에 대한 존중, 헌신, 그리고 수용	삶의 역할 수용, 겸손, 헌신, 전통 존중
선행	교류가 활발한 사람들의 복지 향상 및 보존	돕기, 정직, 용서, 충실성, 책임
보편주의	모든 인간과 자연에 대한 이해, 감사, 관용, 그리고 복지의 보장	넓은 마음, 지혜, 사회적 정의, 평등, 세계평화, 아름다운 세계, 자연과의 일치, 자연 보호

자료: Schwartz(2003).

는 왜 사람들이 '팔방미인' 혹은 '만물박사'의 특성을 가지는 기업가가 되려 하는지를 설명해 준다고 한다.

4) 지역적 요인

우리나라에서는 전통적으로 '개성상인(송상)', '의주상인(만상)', '수원상인', '강경상인' 등의 용어가 전해 내려오고 있다. 이는 지역에 따라서 기업가정신의 수준 및 특성이 다르다는 사실을 말해 준다. 체계적인 연구에서도 기업가정신의 수준은 지역에 따라서 다르게 나타난다. Georgellis and Wall(2000)은 미국, 영국 등 많은 나라에서 창업률과 자영업비율이 지역에 따라서 확연하게 차이가 나며, 이러한 현상이 상당 기간 지속되는 것으로 보고하고 있다.

그렇다면 왜 지역 간 기업가정신의 수준 및 특성이 다르게 나타나는 것일까? 그 이유로 다음 세 가지를 들 수 있다.

① 지역적 여건

첫 번째 이유로 지역적 여건의 차이를 들 수 있다. 예를 들어 전반적으로 구매력이 낮은 지역, 인적 자원의 수준이 낮은 지역, 자본집약적인 산업이 자리잡고 있어서 신규기업이 진입이 어려운 지역 등은 그렇지 않은 지역에 비해서 기업가들에게 별로 매력적이지 못할 것이다. 전통도 중요한 요인이다. 창업이 보편화되고, 성공한 기업가들이 많이 나오며, 또 그들이 존경받는 지역에서는 기업가정신이 세대에 걸쳐서 영속적으로 전수된다. 특정지역에서 성공적인 기업가들이 집중적으로 배출되는 것은 이를 잘 말해주고 있다.

이외에도 지역적 여건에는 다른 많은 요소들이 있다. 예들 들면 이민율, 지역경제성장률, 인구밀집도, 자금조달의 용이성, 지역문화 등이다.

② 외부성

최근 생산요소의 지역 간 이동이 자유롭게 되면서 지역적 여건의 차이는 지역 간 기업가정신의 차이를 설명하는 데 한계를 보이고 있다. 따라서 이를 보다 잘 설명하는 다른 이론들이 나오고 있다. 그중 대표적인 이론이 외부성의 개념을 이용한 설명이다. 즉 한 지역 내에서는 기업가적 활동과 관련된 지식, 정보, 관례 등이 잘 전파됨으로써 '스필오버효과(spill-over effect)'를 누릴 수 있기 때문이라는 것이다.

먼저 기업가들은 사회적 네트워크를 통해서 사업기회와 이를 활용하는 데 필요한 자원에 대한 정보를 지역 내 잠재적인 기업가들에게 알려줌으로써 정보 파급효과를 창출한다. 이러한 정보는 벤처창업에 내재하는 애매모호한 부분을 해결해 줌으로써 위험을 감소시킨다. 또한 기업가 활동에 정당성을 부여하는 사회적 규범을 유지시켜 준다.

지역적 근접성은 암묵적 지식의 전달비용을 감소시킨다. 따라서 기업가들은 한 지역 내에서 지식파급효과를 활용할 수 있다. 이는 본사에서 분사된 기업들이 본사 근처에 위치하는 이유이다.

또한 한 지역에 벤처기업들이 뭉쳐있게 되면 각 기업가들은 평균거래비용을 줄일 수 있다. 이러한 지역에서는 벤처금융, 법률서비스 등 특정한 서비스업이 발전하고, 다시 새로운 기업들이 이 지역에 몰려들게 한다. 신생 창업기업이 필요로 하는 서비스를 지원하는 주체들 역시 하나의 신생기업이 된다. 이를 지역적 승수효과(regional multiplier effect)라고 부른다(Nystrom, 2007).

이상의 스필오버효과가 잘 나타난 사례가 미국의 실리콘밸리와 보스톤 Route 128, 독일의 바덴-부템버그, 이탈리아의 에밀라-로마그나 등의 지역이다. 이 지역들에서는 각각 하나의 클러스터가 형성됨으로써 기업가 활동이 활발하게 이루어지고 있다.

③ 도시화

기업가정신과 관련된 하나의 지역적 요인으로 도시화를 들 수 있다. 도시지역은 시골지역에 비해서 기업가적 활동이 활발하다(Reynold and White, 1997). 기업가들은 도시지역에서 큰 시장을 통해 규모의 경제를 얻을 수 있고 도시화로 인해 비용을 절감할 수 있는 사업기회들을 활용할 수 있다. 도시지역에서는 창업활동에 필요한 자원, 정보, 특정한 서비스 등이 시골지역에 비해서 더 풍부하다. 물론 시골지역에서 지대나 임금이 낮을 수 있다. 하지만 많은 신생기업들은 시골지역의 장점보다는 도시지역의 장점을 선택하는 것으로 나타나고 있다.

8.4 제도적 요인

제도(institution)는 흔히 기관과 혼동해서 쓰이는 경향이 있으나, 보다 명확하게 정의하면 "제도는 한 사회에 있어서 게임의 룰(rule of game)"이다. 보다 공식적으로 표현하면 "인간의 상호작용을 형성하는 제약으로 인간적으로 고안된 것"이다(North, 1990). 제도는 공식적 제도와 비공식적 제도로 구분할 수 있다. 공식적 제도는 법, 규제, 소유권, 정책, 기타 성문화된 절차 등을 말하고, 비공식적 제도는 문화적 규범, 가치체계, 관례 등에 체화되어 나타난다. 제도는 일반적으로 행동에 대한 지침을 제공하고, 관례를 형성시키며, 불확실성을 감소시킨다(Sautet, 2005).

이와 같은 제도, 즉 공식적 제도와 비공식적 제도는 기업가정신에 영향을 미친다. 비공식적 제도와 관련된 요인은 사회문화적 측면에서 이미 다루었고, 여기서는 공식적 제도를 다루고자 한다.

1) 법

법은 일반적으로 사회적 변화를 가져오게 하는 강력한 수단이다. 이는 기업가정신에 대해서도 예외는 아니다. 법은 어떤 다른 요인보다도 기업의 창업부터 파산에 이르기까지 강하게 영향을 미치는 요인이다.

먼저 합법성(legality) 혹은 법의 규칙(rule of law)이 보장되어야만 기업가정신이 발휘될 수 있다. 합법성이란 공식적인 법을 준수하도록 하는 규범과 기관의 집합이다. 합법성은 시장경제체제가 지탱할 수 있게 하는 바탕으로서 기업가정신을 촉진시킨다(Baumol, 1990; Haper, 1998; Smith and Ueda, 2006). 특히 Baumal(1990)은 특정한 제도적 요인의 집합이 어떻게 생산적, 비생산적 혹은 와해적인 기업가적 활동을 초래하는지를 잘 설명하고 있다.

이러한 영향은 중앙집권적 계획경제체제에서 시장경제체제로 전환하는 국가에서 잘 나타난다. 동유럽에 대한 Desai et al.(2003)의 연구에서도 법을 통한 공정성이 높아질수록 기업의 진입률은 증가시키는 반면에 파산율을 감소시킨다는 사실을 발견하였다.

이제 법이 기업가정신에 미치는 효과를 다음의 몇 가지 특정한 사례를 통해서 알아보기로 하자.

① 최저임금법

최저임금법(minimum wage law)은 종업원을 보호하기 위한 법으로, 회사는 종업원에게 법으로 정한 특정 임금수준 이상으로 임금을 지급해야만 하는 제도이다. 이 제도는 기업가정신에 대하여 양면적인 효과를 갖는다. 먼저 최저임금법에 의해서 유발된 임금경직성으로 인해서 임금을 받고 일하는 사람을 제한함으로써 자영업자의 수를 증가시킨다. 이와 반대로 최저임금법은 노동집약적 기술을 사용하는 자영업자에게는 비용상승요인으로 작용하여 소기업들의 경영을 매우 어렵게 만들 수 있다.

② 사회안전망법

기업가적 활동에는 내재적으로 위험이 존재한다. 따라서 위험수준에 영향을 미치는 법적 제도는 기업가정신에 영향을 미칠 수 있다. 구체적으로 실업수당지급법, 고용보호법 등 사회보호법(social protection law)은 개별경제주체의 위험수준에 영향을 미침으로써 궁극적으로 기업가적 활동에 영향을 준다.

고용보호법이 기업가정신에 미치는 효과는 최저임금제와 동일하다. 고용보호법이 존재하면 사람들은 위험이 내재하는 창업보다는 취업을 선택하려 할 것이다. 하지만 기존기업에 대해서는 하나의 제약으로서 고용을 제한함으로써 자영업자의 수를 증가시킨다. 반대로 창업을 하는 신생기업들 역시 고용보호법에 따라야 함으로 경영에 부담으로 작용할 수 있다.

실증적 연구결과를 보면, 스웨덴과 스페인의 경우이기는 하지만 고용보호가 기업가정신을 촉진시킴에 있어서 강력한 장애가 된다는 사실이 보고되고 있다(OECD, 1998). 실업수당을 사회적 보호의 대리변수로 보고, 자영업률을 기업가정신의 대리변수로 본 연구들에서도 양자는 서로 부(−)의 관계가 있는 것으로 나타나고 있다(Ilmakunnas and Kannianinen, 2001; Parker and Robson, 2004). Robson(2010)은 OECD 회원국뿐만 아니라 개발도상국, 그리고 경제체제의 전환기에 있는 국가들(예: 구소련, 동유럽국가, 중국)을 대상으로 한 연구에서도 사회적 보호와 기업가정신 간의 부(−)의 관계를 보고하고 있다. 이 연구에서는 기업가정신의 대리변수와 사회적 보호의 대리변수를 보다 정교화시키고 있다는 점에서 주목된다. 기업가정신의 대리변수로 자영업자와 초도기업가를 사용하였으며, 사회적 보호의 대리변수로 고용되지 못한 사람이 받는 수당뿐만 아니라 수당을 받는 사람의 적격성 여부와 수당신청 전에 기다리는 기간까지도 반영하는 지수를 사용하고 있다.

2) 소유권

소유권(property right)은 "재화를 직접적으로 소비하거나 교환을 통해서 간접적으로 소비하는 개인의 능력"으로 정의되고 있다(Barzel, 1997). 경제학자들은 소유권이 잘 정의된 상태에서 시장경제체제가 원활히 운영될 뿐만 아니라 경제성장도 가능하다는 데 대해서 의견이 일치하고 있다. 소유권이 분명하게 정의되어야만 거래가 잘 이루어지며, 궁극적으로 후생이 증가하기 때문이다.

뿐만 아니라 잘 정의된 소유권(well-defined property right)은 기업가정신을 촉진시킬 것이다. 기업가들은 자신의 시간, 노력, 그리고 자산을 투입하는 사람들이다. 따라서 이러한 투입요소들이 잘 보호되는 상황이어야만 기업가적 활동에 전념할 수 있다. 이와 반대로 소유권이 분명하게 정의되지 않으면 기업가들은 지대추구행위를 하거나 다른 기업가들로부터 이윤을 빼앗아오는 약탈적 형태의 활동을 일삼게 된다. 결과적으로 이는 자신의 기업가적 자질을 활용하려는 기업가들의 의욕을 감퇴시킬 것이다. 이러한 측면에서 Murphy et al.(1993), Boettke and Coyne(2003) 등은 기업가정신을 함양하기 위한 가장 중요한 제도로 잘 정의된 소유권을 꼽고 있다.

Johnson et al.(2000, 2002)은 구소련에서 분리되어 나온 5개국에 대한 연구에서 뇌물, 보호 정도, 비효율적 법정 등으로 측정된 소유권의 미비는 기업가정신에 장애요인으로 작용한다고 주장하였다. 전 세계 44개국을 대상으로 한 Chowdhury et al.(2015)에서도 소유권보호의 정도가 커질수록 기업가정신이 더 활발해지는 것으로 보고하고 있다. 구체적으로 소유권보호는 창업활동과 초도기업가 및 신생기업소유에 정(+)의 유의미한 효과를 가지는 것으로 나타났다. 다만 자영업활동에 대해서는 부(-)의 효과를 보여주었는데, 이는 자영업의 경우나 기업가적 활동의 초기단계에서는 여전히 비공식적인 부문에서의 활동에 전념하고 있기 때문에 소유권에 크게 관심이 없는 것으로 해석되고 있다.

3) 규 제

법과 마찬가지로 규제 역시 기업의 창업부터 파산에 이르기까지 강하게 영향을 미치는 요인이다. 규제는 거래비용을 증가시키기 때문에 기업가정신에 장애요인이 된다.

① 창업 전 규제

창업은 모든 분야에서 자유롭게 이루어질 수 없다. 법률, 의약, 회계 등과 같이 전문 분야에서는 자격증이 있어야 창업할 수 있다. 건축이나 엔지니어링 분야에서는 정부가 정한 환경 혹은 안전표준을 확보해야만 창업이 가능하다. 개인기업의 창업을 위해서는 일정규모 이상의 자본이 있어야 한다는 규제도 있다. 우리나라의 경우 개인기업을 설립하려면 이에 필요한 최소자본금 규정이 없지만 미국은 1만원, 스위스는 1,200만원 정도가 있어야 한다. 우리나라에서 법인기업을 설립하려면 소기업의 경우 1천만원 이상의 자본금이 필요하다.

② 창업절차

창업절차에 대한 규제도 기업가정신에 영향을 미친다. 창업절차가 까다롭고 복잡하다면 이는 신규기업을 창업하는 데 따른 위험을 감수하려는 기업가의 의지를 위축시킬 것이다. 이탈리아에서는 창업하기 위해서 16개의 절차를 거쳐야 하고, 창업비용으로 4,000달러를 지불해야 하며, 허가받는데 62일이 걸리는 반면에, 캐나다에서는 2개의 절차만을 거치고, 280달러가 들며, 창업 신청 후 2일만에 허가를 받을 수 있다고 한다. 따라서 당연히 이탈리아보다는 캐나다에서 기업가정신이 더 활발할 것으로 예측할 수 있다.

실증적 연구결과들도 이를 확인해 주고 있다. Ho and Wang(2007)은 창업절차에 대한 창업관련 규제비용이 클수록 기회활용형(opportunity－driven) 창업활동이 위축된다는 사실을 보고하고 있다. Chowdhury et al.(2015)에서는 창업절차의 단계가 많을수록 신규창업이 줄어드는 것으로 나타났다.

하지만 까다롭고 복잡한 창업절차가 장기적으로는 기업가정신 수준에 정(+)의 효과를 가져오는 측면도 없지 않다. 왜냐하면 까다롭고 복잡한 창업절차들은 기업가들의 질을 제고시키고 기업의 생존율을 높일 수 있기 때문이다.

③ 파 산

기업파산의 경우 모든 책임을 소유주가 지게 되는 제도하에서는 사람들은 창업을 꺼려하게 될 것이다. 이에 따라 많은 국가들은 기업활동을 장려하기 위해서 파산 시에 책임을 개인이 지지 않도록 하는 법인제도를 채용해 오고 있다. 주식회사(Limited: Ltd)가 대표적인 형태이다. 하지만 초기에 창업을 할 때는 법인으로 기업을 설립하기보다는 개인기업 형태로 시작하는 경우가 대부분으로, 파산 시에는 소유자 개인이 무한책임을 지게 된다. 법인으로 설립하는 경우에도 창업자 개인적으로 담보를 제공해야 하므로 파산 시에는 채무에 대해서 무한책임의 상황에 직면하게 된다. 이때 파산 혹은 구조조정을 쉽게 하면서 개인의 책임을 덜어줄 수 있는 제도가 시행된다면 창업활동이 촉진될 것이다(OECD, 2000; Lee et al., 2007; Baumol et al., 2007). 실증적 연구결과들도 이를 확인해 주고 있다. 미국의 경우 개인의 책임을 면제해 주는 정도가 큰 주에 사는 사람들의 창업활동이 활발한 것으로 나타나고 있다(Fan and White, 2003; Armour and Cumming, 2005).[1)]

이러한 제도가 바로 파산선고제도이다. 즉 실패한 기업가가 과거에 진 부채에 대해서 현재 혹은 미래 소득으로 변제할 의무가 없게 하거나, 부채상환을 연기할 수 있는 제도이다.[2)] 현실에서는 일시적인 모라토리엄(moratorium), 즉 채무지불유예가 많이 활용되고 있다.

흔히 기업활동에 있어서 파산을 부정적인 측면에서 바라보는 경향이 있다. 하지만 파산을 다음 두 가지의 긍정적인 측면도 있다. 하나는 파산경험은 기업가적 학습과 경험의 원천이 된다는 것이다. 다른 하나는 파산은 다른 사람들에게 하나의 신호등 역할을 한다는 것이다. 파산되는 기업을 보고 다른 경제주체들은 같은 사업기회를 포기하거나 다른 방법으로 사업을 추진하게 된다는 것이

1) 이러한 결과는 책임면제가 하나의 보험으로서 도덕적 해이를 가져오지 않는다는 전제하에서 가능하다는 주장이 있다. 만약 기업가들이 기회주의적 태도를 취한다면 책임면제제도는 비효율적이라는 것이다(Akyol and Athreya, 2005). 실증연구에서도 책임면제수준이 높은 주에서는 자금대여자들은 소기업을 꺼려하는 것으로 보고하고 있다(Berkowitz and White, 2004).

2) 신용불량자에 대한 파산선고제도는 일반 개인에게 주로 적용되는 제도이나 기업가들도 이를 활용할 수 있다.

다. 따라서 파산은 마지막 종착역이 아니며, 파산 후에 '새 출발(fresh start)'을 할 수 있는 제도적 장치가 기업가정신을 함양하는 데 있어서 중요한 역할을 수행할 것이다.

4) 경제적 자유

경제적 자유가 보장되는 체제에서는 기업가 활동이 활발하다. 국민경제 차원에서 보면 과거 명령을 통해 경제문제를 해결하던 중앙집권적 계획경제체제에서 가격이 기능하는 시장경제체제로 전환하는 국가들(예: 중국, 러시아, 헝가리 등)에서는 사업기회가 많이 창출되면서 기업가 활동이 활발하게 이루어지고 있다(McMillan and Woodruff, 2002). 이는 Bjørnskov and Foss(2010)의 연구에서도 확인되고 있다. 29개국을 대상으로 한 그들의 연구에서 정부의 소비, 이전소득, 보조금, 세금 등의 역할이 작아질수록, 즉 민간의 경제적 자유의 정도가 커질수록 기회형 기업가정신(opportunity entrepreneurship)은 촉진되는 것으로 나타나고 있다.[3]

산업 차원에서도 통신, 철도, 은행 등에서 규제완화로 인해 시장진입이 자유로워지면서 새로운 산업구조가 창출되고 새로운 제품과 시장이 열리고 있다. 뿐만 아니라 새로운 비즈니스 모델(business model), 즉 수익창출구조가 정립되고 있다.

경제적 자유는 경쟁을 의미한다. 경쟁은 시장에 적합한 기업만이 살아남게 만드는 힘이다. 이러한 환경에서는 사람들은 보다 큰 이윤을 창출하기 위해서 자원을 새로운 방법으로 배분하며, 소득도 새로운 방법으로 재분배한다. 이와 같은 경쟁과정에서 기업가정신은 촉진된다.

8.5 정책적 요인

앞에서 언급한 바와 같이 정책적 요인은 일종의 공식적 제도로서 제도적 요인에 포함될 수 있다. 그러나 정책적 요인은 정부가 인위적으로 계획하고 실행한다는 측면에서 하나의 독립적인 요인으로 다룰 수 있다. 특히 정책적 요인

3) 반면에 정부의 소비비중이 커질수록, 즉 경제적 자유가 감소될수록 생계형 기업가정신(necessity entrepreneurship)은 촉진되는 것으로 나타났다.

은 기업가정신의 다른 결정요인들, 즉 경제적 요인, 사회문화적 요인, 그리고 제도적 요인에 크게 영향을 미친다는 점에서 매우 중요하다.

기업가정신을 촉진하기 위한 정책은 일반적 정책과 선별적 정책으로 나눌 수 있다. 일반적인 정책은 창업 관련 자원을 지원하거나 창업기업의 효율성을 증대시키는 정책이다. 먼저 창업에 소요되는 자금, 인력, 정보 등에 쉽게 접근하도록 도와줄 수 있다. 또한 창업기업이 필요로 하는 교육, 자문, 법률서비스 등을 지원할 수 있다. 한편 선별적 정책은 특정그룹, 특정산업, 혹은 특정지역, 혹은 특정그룹에서의 기업가정신을 촉진하기 위한 것이다. 예를 들어 특정그룹의 경우 여성, 청년, 이민자, 실업자 등, 산업의 경우 정보통신산업, 바이오산업, 생활과학산업 등, 그리고 특정지역의 경우 시골지역, 쇠퇴되는 도시 등으로 각각 구분하여 지원할 수 있다.

기업가정신을 촉진하기 위한 정책적 요인은 이상과 같이 간단히 소개하고, 자세한 내용은 제15장에서 별도로 다룬다.

CHAPTER

09 기업가정신과 혁신

▸▸ 이 장에서는 혁신의 개념을 정의하고, 기업가정신과 혁신의 연관성을 이해한다.

9.1 혁 신

1) 혁신이란

혁신(innovation)은 발명, 즉 새로운 아이디어를 공장과 시장으로 이전시키는 과정이다(Rosegger, 1996; Fagerberg et al., 2004; 성태경 2008). 혁신의 개념을 좁게 보면 기술혁신(technological innovation)에 국한시킬 수 있다. 하지만 혁신의 개념을 넓게 보면 '새로운 조합(new combination)'으로서 신제품, 신공정, 신시장, 신공급원, 신조직 등을 포함한다(Schumpeter, 1934). 혁신에 대해서 많은 연구를 진행하는 OECD는 슘페터적인 관점에서 혁신의 개념에 제품혁신, 공정혁신, 시장혁신, 그리고 조직혁신을 포함시키고 있다.

2) 혁신의 유형

혁신의 유형은 다음의 몇 가지 유형으로 구분할 수 있다.

① 글로벌 혁신과 국지적 혁신

첫 번째로 구분될 수 있는 유형이 글로벌 혁신(global innovation)과 국지적 혁신(local innovation)이다. 글로벌 혁신이란 한 국민경제 더 나아가서 세계경제 전체에 대해서 최초의 특정한 혁신, 예를 들어 신제품이 최초로 출현한 경우를 말한다. 국지적 혁신이란 개별경제주체의 관점에서 본 것으로, 가령 경제 내의 다른 기업이 이미 산업용 로봇을 수년 전에 생산했다고 하더라도 한 기업이 처음으로 산업용 로봇을 개발한 경우를 말한다.

만약 세계 최초로 국지적 혁신자가 된다면 그 기업이 바로 글로벌 혁신자가 된다.

② 제품혁신과 공정혁신

혁신은 크게 제품혁신(product innovation)과 공정혁신(process innovation)으로 구분된다. 제품혁신은 말 그대로 새로운 제품을 개발하는 것이고, 공정혁신은 새로운 생산방법을 개발하는 것이다. 양자의 구분은 기술진보의 특정 유형에 대한 동기와 결과에 대해서 조망하게끔 해준다. 그러나 실제에 있어서는 제조공정에 있어서의 변화를 필요로 하지 않는 새로운 제품은 거의 없다. 일상생활에서 흔히 볼 수 있는 지퍼를 예로 들어보자. 그것은 분명히 제품혁신이다. 그러나 그것의 상업적인 소개는 제조에 대한 공정개발과 서로 맞물리는 작은 부품의 조립에 의존한다.

더 나아가서 어떤 것을 제품혁신 혹은 공정혁신이라고 부르는 것은 관점에도 의존한다. 새로운 자본설비를 도입하는 기업에게는 공정혁신이지만 이 기계의 제조업자에게는 제품혁신이다. 우리는 대부분의 기술변화는 자본재나 최종제품에 체화(embody)된다고 말함으로써 이 모든 것을 요약할 수 있다. 이와 대조적으로 비체화된 진보는 생산조직 및 경영을 포함한다. 대표적인 예가 재고통제를 위한 새로운 기법 또는 구성요소에 대한 JIT(just-in-time) 시스템의 개발이다.

③ 유도된 혁신과 슘페터적 혁신

혁신은 그 동기에 따라서 유도된 혁신(induced innovation)과 슘페터적 혁신(Schumpeterian innovation)으로 구분될 수 있다. 유도된 혁신은 제품가격 또는 요소가격의 변화와 같은 신호에 의해서 유발된다. 예를 들어 1970년 후반기에 원유가격이 폭등하자, 기업들은 에너지를 보존하거나 대체에너지를 개발하는 혁신에 착수하였다. 슘페터적인 혁신은 기업가적인 행동—새로운 제품이나 공정으로 기존기업들을 공격하거나 일부 잠복되어 있는 수요를 활용하는 것이 가능하다는 인식—의 결과이다.

3) 혁신의 정도

혁신이 '새로운 것'을 추구하는 것이라고 한다면 혁신의 정도는 [그림 9-1]에서 보는 바와 같이 수요와 공급의 신규성(newness)의 정도를 가지고 판단할 수 있다. 먼저 혁신이 공급과 수요 측면에서 모두 새로운 것이면 혁명적 혁신(revolutionary innovation)이라고 할 수 있다. 흔히 말하는 블루오션(blue ocean) 시장의 출현으로, 대표적 예로 1980년대 처음 소개된 IBM의 PC를 들 수 있다.

진화적 혁신(revolutionary innovation)은 기존의 수요 혹은 공급이 존재하는 상황에서 일어나는 혁신이다. 기존의 시장 및 고객이 존재하는 상황에서 새로운 사업 및 공급이 출현하거나(예: 토요타의 퓨리우스), 반대로 기존의 사업 및 공급이 존재하는 상황에서 새로운 시장 및 고객이 창출되는 경우(예: 타타자동차의 나노)이다.

점진적 혁신(incremental innovation)은 수요나 공급이 모두 이미 존재하는 상황에서 일어나는 혁신이다. 예를 들어 치약에 건강에 좋은 죽염이 첨가되는 경우이다.

수요측면

공급측면		기존시장/고객	신규시장/고객
	신규 사업/공급	☞ 진화적-공급 측면 • 토요타의 퓨리우스	☞ 혁명적 • IBM의 PC
	기존 사업/공급	☞ 점진적 • 죽염치약	☞ 진화적-수요 측면 • 타타자동차의 나노

자료: Matthews and Brueggenmann(2015).

[그림 9-1] 혁신의 정도

4) 혁신의 수용 및 확산

혁신의 수용이란 새로운 것이 '가능성(what might be)'으로부터 '실제(what is)'로 움직이는 과정을 말한다. Rogers(1995)는 이 과정을 기술수용주기(technology adoption cycle)라고 불렀다. 기술수용주기를 이해하는 것은 기술기반 혹은 과학기반 창업자들에게 매우 중요하다. 왜냐하면 이 모델은 기술, 제품, 그리고 서비스가 가지는 사업 잠재성을 현실감 있게 평가하는 데 도움을 주기 때문이다.

기술기반기업 창업자들이 초기에 혁신적인 제품을 출시하면, 특정 혹은 소규모의 고객들이 관심을 보인다. 이들은 혁신적 수용자(innovator)들이다. 그러나 보다 장기적인 관점에서 보면 시간이 지남에 따라 일정한 수용패턴이 나타난다. 즉 점차 많은 고객들이 신기술/제품에 대해서 관심을 표명하게 되는데, 초기수용자(early adopter) 단계 → 초기다수수용자(early majority) 단계 → 후기다수수용자(late majority) 단계 → 지각수용자(laggards) 단계로 이어진다.

그런데 문제는 각 단계마다 틈새가 있고, 특히 초기수용자와 초기다수수용자 단계 사이에 커다란 갭이 존재한다는 것이다. 이를 '케즘(chasm)'이라고 부른다. 이러한 갭이 나타나는 이유는 초기수용자와 후기다수수용자 간의 신제품에 대한 태도와 구매성향이 다르기 때문이며, 이들 간의 의사소통이 잘 이루어지지 않기 때문이다. 이는 신제품이 초기에는 어느 정도 팔리다가 일정시점에서

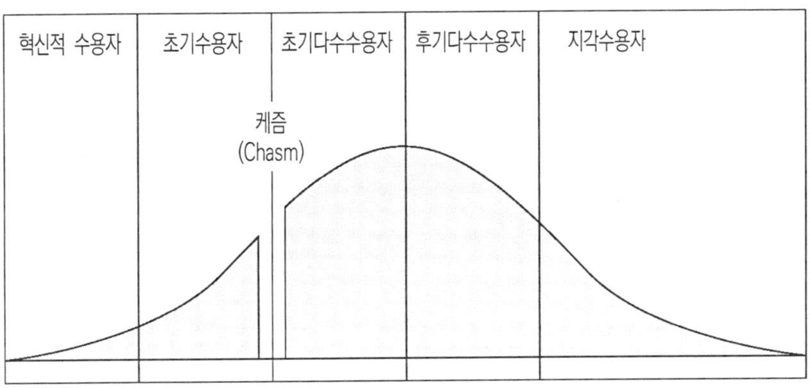

자료: Rogers(1995).

[그림 9-2] 기술수용주기

시장 확대가 정체되는 현상을 잘 설명해 준다. 그리고 이러한 케즘을 탈출하기 위해서는 특단의 조치가 필요함을 알려준다.

9.2 기업가와 혁신

기업가와 기술혁신은 서로 영향을 주고받는다. 먼저 기업가가 기술혁신에 미치는 영향부터 살펴본다.

1) 기업가의 기술혁신에 대한 영향

슘페터는 기술혁신은 경제성장의 엔진이며, 경제성장과정에서 기술혁신은 기업가(entrepreneur)에 의해서 수행된다고 보았다. 기업가와 기술혁신의 관계를 이와 같이 보는 관점을 혁신의 경제학에서는 '기업가 패러다임(entrepreneur paradigm)'이라고 부른다(Sundbo, 1998). 이 관점에서 보면 한 국민경제에서 기업가들의 수가 많거나 영향력이 있는 기업가가 존재한다면 기술혁신은 더 활발하게 일어날 것으로 예측할 수 있다. 이의 대표적인 예가 토마스 에디슨(Thomas Edison, 1947~1931)이다. 에디슨은 발명가로 잘 알려져 있지만 에디슨 연구소를 설립하고 GE 등을 창업한 기업가였다. 기업가로서의 에디슨은 전구와 축음기라는 획기적인 기술혁신을 이룩하였고, 이는 미국경제뿐만 아니라 전 세계적으로 엄청난 파급효과를 가져왔다(남문현, 1998).

2) 기술혁신의 기업가에 대한 영향

기술혁신도 기업가 부문에 영향을 미친다. 일반적으로 기술혁신이 일어나면 기업가적 기회가 확대되면서, 이를 포착하여 사업화하는 기업가의 수가 증가할 것으로 예측할 수 있다.

하지만 기술혁신이 기업가 부문을 위축시킨다는 주장도 있다. Calvo and Wellisz(1980), Schaffner(1993), Lazear's(2005) 등은 외생적인 기술혁신은 기업가의 수를 줄이고 오히려 취업자의 수를 증가시킨다는 연구결과를 내놓았다. Schaffner(1993)의 모형에서는 기술혁신이 기업가와 고용주의 기대수익과 위험을 증가시키며, 이 상황에서 위험 중립적인 고용주들은 종업원의 임금을 효율적으로 관리함으로써 기업가들보다 유리한 위치에 있게 된다. 이때 고용주들은 안정적인 수입을 보장할 기회가 부족하지만 오히려 바람직한 위험-수익 배합을 얻을 수 있다. 이는 한계적 기업가들이 기업 활동을 그만두고 피고용자로 전환하도록 유도한다. 더 나아가서 새로운 위험 중립적 고용주들은 바람직한 위험－수익 배합이 주는 유리함을 활용하기 위해서 시장에 참여한다. 그 결과 임금은 상승하며 임금상승은 기업가들로 하여금 피고용자로 전환하게 한다.

Lazear's(2005)의 모형에서는 기술혁신이 기업가 부문의 크기를 위축시키는 또 다른 이유를 설명한다. 만약 기업가가 생산과정에서 일련의 기능을 필요로 한다면, 추가적인 기능을 필요로 하는 기술진보는 기업가의 수를 감소시킬 것이다. 한편 급속한 기술진보가 기업가적 능력과 보완적 관계를 가진다면, 가장 효율적인 프로젝트에 착수하는 기업가의 수는 증가하지만 가장 비효율적인 프로젝트를 착수하는 기업가의 수는 감소할 것으로 예측할 수 있다. 이러한 관점에서 Crifo and Sami(2008)도 기술진보의 속도가 빠를수록 기업가적 능력에 대한 청산효과(cleansing effect)가 유발되며, 기업창출에 대한 시장의 인식을 변화시키는 경향이 있다고 보고하고 있다.

9.3 기업가정신과 혁신

제2장에서 기업가정신을 "전에 존재하지 않은 노력을 통해서 기술혁신을 달성하기 위해서 기회를 발견하고, 평가하며, 활용하는 활동"이라고 언급하였다. 이와 같이 기업가정신을 혁신의 관점에서 정의하면 기업가정신과 혁신은 동일한 개념이다. 다시 말해서 기술혁신은 기업가 혹은 자가고용 중소기업에 의해서 일어난다는 것이다. 물론 [그림 9－3]에서 보는 바와 같이 자가고용 중소기업은 모두 혁신적인 것은 아니다(예: 철물점).

기업가정신에 대한 이러한 정의는 경쟁시장, 즉 슘페터 Mark I의 상황에서 가능한 것임을 상기할 필요가 있다. 슘페터는 1943년 논문에서 Mark Ⅱ 상황, 즉 대기업이 지배하는 과점적인 시장구조를 언급하였는데, 여기서는 대기업의 R&D 시설에서 혁신이 일어나며 기업가적인 기능은 주로 관리적 조직에 의해서 관례화된다. 이 경우에는 기업가정신과 혁신은 분리된다.

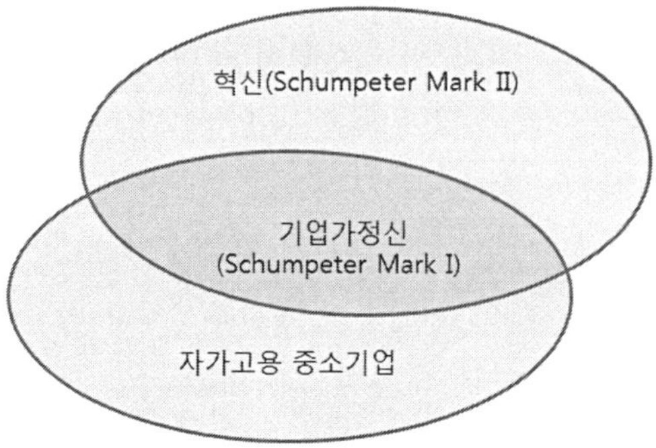

[그림 9-3] 기업가정신과 혁신의 관계

슘페터 Mark I 상황에서 기업가정신과 혁신의 개념을 정의하게 되면 다양한 기업가정신 유형을 구별할 수 없다. 예를 들면 생산적 기업가정신(productive entrepreneurship), 비생산적 기업가정신(unproductive entrepreneurship), 와해적인 기업가정신(destructive entrepreneurship)(이상 Baumol, 1990), 고성장 기업가정신(high-growth entrepreneurship), 혹은 생존적 기업가정신(survival entrepreneurship)(이상 Naude, 2010) 등이다. 뿐만 아니라 기존 대기업에서에서 일어날 수 있는 혁신을 포함하지 않을 수 있다. 하지만 독과점적 시장상황인 슘페터의 Mark Ⅱ 에서는 다양한 기업가정신의 유형을 상정할 수 있다. 또한 기존기업에서의 혁신, 즉 사내기업가정신(intrapreneurship)을 고려할 수 있다.

9.4 기업가정신과 혁신시스템

국민경제 차원에서 기업가정신의 성과는 독자적으로 달성될 수 없다. 기업가정신은 지식의 스필오버(Rommer, 1986; Lucas, 1988; Grossman and Helpman, 1991), 경쟁(Porter, 1990; Feldman and Audretsch, 1999) 다양성의 증진(Carlsson and Stankiewicz, 1997) 등 여러 가지 메커니즘들을 통해서 실현된다. 이러한 메커니즘들이 잘 작동하기 위해서는 경제활동의 주체 혹은 제도 간 활발한 상호작용이 필요하다. 다시 말해서 기업가정신의 성과는 혁신시스템(innovation system)이 뒷받침되어야 극대화될 수 있다. 반대로 기업가 및 기업가정신은 혁신시스템을 작동시키는 중요한 동인이다. 따라서 기업가정신과 혁신시스템의 연관관계를 면밀히 살펴볼 필요가 있다.

1) 기업가정신의 성과와 국가혁신시스템

국가혁신시스템(National Innovation System: NIS)의 개념은 Freeman(1988)에서 그 효시를 찾을 수 있다. 그에 의하면 NIS란 "활동과 상호작용을 통해서 새로운 기술을 창안하고 도입하며, 수정·확산시키는 공공 및 민간부문의 다양한 제도들의 네트워크"로 정의되고 있다. 최초로 NIS 개념을 적용하여 국가 간 실증분석을 수행한 Nelson and Rosenberg(1993)도 NIS를 "기술혁신성과에 영향을 미치면서 주된 역할을 수행하는 조직체들의 집합"으로 정의하였다. 따라서 NIS는 기술혁신을 위한 제도적 하부구조로 볼 수 있으며, 민간 및 공공 연구소, 대학, 기술센터, 지원기관(예: 금융시스템) 등이 포함된다.

Radosevic(2007)는 NIS가 기업가정신에 미치는 영향이 매우 중요함에도 불구하고, NIS에 관한 연구에서는 기업가정신을 다루지 않았다고 지적한다. 그에 의하면 기업가정신은 기술적 기회(technological opportunities), 시장기회(market opportunities), 그리고 제도적 기회(institutional opportunities) 간의 상호보완에 의해서 유발되는 하나의 체계적인 현상으로 이러한 기회들은 NIS를 통해서 '매치(match)'되어진다고 한다. 이 세 가지의 기회들 중 하나가 부족하거나 잘못된 방향으로 진행되면(예: 반기업가적 정서, 기술적 잠김효과, 폐쇄된 시장), 기회들이 서로 '매치(match)'되지 못하는데, 그 정도는 NIS에 따라서 달라진다. 즉 NIS가 세 가지의 기회를 잘 매치한다면 기회들 간의 상호작용에 의해서 기업가정신 성과가 크게 나타난다는 것이다.

하지만 NIS의 기업가정신에 대한 효과는 실증적으로 확인되지 못하고 있다. 아일랜드, 네덜란드, 핀란드 등을 대상으로 하여 NIS가 기업가정신에 미치는 효과를 분석한 Golden et al.(2003)은 제도적인 요인과 기업가정신 간에 어떠한 연관관계도 밝히지 못하였다. 다만 터키를 대상으로 한 Bascavusoglu-Moreau(2011)에서는 NIS를 구성하는 일부 요인들이 중소기업의 기술혁신에 긍정적인 영향을 미치는 것으로 보고하고 있다. 즉 R&D 투자, 정보기술의 사용, 수출, 아웃소싱, 종업원의 교육수준, 표준제도 등이 기업가정신에 정(+)의 영향을 미치는 것으로 나타났다.

2) 기술시스템에서 기업가의 역할

위에서 설명한 바와 같이 기업가정신은 혁신시스템 의해서 영향을 받지만, 반대로 기업가정신은 혁신시스템에 영향을 미친다. 이러한 측면은 Carlsson and Stankiewicz(1991)가 제안한 기술시스템(Technological System: TS)에서 찾아볼 수 있다. TS는 "기술의 확산과 활용을 위해 특정한 제도적 하부구조하에서 특정기술 분야에서 영향을 주고받는 경제주체들의 네트워크"라고 정의된다. 이들은 TS의 개념을 도형화하지 않았지만, [그림 9-4]에서 보는 바와 같이 디자인 공간(design space)으로서의 기술/지식/능력 집합, 산업네트워크, 제도적 하부구조, 정부 등 네 가지 구성요소로 모형화할 수 있다.

첫째, 경제적 혹은 기술-경제적(techno-economic) 능력은 기업경영의 기회를 규정하고 이용하는 능력을 말한다(Carlsson and Eliasson, 1994). 경제적 능력은 선택적(혹은 전략적) 능력, 조직적(혹은 조정) 능력, 기능적 능력, 그리고 학습능력 등을 포함한다.

둘째, 산업네트워크는 제품 혹은 서비스의 공급자와 사용자가 상호작용하는 네트워크이다. 전통적인 산업조직이론에 의하면, 잘 정의된 시장에서 동질적인 제품을 생산하는 기업들로 구성된 하나의 산업이 분석단위가 된다. 그러나

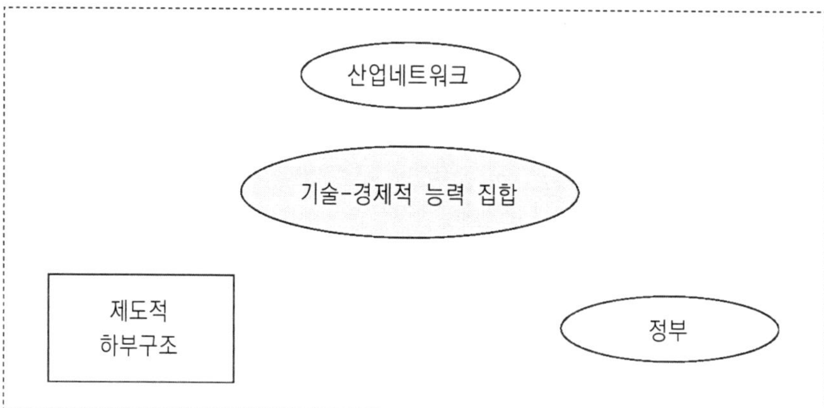

자료: 성태경(2006).

[그림 9-4] 기술시스템(TS)의 구성요소

TS의 구성요소로서의 산업조직은 네트워크 측면에서 시장 및 시장외적인 상호작용을 포함한다.

셋째, 제도적 하부구조란 기술창출과 확산의 과정을 지원하고 통제하는 제도적인 조정의 집합, 즉 법규나 조직들을 말한다. Carlsson에 의하면 두 종류의 제도적 하부구조를 상정하는 것이 편리하다고 제안한다. 하나는 지식의 생산과 유통에 관련된 것이고, 다른 하나는 기본적 경제제도와 정부의 역할이다. 전자는 R&D 제도, 교육기관, 공공 혹은 민간연구소, 그리고 각종 기술센터를 포함한다. 특히 산업계와 대학의 R&D 협력체제는 대학의 전문지식을 산업현장으로 이전시키는 역할을 한다. 후자는 기술혁신과정에 내재하는 불확실성과 위험을 낮추어주는 금융시스템과 특허제도를 포함한다. 정치시스템이나 가치체계도 기술의 창출과 확산에 간접적으로 영향을 미치므로 제도적 하부구조를 형성하는 요소로 볼 수 있다.

넷째, 정부는 TS들을 창출하고, 조직하며, 강화시키는 활동주체가 될 수 있으므로 TS의 중요한 구성요소가 된다.

그렇다면 TS 속에서 기업가 및 기업가정신은 어떠한 역할을 가지는가? 먼저 식물이 성장하는 것처럼, TS의 진화과정은 시스템 내에 있는 구성요소들 혹은 경제주체들 간의 상호작용의 결과라는 점이 중요하다. 바로 이 과정에서 기업가 및 기업가정신은 TS를 작동시키는 주체로서의 역할을 수행한다. 일단 TS가 작동하게 되면, 하부구조 간 혹은 경제활동주체 간에 상호작용이 진행되면서 네트워크가 형성되어질 것이다. 이 과정에서 활동주체 간의 연계, 자본조달 등 새로운 기능들이 수행되어지며, 동시에 다양한 경제주체들과 기관들이 기술시스템 내로 들어오게 된다. 예를 들어 신기술 상업화를 위한 자금은 주식취득, R&D 자금지원, 직접대출 등의 수단을 통하여 가능한데, 이는 모험자본, 개인, 고객, 대학, 지방정부 등에 의해서 공급된다. 이때 시스템 내의 다양한 행동주체 혹은 기관들 간의 상호작용을 유발하고 이를 유지시키는 연계기관(bridging institutions)의 역할이 중요하다. 이 역시 기업가 및 기업가정신에 의해서 수행된다.

한국 CNC 공작기계 기술시스템의 진화과정을 연구한 Sung and Carlsson (2003)은 기업가 및 기업가정신(예를 들면 화천기계의 권성관 회장)이 기술시스템을 작동시키고 발전시키는 역할을 수행하였음을 밝히고 있다.

9.5 소기업에 의한 혁신

[그림 9-3]에서 살펴본 바와 같이 슘페터 Mark Ⅰ에서는 혁신이 기업가정신의 가장 핵심적 요소이다. 실증적 연구결과도 이를 확인해 주고 있다. Geroski and Pomroy(1990), Cosh et al.(1999) 등은 소규모기업들의 진입이 활발한 산업에서는 혁신이 많이 일어나고 생산성이 크게 향상된 것으로 보고하고 있다. Vivarelli and Audretsch(1998), Arrighetti and Vivarelli(1999) 등에서는 신규기업들은 진입 후에도 현저한 혁신성과를 달성한 것으로 나타나고 있다.

하지만 슘페터 Mark Ⅱ 상황에서는 기존의 대기업들이 규모의 경제를 활용하여 혁신을 지배한다. 슘페터 자신도 대규모의 R&D 투자와 기술혁신은 대기업에 의해서 수행되며 소규모기업들은 단순히 모방자로서의 역할을 수행할 것으로 예측하였다.

따라서 슘페터 Mark Ⅰ과 슘페터 Mark Ⅱ는 서로 양립할 수 없다. 이에 대해서 이론적 및 실증적 측면에서 살펴보기로 하자.

1) 이론적 논쟁

Schumpeter(1943)가 기업규모와 기술혁신활동의 연관성에 대해서 처음으로 언급한 이래로, 보다 직접적으로 대기업이 기술혁신에 유리하다고 주장한 사람은 Galbraith(1952)이다. 그는 대기업은 막대한 사내유보이윤을 축적할 수 있기 때문에 금융시장이 불완전하고 R&D 활동의 결과가 불확실한 상황에서는 대기업이 중소기업보다 기술혁신활동에 더 많은 자원을 투입할 수 있다고 하였다(<표 9-1> 참조). 이후에도 이에 대한 몇 가지 이유가 더 거론되어 왔는데, 주로 기업의 보유자원 및 능력의 측면에서 대기업이 더 유리하다는 주장들이다. 첫째, R&D 활동 자체에 규모의 경제(economies of scale)가 작용하고, 요구되는 임계치(critical mass)가 존재하기 때문에 대기업이 혁신에 더 유리하다는 것이다. 즉 대기업은 대규모 실험실을 갖추고 있으며, 서로 정보를 공유할 수 있는 다양한 분야의 전문가를 고용할 수 있다. 생산에 있어서 규모의 경제는 범위의 경제(economies of scope)도 가져올 수 있다(Acs and Audretsch, 2003). 둘째, 매출액이 큰 기업일수록 다양한 R&D 투자포트폴리오를 구성함으로써 투자위험과 고정비

〈표 9-1〉 혁신활동 수행 시 소기업과 대기업의 장점

소기업의 장점	대기업의 장점
1. 규모의 비경제 • X-비효율 없음 • 소통원활 • 낮은 대리인 비용	1. 규모의 경제 • 대량생산으로 고정 R&D 비용 분산 • 범위의 경제도 실현
2. 매우 큰 혁신동기 • 기업 내 동기부여가 쉬움 • 진입장벽 극복이 쉽고 경쟁 • 낮은 대리인 비용	2. 낮은 혁신위험 • 시장규모 크고 독점력 행사 가능 • 제품의 다각화
3. 지식의 파급효과 활용 가능	3. 사내유보이윤 등 R&D 자금 풍부
4. '대체효과'	4. '효율성효과'

용을 분산시킬 수 있다고 한다(Klepper, 1996). 셋째, 발명의 성과를 활용하는 데 도움이 되는 조직구조, 마케팅, 관리기법 등 경영활동 면에서도 대기업이 소기업보다 유리한 위치에 있다는 것이다(Cooper, 1964; Hitt et al., 1990; Graves and Langowitz, 1993). 따라서 혁신동기가 대기업이 소기업보다 클 수 있다. 넷째, 대기업들은 '효율성효과(efficiency effect)'를 얻을 수 있다. 효율성효과란 부단한 기술혁신을 통해서 독점이윤을 얻는 것이다. Intel, MS, Apple 등이 계속적으로 획기적인 혁신을 추구하는 것은 독점이윤을 얻기 위한 것이다.

그러나 이에 대해 반론도 제기되었다. Scherer and Ross(1990) 등에 의하면 기업의 규모가 커갈수록 R&D의 효율성이 떨어질 수 있다고 한다. 대기업에서는 조직이 방만하게 관리되며, 관료주의로 말미암아 과학자나 기술자의 발명동기가 손상될 가능성이 커진다는 것이다. 뿐만 아니라 대기업에서는 소기업과 달리 발명가의 개별적 노력 혹은 성과에 대해서 보상이 분명하게 이루어지지 않음으로써 발명의욕이 저하될 수 있다는 주장도 있다. 반면에 소기업들은 조직 내에서 소통의 라인이 짧아서 혁신을 위한 정보의 교환이 용이하고 이를 바탕으로 신뢰를 구축할 수 있다(Fielden et al., 2000). 또한 소기업들은 '대체효과(replacement effect)'를 누릴 수 있다. 효율성효과와 달리 대체효과는 대기업들이

기존의 독점이윤을 보장해주는 기술패러다임을 깨지 않으려는 행동을 강조한다(Arrow, 1962b). 물론 이것은 소기업의 문제는 아니다. 물론 효율성효과가 지속되면 대기업들의 독점적 지위가 지속되겠지만 급속한 기술혁신에 직면하는 산업에서는 소기업들의 진입이 활발한 대체효과가 뚜렷하게 나타날 것이다.

이상을 요약하면 대기업은 자원보유 측면에서 기술혁신에 유리하지만, 소기업은 기업행동 측면에서 기술혁신에 유리하다고 할 수 있다(Rothwell and Dodgson, 1994).

2) 실증적 연구결과

기업가정신과 혁신에 대한 실증적 연구결과는 다음 세 가지의 측면에서 살펴볼 수 있다. 첫째는 소기업이 대기업보다 더 혁신적인가 하는 문제이다. 둘째는 소기업들은 획기적인 혁신을 수행하고 대기업들은 점진적인 혁신을 수행하는지의 여부이다. 셋째는 벤처기업은 항상 혁신적인가라는 질문이다.

① 소기업 대 대기업

소기업과 대기업 중 어느 부문이 더 혁신에 대한 기여도가 높은지에 대한 실증적 연구결과를 보면, 일률적으로 말하기 어렵다(Cohen, 1995; Parker, 2007). 구체적으로 혁신의 변수를 R&D 지출규모로 삼으면 대기업들이 소기업에 비해서 더 활발하나, R&D 생산성으로 보면 소기업이 대기업보다 더 큰 것으로 나타나고 있다.[1] Horowitz(1962), Hamberg(1964), Comarnor(1967), Meisel and Lin(1983), 성태경(2003) 등은 대기업의 R&D 활동이 더 활발한 것으로 보고하고 있는 반면에 Cooper(1964), Horowitz and Kolodny(1981), van Praag and Versloot(2007) 등에서는 소기업들의 R&D 생산성이 더 높은 것으로 나타나고 있다.

또한 혁신의 지표를 투입으로 삼느냐 아니면 성과로 보느냐에 따라서 소기업과 대기업의 기여도가 다르게 나타나고 있다. 투입 기준으로 볼 때 대기업의

1) 사실상 Schumpeter(1942)는 초기에 단지 중소기업의 기술혁신활동과 대기업의 기술혁신활동 간의 정성적 차이에 관심을 가졌던 것으로 알려지고 있다(Cohen, 1995, p.184). 그럼에도 불구하고 기존의 실증연구들은 기술혁신활동에서 대기업이 더 유리하다는 슘페터의 주장을 기술혁신활동이 기업규모보다 더 크게 증가한다는 정량적인 가설로 해석하였다. 이를 반영하여 기업규모에 대한 슘페터 가설은 기술혁신활동변수를 기업규모변수에 회귀분석하는 방법으로 검증되어 왔다.

혁신활동이 활발하지만 성과 기준으로 보면 소기업 혹은 신규기업의 혁신성과가 더 크다는 것이다. 예를 들어 Scherer(1991)는 1980년대 미국의 대기업 부문에서는 종업원 백만 명당 225개의 혁신을 창출했지만 소기업 부문에서는 322개의 혁신을 창출한 것으로 보고하고 있다. Acs and Audretsch(1990)도 종업원 일인당 혁신의 개수가 소기업들이 대기업에 비해서 2.4배나 되는 것으로 추정한 바 있다. 특허를 혁신지표로 보았을 경우도 동일한 결론을 보여주고 있다. 미국 중소기업청이 조사한 SBA(2003)에서는 15개 이상의 미국 특허를 보유한 기업들 중에서 3분의 1이 소기업으로 추정되었다.

② 획기적 혁신 대 점진적 혁신

소기업들은 획기적인 혁신을 수행하고 대기업들은 점진적인 혁신을 수행하는지에 대해서도 일치된 의견이 존재하지 않는다. 먼저 소기업들이 더 획기적인 혁신을 수행한다고 보는 연구는 SBA(2003), Gittleman(2006), Baumol(2007) 등이다. SBA(2003)에 따르면 과학적 연구 분야, 특히 첨단 및 프론티어 분야에서 소기업의 특허 수는 대기업의 두 배에 가까운 것으로 나타났다. 또한 중소기업의 특허가 다른 특허에 인용된 평균건수가 대기업보다 높은 것으로 보고하고 있다. Gittleman(2006)에서는 미국과 프랑스의 경우 바이오 분야에서 소규모 신규기업의 특허인용이 대기업보다 더 많은 것으로 조사되었다. Baumol(2007)은 사례연구를 통해서 비행기, FM 라디오, 지퍼, PC 등이 소기업에 의해서 개발되었음을 지적하고 있다.

한편 대기업이 더 획기적인 혁신을 수행한다고 보는 연구는 Acs and Gifford (1996), Chandy and Tellis(2000), Bayus and Agarwal(2007) 등이다. Acs and Gifford (1996)는 대기업이 경로를 깨는 혁신(path-breaking innovation)을 상당수 수행했음을 밝히고 있다. Chandy and Tellis(2000)는 미국의 경우 적어도 내구재와 사무기기 분야에서 대기업들이 오랜 기간 동안 획기적인 혁신을 달성해 왔다고 주장한다. Bayus and Agarwal(2007)은 미국의 하드 디스크 드라이브 산업에서 기존 대기업들이 어떻게 획기적인 혁신을 성공적으로 수행해 왔는지를 설명하고 있다.

③ 벤처기업 대 비벤처기업

마지막으로 벤처기업은 비벤처기업에 비해서 더 혁신적인가의 문제이다. 벤처기업은 소기업 혹은 신규기업과 중복되는 개념이지만 우리나라에서는 벤처기업을 법적으로 지정하고 있으므로 벤처기업과 비벤처기업을 뚜렷하게 구분할 수 있다.

성태경(2002)은 "벤처기업은 항상 혁신적인가?"라는 연구문제를 가지고 과학기술정책연구원이 발표한 KIS(Korean Innovation Survey) 2002를 활용하여 답하고 있다. 이 연구에서는 기술혁신활동을 제품혁신, 제품개선, 그리고 공정혁신으로 구분하였으며, 기술혁신활동의 결정요인으로는 기업간 네트워크, 기업규모, 이윤율, 수출비율, 해외지분, 기업연령, 시장집중도, R&D 활동 착수 여부, 그리고 산업별 R&D 집약도를 고려하였다. 분석된 표본은 제조업에 속한 1,128개 기업으로 정성적 분석방법인 로지스틱 회귀모형(logistic regression)을 사용하였다.

분석결과, 첫째 벤처기업들은 평균적으로 비벤처기업들보다 기술혁신활동이 더 활발한 것으로 나타났다. 그러나 이는 제품혁신 및 제품개선의 경우에 국한되고, 공정혁신에 대해서는 성립하지 않았다. 둘째, 예측한 대로 벤처기업과 비벤처기업 간 기술혁신활동의 결정요인에 있어서 많은 차이점이 발견되었다. 벤처기업의 경우 제품분야의 혁신활동(제품혁신과 제품개선)에 있어서 네트워크가 중요하고도 유일한 결정요인으로 나타난 반면에, 비벤처기업의 경우에는 네트워크는 물론 기업규모, 기업연령, R&D 활동 착수 여부 등이 중요한 요인으로 작용하고 있다. 셋째, 벤처기업이든 비벤처기업이든 관계없이 기업 간 네트워크는 모든 유형의 기술혁신활동에 대해 정(+)의 효과를 나타내어, 기업의 혁신활동에서 협력의 중요성을 확인해 주었다.

마지막으로 네트워크와 관련하여 소규모 벤처기업들은 특히 대학과의 연계효과가 대기업보다 크다는 연구가 있어서 주목된다. Mansfield(1991, 1992, 1998)는 소기업이 대기업에 비해서 대학에 의한 발명을 더 잘 활용하는 것으로 보고하고 있다. Lowe and Ziedonis(2006)의 연구에서도 대학에 의해서 개발된 기술을 소규모 벤처기업이 기존의 대기업보다 빠르게 사업화시키는 것으로 나타났다. Acs et al.(1994)은 지식파급효과(knowledge spillover effect)가 대기업들의 혁신활동보다는 소규모의 벤처기업들의 혁신활동에서 더 중요한 역할을 수행하고 있음을 밝히고 있다.

CHAPTER

10 기업가정신과 경제성장

▸▸ 이 장에서는 기존의 성장이론을 소개하고, 기업가정신을 내생변수로 고려하여 최근 전개된 성장이론들을 정리하고 실증적 연구결과를 추적한다.

10.1 슘페터의 성장이론

슘페터는 기업가정신과 경제성장의 연관성을 직접적이고도 명시적으로 언급한 최초의 경제학자이다. 그는 『*The Theory of Economic Development*』(1934)에서 경제발전의 가장 중요한 동인은 기술혁신이며, 경제발전과정에서 혁신자(innovator)로서의 기업가(entrepreneur)가 중심적인 역할을 수행한다고 보았다. 혁신적인 기업가는 기존의 기술과 제품을 진부화시키는 새로운 발명을 소개함으로써 기존기업에 도전한다. 즉 기업가는 기존의 경제조건들을 바로 깨는 것이 아니라 이른바 슘페터의 '창조적인 파괴(creative destruction)'의 과정을 움직이게 한다. 기술 및 조직혁신 — 슘페터의 말로는 '새로운 조합(new combination)' — 은 기업들의 기존 시장위치와 그들의 기계설비, 그들의 축적된 지식을 진부화시킨다. 경쟁은 새로운 조합을 확산시키고, 초기 혁신자에 의해서 획득된 경제적 이윤은 경제가 또 다른 균형을 향해서 나아가는 과정에서 잠식되어질 것이다. 그리고 다시 창조적인 파괴가 시작된다. 이러한 창조적 파괴의 과정이 이른바 'Schumpeter Mark Ⅰ Regime'이라 불리는 혁신체계의 주요 특징이다.

이와 대조적으로, 『*Capitalism, Socialism and Democracy*』(1950)에서 슘페터는 기존 대기업의 혁신적인 활동에 주목하고 있다. 그는 대기업들이 혁신 과정에서 중소기업들보다 더 좋은 성과를 얻을 수 있다고 주장하였다. 이러한 창조적 축적(creative accumulation)이 이른바 'Schumpeter Mark Ⅱ Regime'이라 불리는 혁신체계의 주요 특징이다.

어떤 주어진 시점과 산업에서 두 유형의 혁신체제가 작동되는 정도는 다르게 나타난다. 그것은 혁신에 필요한 지식의 성격, 규모의 경제성, 수익의 전용가능성, 제도적 환경, 기술흡수능력, 수요의 다양성 등에 따라서 달라진다. 분명한 것은 'Schumpeter Mark Ⅱ Regime'이 진행되는 산업은 독과점적 시장구조가 되는 반면에, 'Schumpeter Mark Ⅰ Regime'을 경험하는 산업들에서는 중소기업들이 중요한 역할을 담당하는 경쟁적인 시장구조를 가지게 된다는 점이다.

한편 슘페터의 'Mark Ⅰ'과 'Mark Ⅱ'는 기업가정신과 경제성장의 관계를 서로 다르게 예측하게 만든다. Mark Ⅰ의 경우에는 기업가정신이 경제성장에 정(+)의 영향을 미치지만, Mark Ⅱ의 경우에는 그렇지 않을 수도 있다. 이러한 상반된 결과는 '지브라의 법칙(Gibrat's Law)'과 '조바노비치의 예측(Jovanovic's prediction)'을 대비시켜 생각해볼 수 있다. 지브라 법칙은 기업의 성장률은 기업의 규모나 업력과는 관계없이 임의적으로 결정된다는 것이고, 조바노비치의 예측은 기업의 성장률은 신생 중소기업에서 가장 높고, 기존 기업에서 가장 낮다는 주장이다. 만약 지브라의 법칙이 성립한다면 개별기업 차원에서 기업가정신의 성장에 대한 일관성 있는 관계를 예측하기 어렵다. Parker(2009)는 실증연구 결과를 종합해 본 결과 조바노비치의 예측이 타당하다고 보고하고 있다. 즉 젊고 작은 기업들의 평균성장률이 오래되고 큰 기업들의 평균성장률에 비해서 높다는 것이다. 따라서 슘페터의 Mark Ⅰ의 경우와 같이 기업가정신의 경제성장에 대한 정(+)의 효과를 기대할 수 있다.

10.2 신고전학파 성장이론

이상에서 살펴본 바와 같이 슘페터는 이미 오래전에 기업가정신과 경제성과의 연관성을 언급하였지만, 1960년대에 전개된 신고전학파 경제성장이론은 이를 고려하지 못하였다. 신고전학파의 경제성장이론은 Solow(1956)의 기본모델에 의해서 전개되어 왔는데, 경제성장과정에서 주로 저축과 자본축적의 역할에 초점을 맞추었다. 여기서 기술진보는 외생변수로 주어지고 있으며, 경제적 유인과는 무관하게 취급되고 있다. 그 결과 기업가의 역할이 들어갈 여지가 없었다(Baumol, 1968).

Solow에 의하면 국민경제 관점에서 본 집계생산함수(aggregate production function)는 다음과 같이 표시될 수 있다고 한다.

$$Y = Af(L, K) \tag{10-1}$$

생산요소, 즉 노동(L)과 자본(K)이 주어지면 이 함수에 의해서 최대산출량(Y)이 구해진다. 여기서 A는 외생변수이다. 이 집계생산함수가 규모에 대한 보수불변(Constant Return to Scale: CRTS)이라고 가정하면 다음과 같이 쓸 수 있다.

$$\begin{aligned} Y/L &= Af(L/L, K/L) \\ &= Af(1, K/L) \end{aligned} \tag{10-2}$$

일인당 산출량 Y/L을 y로, 일인당 자본량 K/L을 k로 표시하면,

$$y = Af(k) \tag{10-3}$$

이상의 성장함수에서 가장 중요한 것은 일인당 산출량 y와 일인당 자본량 k를 연결 짓는 $f(k)$가 증가하는 오목함수(increasing concave function)라는 특성에 있다. 즉 Y를 생산하는 과정에서 자본의 한계생산은 감소하므로, 자본집약도 k가 증가할수록 자본의 산출량에 대한 기여도는 점차 낮아진다는 것이다. 결과적으로 투자에 대한 유인이 줄어들게 되어 자본축적은 점점 어려워지고, 이에 따라 장기적으로 성장은 멈추게 될 것이다. 즉 0%의 경제성장률을 기록하게 될 것이다. 이 상태는 장기균형점으로서, 신고전학파 경제학의 전형적인 결론이다. 이 상태에서는 장기적인 경제성장은 단지 외생변수인 A의 변화에 의해서만 달성가능하게 된다.

현실 속에서 끊임없이 진행되는 경제성장을 설명하기 위해서, Solow는 시간이 지남에 따라 요소의 생산성을 향상시키는 외부적 요인, 즉 기술진보를 고려하였다.

$$Y = f(L, K, t) \tag{10-4}$$

여기서 t는 시간변수로서 기술변화의 영향을 나타낸 것이다. 다시 말하면, Solow에게 있어서 기술변화는 '생산함수를 변동시킬 수 있는 모든 요소를 종합한 것'이 된다. 만일 중립적 기술진보를 가정하면, 생산함수는 다음과 같이 두 가지 요소로 나누어질 수 있다.

$$Y = A(t)f(L, K) \tag{10-5}$$

여기서 $A(t)$는 기술변화에 의존하는 부분이고, $f(L, K)$는 노동과 자본에 의존하는 부분이다. 또한 규모에 대한 보수불변(CRTS)을 가정했으므로 다음의 식이 성립하게 된다.

$$\frac{\dot{y}}{y} = \frac{\dot{A}}{A} + w_k \frac{\dot{k}}{k} \tag{10-6}$$

여기서 y는 일인당 산출량(Y/L)이고, k는 자본-노동비율(K/L)이다. 점(dot) 표시는 시간에 대한 변화분을 나타낸다. 예를 들어 $\dot{y} = dy/dt$ 이다. 그리고

w_k는 산출량과 자본비율을 나타낸다. 따라서 일인당 산출량, 자본-노동비율에 대한 시계열자료가 주어지면 기술변화에 기인하는 부분 A를 구할 수 있다.

Solow가 실제로 이 식에 의해서 1909~49년간 미국 비농업부분의 성장원천을 추정해 본 결과, k에 의한 부분은 13%에 불과하였고 나머지 87%가 A에 의해서 설명되는 것으로 보고하였다. 그러나 기술진보에 기인하는 A의 의미는 단지 '잔차'(residual), 즉 성장에 대한 노동과 자본의 기여도를 고려한 후에 남는 것에 불과하다. 이러한 이유로 A는 '무지(ignorance)'의 소산으로도 해석되고 있다. 다시 말해서 A는 생산요소의 양적 증가에는 영향을 받지 않고 조직편성의 개선, 기술의 개량, 종업원의 교육훈련 등을 포함하는 모든 요인에 기인한 산출량의 증가분이라는 것이다. 이와 같이 Solow 모델에서 기술진보의 요인이 구체

적으로 설명되고 있지 못하다. 기술은 경제성장에 대해서 여전히 외생적 요인으로 남아 있으며, 기술혁신자로서의 기업가의 역할은 전혀 나타나지 않고 있다.

10.3 내생적 성장이론: '새(new)'성장이론

신고전학파 성장이론이 기술진보를 단순한 시간추세변수로 취급하고 있는 것과는 달리, 1980년대 말에 전개된 '새(new)'성장이론에서는 기술진보의 결정요인을 분석한다. 즉 '새'성장이론은 경제성장의 내생적 결정요인을 찾아내고자 한다.[1] 이 이론의 기본 논지는 규모에 대한 수확체증(Increasing Return to Scale: IRTS) 혹은 외부성(externality) 때문에, 요소의 축적과정에서 요소의 한계생산이 0으로 가지 않게 됨으로써 성장률의 영속적인 증가가 가능하게 된다는 것이다(Romer, 1986, 1990; Lucas, 1988).

'새'성장이론에 의하면 외부효과를 가지는 성장요인으로 기술혁신이 포함되고 있다.[2] 이때 기술혁신은 외부적으로 주어지는 것이 아니라 R&D에 투입되는 자원의 양과 기타 지식창출활동에 의해서 결정된다.

그러면 기술변화와 내생적 경제성과의 관계는 어떻게 설명되고 있는가? 이는 R&D 자본과 실물자본의 축적과정에서 투자의 중개역할을 통하여 설명된다. 먼저 개별기업의 입장에서 시작해 보자. 어떤 한 기업이 신제품의 도입을 통하여 새로운 성장기회를 모색하기 전에, 기업이 보유하는 노하우에 맞는 기회를 찾으려고 할 것이다. 이 기업은 신제품 혹은 개선된 제품에 대한 수요추세를 평가한 후에, 생산을 위해서 기업의 기술지식스톡의 증가를 가져오는 R&D에 착수할 것이다. 그러나 기술지식스톡은 실물자본에 대한 투자가 뒷받침될 때만 효과를 가지게 된다. 만약 마케팅이 성공적이라면, 이러한 이중적인 투자의사결정은 기업의 확대를 가져올 것이다. 이 과정에서 기존의 제품은 진부화되면서 창조적인 파괴가 일어난다. 이에 대응하는 경영혁신은 새로운 유형의 기계장비

1) 이미 오래전에 Kaldor(1957)와 Arrow(1962)에 의해서 기술변수의 내생화 작업이 이루어졌다. 이들은 공통적으로 기술진보의 원천으로서 학습효과(learning effect)를 부각시킨 바 있다. 그러나 기술을 경제성장의 내생변수로 취급하는 본격적인 노력은 1980년대 후반부터 시작되었다고 할 수 있으며, 이러한 일련의 노력을 우리는 '새'성장이론이라고 부르고자 한다.

2) 실물자본, 인적자본, 사회간접자본 등도 경제성장과정에서 외부효과를 가진다.

의 잠재력에 관한 정보에 영향을 받을 것이다. 이것은 일반적으로 실물자본에 대한 투자를 가져오며, 이는 다시 생산성 향상, 더 나아가서 기업의 시장점유율의 증대를 초래할 것이다.

이러한 미시경제적 차원에서 R&D 투자, 학습, 실물자본에 대한 투자, 그리고 시장압력의 호순환(virtuous cycle)은 거시경제적 차원에서도 그대로 적용된다. 즉 국민경제의 어떤 한 부문에서 R&D 투자가 일어나고, 그것이 외부효과를 통해 경제 전체의 생산성을 높일 수 있다면 경제성장률은 영속적으로 상승할 것이다. 이 과정을 보다 자세히 설명하면 다음과 같다. 거시경제적 차원에서도 R&D 투자는 시장확대와 시장규모에 의해서 유발된다. 시장확대는 제품차별화와 비용절감 측면에서 치열한 경쟁을 가져오며, 이는 다시 잠재적인 생산성 향상과 다양한 수요층에 대한 적응 측면에서 기술적 및 조직적 혁신을 촉진시킨다. 더 나아가서 이러한 현상은 과학기술에 기반을 둔 부문들과 첨단기술 부문들에서 과학자와 R&D 자원의 동원을 필요로 한다. 더 나아가서 과학 및 기술의 복잡성 및 다양성 때문에 이는 네트워크, 협력, 그리고 기술시장의 성장을 초래하게 된다. 즉 기술의 외부효과가 확대된다. 이러한 외부효과는 혁신기업, 산업, 그리고 국가를 넘어서 퍼져 나간다. 최신기술의 집중적인 생산으로 새로운 기계장비의 구입이 가속화되고, 그럼으로써 실물자본에 대한 투자가 증가한다. 그리고 새로운 투자는 생산성을 향상시키고, 신제품 혹은 차별화된 제품의 생산을 초래한다. 이러한 생산 활동은 수익체증의 법칙에 따라서 추가적인 수입을 창출하고 다른 제품과 서비스에 대한 추가적인 수요 및 새로운 기회들을 창출한다. 이렇게 되면 앞에서 언급한 성장의 호순환이 일단 끝나게 된다.

'새'성장이론은 기술과 경제성장 간에 상호관계, 특히 기술의 수익체증효과를 중시한다. 그러나 기술과 성장 간의 상호작용에 대한 체계적인 설명이 부족하다. 따라서 우리는 기술 및 실물투자와 관련된 특징을 추가적으로 언급할 필요가 있다. 우선 '새'성장이론에서 말하는 자본은 통상적인 의미에서의 자본의 개념과는 구별된다. 여기서 말하는 투자는 지식과 관련된 투자이거나 혹은 축적되지 않는 중간재를 말한다. 특히 중간재의 품질개선은 R&D 부문에서 유발되고, 소비재 부문에서의 생산성을 향상시키는 것으로 간주한다. 즉 R&D 투자의 증대는 중간재의 품질을 향상시키고, 이로 인한 투자증대를 통해서 더 높은 경제성장률이 가능하다는 것이다.

'새'성장이론은 기술에 대해서도 특별한 의미를 부여한다. 기술은 두 가지의 특성을 가진다고 본다. 하나는 기술은 상품일 뿐만 아니라 공공재의 특성을 가진다. 그러므로 기술의 공급을 시장기능에 맡겨 둔다면 과소 생산될 가능성이 크다고 본다. 다른 하나는 기술의 공급수준이 경제성장률에 영향을 미친다는 것이다. 기술은 규모에 대한 수확체증을 보여준다. 따라서 R&D를 증대시키는 정책은 신고전학파에서 주장하는 것보다 훨씬 더 많은 생산증대효과를 가져다 줄 것으로 예측한다. 만약 '새'성장이론이 맞다면 R&D 지원정책으로 인해 초래되는 이득은 전통적인 경제성장이론에서 계산된 것보다 크게 나타날 것이다. 이와 같은 '새'성장이론은 아직까지 확고한 체계를 갖추고 있지는 않지만, 기술혁신에 대해서 보다 현실적인 가정을 채용함으로써 거시경제적 효과를 실증적으로 잘 설명하고 있는 것으로 평가되고 있다.

이상과 같이 '새'성장이론이 기술혁신을 하나의 내생변수로 다루다보니, 기업가정신이 고려될 수 있는 여지가 생긴다. 이는 기술혁신을 달성하기 위하여 자원을 동원함으로써 이윤을 추구하는 행동은 투자의 결과가 불확실하다는 의미에서 기업가적(entrepreneurial)이기 때문이다. 이에 따라서 최근 기술혁신과 경제성장의 동인으로서 기업가정신을 명시적으로 다루는 연구결과들이 나오고 있다(Carree and Thurik, 2010). 즉 내생적 성장모형의 틀 속에서 기업가정신의 문제를 다루는 연구들이다. 그 대표적인 예가 Aghion and Howitt(1992, 1997), Peretto(1998, 1999a, 1999b), Sanders(2007), Schmitz(1989) 등이다. 이하에서는 이 연구결과들의 논지를 차례로 소개한다.

10.4 내생적 성장모형에서의 기업가정신

1) 일반적인 슘페터 성장모형

앞에서 언급한 바와 같이 경제성장과정에서 기업가정신을 하나의 내생변수로서 명시적으로 다룬 최초의 경제학자는 슘페터이다. 따라서 우리는 솔로우(Solow)의 성장회계방정식에 기업가정신이라는 변수를 포함시킴으로써 기업가정신이 경제성장에 미치는 영향을 추정할 수 있다. 즉,

$$Y = A(E, R)f(L, K) \tag{10-7}$$

A는 기술을 반영하는 변수로 기업가정신 E와 기술통제변수인 R의 함수로 표시된다. 기업가정신 E는 기업가의 창업활동 등으로 측정할 수 있으며, 기술통제변수로 R&D 투자규모, 지식자본 등이 들어갈 수 있다. 상기 식의 중요한 특징은 기업가정신, 지식자본 등이 포함되어 있어서 외부효과를 가질 수 있다는 것이다. 식 (10－7)을 변화율을 보여주는 식으로 변환하면 다음과 같다.

$$\frac{dY}{Y} = A_E\frac{dE}{E} + A_R\frac{dR}{R} + \alpha\frac{dK}{K} + (1-\alpha)\frac{dL}{L} \tag{10-8}$$

식 (10－8)에서 A_E와 A_R은 각각 기술에 대한 기업가정신의 탄력성과 통제변수의 탄력성을 나타낸다. α와 $1-\alpha$는 각각 자본의 몫과 노동의 몫을 의미한다. 따라서 식 (10－8)을 통해서 우리는 기업가정신 변수 E가 1% 변할 때 국민생산 Y가 몇 % 변할지를 추정할 수 있다.

2) 창조적 파괴 성장모형: Aghion and Howitt(1992)

Aghion and Howitt(1992)은 기업가에 의한 슘페터적인 창조적 파괴활동을 포함시키는 내생적 성장모형을 정립하였다. 이 모형에서 경제성장은 기술진보에 의해서 유발되는데, 기술진보는 혁신을 추구하는 기업들 간의 경쟁에 의해서 이루어진다. 기업들은 하나의 성공적인 기술혁신이 이루어지면 특허 등에 의해서 당분간 독점적인 이윤을 얻을 것이라는 전망하에 움직인다. 이때 슘페터적인 창조적 파괴활동을 수행하는 기업가가 새로운 기술혁신을 성공시키면, 기존 제품은 진부화되면서 기존의 독점적 이윤 혹은 지대는 사라지게 된다.

Aghion and Howitt(1992)의 기본 모형은 다음과 같이 표현된다.

$$y_t = A_t x_t^{\alpha},\quad \text{여기서 } 0 < \alpha < 1 \tag{10-9}$$

y는 최종소비재이고 x는 중간재이며, A는 중간재의 생산성을 나타낸다. α는 0과 1 사이의 값을 가지는 계수로 중간재 시장의 경쟁 정도를 나타낸다.

이 모형에서 중요한 역할을 가지는 기술진보는 다음과 같이 진행된다.

$$A_t = A_o \gamma^t, \quad \gamma > 1 \tag{10-10}$$

즉 기술은 γ율로 지속적으로 진보한다.

이러한 전제하에서 그들은 한 국민경제의 평균성장률을 결정하는 함수관계를 최종적으로 도출한다.

$$g = \ln(\gamma)\left(\frac{\lambda(1-\alpha)\gamma L - r}{(1-\alpha)\gamma + \alpha}\right) \tag{10-11}$$

상기 식에서 λ는 R&D 생산성, L은 노동가능인구, 그리고 r은 이자율을 각각 나타낸다. 이 식에서 우리는 경제의 평균성장률은 L, γ, 그리고 λ의 증가함수임을 알 수 있다. 특히 한 경제의 기술진보율(γ)과 R&D 생산성(λ)이 증가하면 평균성장률(g)이 증가한다는 점은 경제성장과정에서 기업가의 역할이 존재함을 말해준다. 즉 기술진보율은 기업가의 혁신활동에 의해서 유발된 것으로 창조적 파괴효과(creative destruction effect)를 나타낸다. 또한 R&D 생산성(λ)이 높다는 것은 그만큼 기업가의 지식에 대한 투자가 효율적임을 말해준다.

한편 경제의 평균성장률은 α와 r의 감소함수이다. 먼저 이자율(r)이 상승하면 평균성장률은 감소한다. α는 중간재시장의 경쟁 정도를 나타내는데, 이 값이 커질수록 시장집중도는 낮아진다. $1-\alpha$는 독점도를 측정해주는 러너지수(Lener index)로 α값이 커진다는 것은 시장이 경쟁적으로 변한다는 것을 의미하며, 이때 평균성장률은 감소한다. 따라서 슘페터적인 기업가로 하여금 R&D 활동에 종사하게끔 하기 위해서는 독점적인 이윤을 가능하게 하는 어느 정도의 시장집중도가 필요하다는 것을 알 수 있다. 기업가적인 노력을 이끌어내는 시장집중력은 경제성장과정에서 불완전경쟁의 중요성을 말해준다.

일종의 슘페터적 성장모형인 Aghion and Howitt 모형에서는 경쟁과 성장은 서로 역의 관계에 있다. 하지만 Nickell(1996) 등에서 보는 것처럼 실증적인 근거는 찾아보기 어렵다. 이에 대응하여 Aghion and Howitt(1997)에서는 보다 더 경쟁적인 시장구조가 경제성장에 기여할 수 있는 모형으로 확장하였다. 더 나아가서 Howitt and Aghion(1998)에서는 그들의 창조적 파괴 모형에 자본을 추가하여 분석하고 있다. 여기서는 자본축적과 기술혁신이 경제성장과정에서 서로 보완적인 역할을 수행한다는 점을 추가적으로 보여준다.

결론적으로 Aghion and Howitt은 이윤추구를 목적으로 하는 지식투자와 이를 수행하는 개인, 즉 기업가를 연결시킴으로써 하나의 내생적 성장모형을 도출하였다.

3) 내생적 시장구조 성장모형: Peretto(1998)

Peretto(1998)는 내생적 시장구조가 포함된 내생적 성장모형을 정립하는 과정에서 기업가정신과 경제성장의 연관성을 분석하고 있다. 그의 내생적 성장모형은 Aghion and Howitt 모형에서처럼 중간재 산업을 대상으로 분석하고 있으며, 이 산업에서 투자 및 R&D 수익률을 결정하는 기업의 수가 핵심적인 역할을 한다. 이 모형과 Aghion and Howitt 모형과의 가장 큰 차이점은 중간재 산업에서 독점적인 기업들은 비용감소를 가져오는 혁신을 계속적으로 달성하기 위해서 사내에 R&D 시설을 구축한다는 가정이다.

Peretto 모형에서 기업가는 명시적인 역할을 수행한다. 그의 모형은 발명을 기반으로 하는 독립적인 기업가에 의해서 행해진 R&D로부터 기존기업 내에서 수행된 R&D까지 혁신의 궤적이 어떻게 이동되는지를 찾는다. 이 모형에서 경제는 기업가적인 R&D 투자 및 새로운 기업의 설립은 점차 없어지는 반면에 기존 과점기업들에 의해서 수행된 사내 R&D가 성장을 주도하는 안정적인 산업구조로 수렴한다.[3] 이는 가속효과(escalation effect)로 불리는데, 기업의 수는 기존기업들로 하여금 R&D 투자로 유인하는 기술적 기회의 확대 때문에 감소하게 된다. 이 상황에서 기업의 진입은 매몰비용 때문에 더욱 어렵게 되고 생산에 필요한 노동력은 더 희소하게 된다.

Peretto 모형에서 기업가는 기존기업과의 경쟁에서 지는 경우 매몰비용을

3) Peretto는 이를 경쟁적인 자본주의(competitive capitalism)에서 트러스트화된 자본주의(trustified capitalism)로의 전환이라고 표현한다.

부담해야 하기 때문에 새로우면서도 차별화된 제품을 개발해야 한다. 신규진입 기업은 새로운 지식의 창출자이다. 경제가 어느 정도 발전된 단계에서는 기업가적 R&D 활동으로부터 기업의 사내 R&D 활동으로 전환되지만, 기업가정신은 경제발전과정에서 중요한 역할을 수행한다. 하지만 이렇게 되기 위한 필요조건은 일정 규모의 이상으로 기업수가 증가되어야 한다는 것이다. 따라서 기업수와 지속적 성장 간에는 역 U자의 관계를 갖게 된다는 것이 Peretto 모형의 핵심적 결론이다.

4) 과학지식창출기반 성장모형: Sanders(2007)

Sanders(2007)는 새로운 원천지식을 생산해 내는 기초과학부문을 포함하는 내생적 성장이론을 전개하였다. 그는 과학지식창출은 명성이나 평판을 목적으로 착수되는 패러다임 전환이라는 동태적인 과정을 따른다고 주장한다. 이러한 지식창출은 의도되지 않은 부산물로서 기업가적인 기회를 가져온다. 이때 기업가는 새로운 지식창출이 초래하는 기회를 사업화하고, 그 대가로서 이윤을 향유한다. 바로 이러한 혁신적인 활동이 경제성장을 가능하게 한다. 따라서 그는 평판이나 명성을 얻기 위해서 원천지식의 흐름을 창출하는 과학자들로 구성된 독자적인 과학자집단이 경제발전의 기반을 제공한다고 본다. 요컨대 그는 과학제도와 기업가적 활동을 경제성장의 선행조건으로 간주한다. 왜냐하면 혁신기회는 과학자들이 잠재적 기회의 스톡을 증가시킬 때만 소진되지 않기 때문이다.

이러한 Sanders의 과학기술창출기반 내생적 성장이론은 새로운 혁신의 가능성은 원천과학기술의 증대로부터 온다는 사실을 이론화하였다는 점에서 의미가 있다. 아울러 Sanders의 성장모형은 경제성장과정에서 지식외부성의 역할을 강조함으로써 성장의 미시경제적 기초를 찾고 있다는 점에서도 이론적으로 기여하고 있다.

5) 모방기반 성장모형: Schmitz(1989)

사실 기업가적 활동과 경제성장을 연결시키는 내생적 성장모형을 처음으로 소개한 사람은 Schmitz였다. Schmitz 성장모형의 주요 논지는 한 경제에서 균형 기업가군의 규모는 사회적으로 최적인 수준보다 작다는 것이다. 따라서 정부가 기업가적 활동을 촉진시키는 정책을 펴야 한다고 주장한다. 그러나 이 모형에서 기업가는 그들의 역할이 모방에 국한되어 있다는 점에서 다른 성장모형에 비해서 수동적이다. 이러한 측면에서 Schmitz의 성장모형은 Aghion and Howit 성장모형보다 이론적인 영향력이 작다고 할 수 있다.

6) 지대추구 성장모형: Peng(2000)

앞의 모형에서는 기업가정신 혹은 기업가적 활동이 경제성장을 가져온다는 점에서 일치를 보인다. 하지만 기업가정신이 경제성장을 위축시키는 효과를 보여주는 내생적 성장이론도 있다. 그 대표적인 예가 Peng(2000)의 연구이다. 그는 기업가들이 R&D 활동을 하기보다는 여러 가지 연구프로젝트들 간 어떤 것을 선택할 것인지에 전념하는 사실을 반영하는 내생적 성장이론을 정립하였다. 즉 기업가들이 건설적인 R&D 활동을 하기보다는 지대추구(rent－seeking)행동에 전념하는 경우에는 기업가정신과 경제성장 간에는 부(－)의 관계가 성립할 수 있다고 주장한다.

이는 Baumal(1990)의 주장과도 일치한다. Baumol은 기업가적 에너지가 경제성장을 이끌 만큼 충분하지 않을 수도 있다고 주장하였다. 심지어 기업가들이 비생산적 혹은 와해적인 행동을 할 경우에는 기업가적 활동이 경제성장에 부정적인 영향을 미칠 수도 있다고 한다. 이는 기업가들로 하여금 생산적인 역할을 하도록 이끄는 일이 매우 중요하다는 점을 역설적으로 보여준다고 할 수 있다.

10.5 지식파급과 경제성장

1) 지식파급자로서의 기업가

경제성장과정에서 외부효과는 지식파급(knowledge spillover)에서 나타나며, 기업가는 지식의 파급자로서 경제성장에 기여할 수 있다. Schmitz(1989)에 따르면, 기업가의 탐색 및 투자활동은 다른 사람들이 활용할 수 있는 지식의 스톡에 추가되며, 결과적으로 기업가정신은 경제 전체적으로 외부경제효과의 원천이 된다고 한다.

그렇다면 기업가들은 지식파급효과를 어떻게 활용하는가? 하나의 연결고리는 R&D 활동을 수행하지만 회사 내에서 새로운 아이디어를 사업화시키지 않는 고용된 연구원이다. 이들의 아이디어는 경직된 내부 관례 때문에 사장되거나 혹은 R&D 책임자가 잠재적 가치를 부여하지 않기 때문에 사업화가 되지 않는 경우가 많다. 하지만 기업가는 그 아이디어의 잠재적 가치를 발견하고 이를 사업화시킨다. 이 경우에 새로운 벤처기업의 설립만이 지식의 창출과 활용 간의 '갭'을 메워주는 유일한 방법이다. 물론 다른 기업에서 창출된 새로운 기술은 사내 벤처기업에 의해서 혹은 기존기업의 사업부 확대를 통해서도 가능하다(Cohen and Levinthal, 1989).

요컨대 경제성장은 개별 기업가가 지식의 생산에 직접 기여하지 않을지라도 새로운 벤처기업 창업을 통해 지식을 활용함으로써 달성될 수 있다. 따라서 기업가와 벤처기업 창업은 지식기반 기술혁신 및 경제성장 이론에서 중요한 역할을 가진다. 특히 지식기반경제에 있어서 기업가는 새로운 지식이 사업화될 수 있는 주요한 채널이 되며(Acs et al., 2004), 글로벌화와 더불어서 이러한 역할은 점차 더 커지고 있다(Audretch, 2003).

2) 지식필터

완전한 정보를 가정하는 신고전학파 이론에서는 지식파급자로서의 기업가의 역할은 필요하지 않다. 그러나 정보가 불완전한 현실 세계에서는 새로운 지식이 가져오는 혁신의 잠재적 가치에 대해서 경제주체들은 다르게 평가한다. 앞에서 언급한 바와 같이 연구자, R&D 책임자, 기업조직, 기업가 등 경제주체들은 하나의 아이디어가 가져올 경제적 가치에 대해서 달리 평가할 수 있다는 것이다. Carlsson et al.(2009)은 이러한 평가의 차이를 '지식필터(knowledge filter)'라고 불렀다. 지식필터는 새로운 지식과 경제적 지식(혹은 상업화 지식) 간의 격차이다. 만약 기존기업이든 발명자든 창출된 아이디어의 혁신을 추진하지 않는다면 이러한 지식에 대한 평가의 차이는 상업화를 위한 지식파급을 지연시킬 것이다. 그러나 이러한 평가의 차이, 즉 지식필터는 창업을 유인한다. 예를 들어 창출된 지식에 대해서 높은 가치를 부여하는 사내 고용연구원은 기업을 떠나서 자기의 사업을 추진할 것이다. 물론 사내에서 창출된 지식에 대해서 높은 가치를 주는 기업가가 있다면 그에 의해서 창업이 됨으로써 지식이 기존기업으로부터 신규기업으로 파급될 것이다.

3) 지식파급 기업가이론

이와 같이 지식파급자로서의 기업가의 역할이 매우 중요함에서도 불구하고 기존 내생적 성장이론에서는 지식파급을 하나의 외생변수로 취급하고 있다. 이에 따라서 Acs et al.(2004, 2009), Acs et al.(2012), Acs et al.(2013), Acs and Sanders(2013) 등은 기업가적 지식파급을 하나의 내생변수로 하는 또 다른 유형의 내생적 성장모형을 정립하였다. 이와 같이 지식파급을 내생화시키는 일련의 모형은 '지식파급기업가이론(Knowledge Spillover Theory of Entrepreneurship: KSTE)'이라고 부른다. KSTE의 주요 내용을 Acs et al.(2012)을 중심으로 소개하고자 한다. 이 모형은 지식생산함수에 기업가의 활동을 포함시키고 이를 전형적인 소비자 최적화 문제 및 최종재의 생산함수와 결합하여 한 국민경제의 경제성장 경로를 도출해 내고 있다.

① 지식의 외부효과

이윤극대화를 추구하는 기업들은 어떤 한 기간에 지식(A)을 생산하고 이를 연속적으로 생산요소로서 사용한다. 기업 차원에서 생산된 새로운 지식은 기업에 의해서만 전유되는 것이 아니라 일부는 총 지식스톡에 스필오버되고 국민경제 내의 모든 경제주체들이 접근할 수 있다. 기업 차원에서의 지식생산함수는 규모에 대한 보수체감 현상을 보인다고 가정한다. 따라서 지식은 부분적으로 배제 가능하며, 모든 기업들은 총 지식투자로부터 발생하는 스필오버로부터 이득을 얻는다. 지식 A는 다음과 같이 표현된다.

$$A = \sum_{i=1}^{n} a_i = \sum_{i=1}^{n} l_i,\ R \qquad (10-12)$$

여기서 a_i는 각 기업의 지식스톡에 대한 기여로서 연구원($l_{i,}\ R$)을 고용함으로써 달성된다.

② 경제성장에서 기업가정신의 역할

지식이 경제성장으로 전환될 수 있는 것은 외부성 때문이다. 여기에는 두 가지 경로가 있다. 하나는 기존기업이 연구원을 고용하여 R&D를 통해서 새로운 지식을 창출하는 활동이다. 다른 하나는 기업가적 활동이다. 기존기업이 창출한 새로운 지식은 모두 그 기업에 의해서 활용되지 않는다. 하지만 이 지식들은 기업가에 의해서 기회로 포착되고 창업으로 이어질 수 있다. 신생 창업기업들은 다른 기업들로부터 지식을 흐르게 하는 도관의 역할을 한다. 그러므로 기업가정신은 지식스톡에 영향을 미치고 궁극적으로는 경제성장에 기여한다.

③ 지식생산함수

이상과 같이 생산된 새로운 지식은 새로운 기계설비, 특허, 혹은 비즈니스 모델 등으로 국민경제 내에서 이루어지는 생산활동에 활용되어질 수 있다. 새로운 지식은 다음과 같이 생산되어진다.

$$\dot{A} = \sigma_R L_R + \sigma_E Z(L_E) A \qquad (10-13)$$

여기서 σ_R과 σ_E는 각각 기존기업(L_R)에 의해서 수행된 R&D의 효율성과 지식기반 기업가(L_E)에 의해서 수행된 활동의 효율성을 의미한다. 따라서 지식은 기업의 R&D 부서에 종사하는 연구원들과 기업가적 활동에 전념하는 사람들에 의해서 생산된다. A는 일정 시점에서 활용 가능한 지식스톡이다.

식 (10-13)에서 양변을 A로 나누어 주면 기술진보율을 얻을 수 있다.

$$\frac{\dot{A}}{A} = \sigma_R L_R + \sigma_E Z(L_E) \qquad (10-14)$$

기술진보율은 R&D, 기업가적 활동, 그리고 각 활동의 효율성의 증가함수이다.

④ 기업가적 활동

기업가적 활동은 다음과 같이 표현된다.

$$Z(L_E) = L_E^{\gamma}, \quad \gamma < 1 \qquad (10-15)$$

여기서 기업가적 활동은 규모에 대한 보수체감($\gamma < 1$)의 특징을 가지며, 이는 총인구 중에서 기업가적 자질을 가진 사람들이 고루 분포되어 있지 않기 때문이다.

⑤ 경제성장 경로

식 (10－13)과 식 (10－15)를 소비자 최적화 문제와 최종재의 생산함수에 결합하면 한 국민경제의 경제성장의 경로를 도출해 낼 수 있다. 국민경제의 성장을 결정하는 함수식은 다음과 같다.

$$g = f(A, R, E, \lambda) \tag{10-16}$$

g는 경제성장률이고, A는 기존 지식스톡, R은 R&D 지출액, E는 기업가정신의 수준, λ는 성장에 영향을 미치는 기타 요인(자본, 노동, 제도 등)이다. 결론적으로 이 모형은 경제성장은 기업가정신의 증가함수임을 보여준다.

4) 실증적 연구결과

Acs et al.(2012)은 위의 모형을 1981~1998년에 걸친 18개국의 패널데이터에 적용하여 실증분석하였다. 분석결과, 기업가정신은 경제성장에 정(+)의 유의한 효과를 미치는 것으로 나타났다. 즉 기업가들은 자신들의 활동이 없었더라면 사장되었을지도 모를 신지식을 상업화하여 시장에 가져옴으로써 국민경제 전체적으로 부가가치를 증가시키는 역할을 한다는 것이다. 이러한 결과는 암묵적으로 창업이 지식파급을 촉진하는 도관으로서의 역할을 수행한다는 것을 확인해 준다. 기업가정신의 경제성장에 대한 Acs et al.(2012)의 연구결과는 Acs et al.(2005)의 자료와 일치한다. [그림 10－1]에서 보는 바와 같이 기업가정신과 경제성장률의 관계를 보면 목측으로 보더라도 정(+)의 상관관계에 있음을 알 수 있다.

한편 Acs et al.(2012)의 연구에서 R&D의 경제성장에 대한 효과도 정(+)의 영향을 미치는 것으로 나타났다. 하지만 모형에 따라 결과가 달리 나타나 기업가정신의 영향에 비해서 통계적으로 로버스터(robust)하지는 않았다. 이는 [그림 10－2]에서 확인해 볼 수 있다. 그림에서 경제성장률과 R&D증가율 간에는 뚜렷

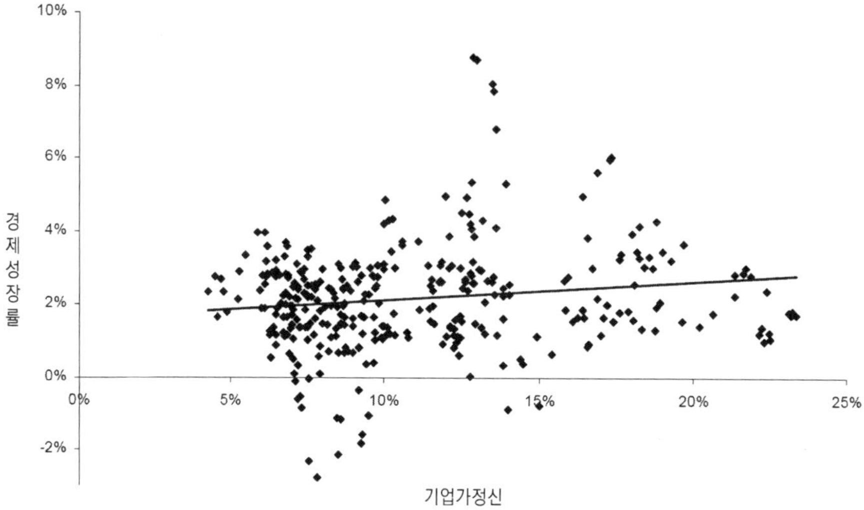

자료: Acs et al.(2005)

[그림 10-1] 기업가정신과 경제성장의 상관관계

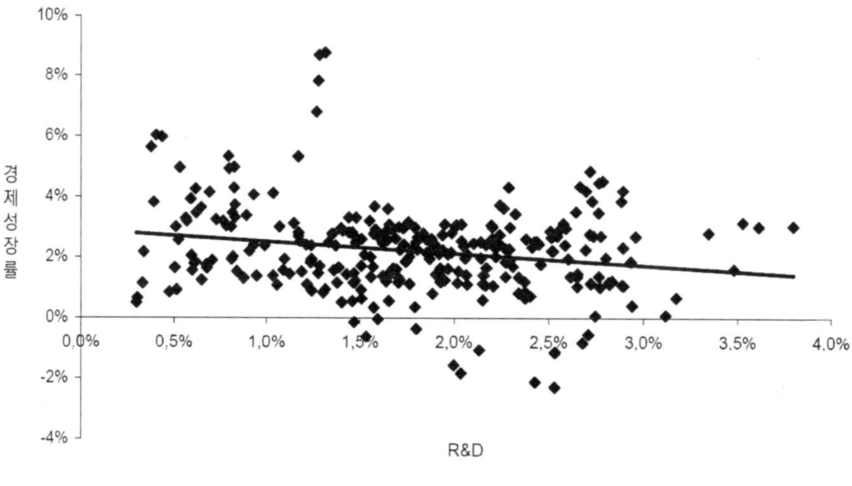

자료: Acs et al.(2005)

[그림 10-2] R&D와 경제성장의 상관관계

하게 정(+)의 상관관계를 보이지 않고 있다.

따라서 우리는 R&D 활동, 그리고 이에 따른 지식의 증가가 경제성장을 자동적으로 담보하지 않는다는 사실을 알 수 있다. 오히려 경제성장이 되려면 지식파급자로서 기업가들의 역할이 더 중요할 수 있다.

10.6 GEM 모형

GEM(Global Entrepreneurship Monitor)은 국가 차원의 기업가정신을 연구하기 위해서 1999년 미국 Bobson Collage와 영국의 London Business School이 공동으로 설립한 연구단체이다. GEM은 국가의 경제사회적 성과를 결정하는 모형을 설정하고, 이와 관련된 변수들을 설문조사를 통하여 측정하고 있다. 2016/17년의 경우 66개국이 조사에 참여하였다.

먼저 2016/17년 GEM 보고서에서 제시하는 GEM 모형은 [그림 10-3]과 같다. 한 국가의 사회경제적 성과는 그 국가의 사회적, 문화적, 그리고 경제적 체

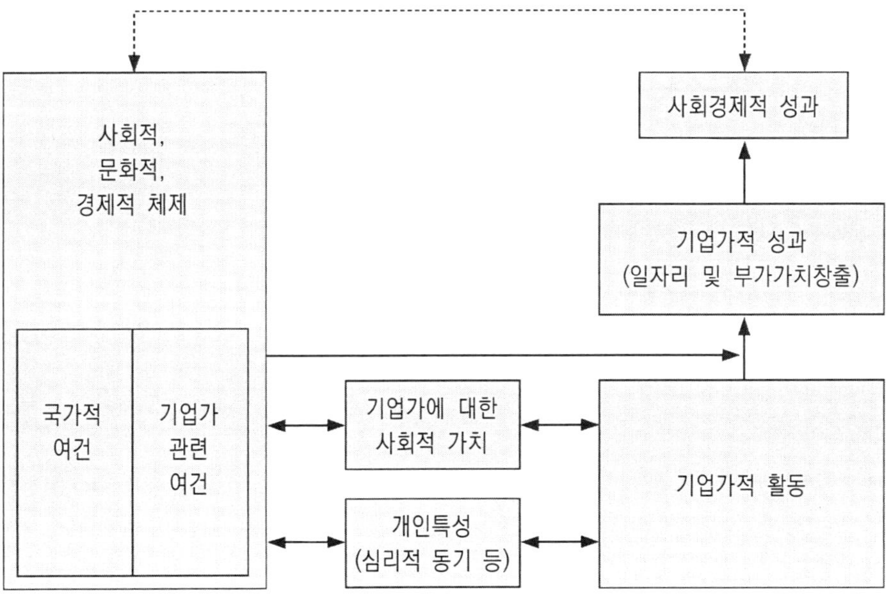

자료: GEM(2016/17), p.14.

[그림 10-3] GEM 모형

제에 의해서 영향을 받는 동시에 한편으로는 기업가적 활동에 의한 기업가적 성과에 의해서도 결정된다. 이때 기업가적 활동은 사회적, 문화적, 경제적 체제에 의해서 영향을 받거나 영향을 미치는 기업가에 대한 사회적 가치와 개인의 특성과 상호작용함으로써 결정된다.

특히 GEM은 기업가적 활동의 수준이 경제성장과 밀접하게 연결되어 있다는 일차적 자료를 제공하고 있어서 주목된다. van Stel et al.(2005)에서는 GEM에서 측정한 TEA(Total Entrepreneurship Activity)를 기업가적 활동변수로 하여 이것이 경제성장률에 미치는 효과를 회귀방정식을 통하여 추정하였다. 추정결과, 경제발전단계에 따라서 그 효과가 다르게 나타났다. 즉 이미 경제발전을 이룩한 국가군에서는 기업가적 활동이 경제성장에 정(+)의 유의한 효과를 보여주고 있는 반면에, 개발도상국에서는 유의한 효과를 발견하지 못하였다. 이는 개발도상국에서는 기업가적 기회를 활용하는 기업가보다는 생계를 목적으로 하는 기업가들이 많기 때문인 것으로 분석되었다. Acs(2006)는 브라질, 우간다 등 개발도상국들에서는 생계형 기업가 대비 기회활용형 기업가의 비율이 매우 낮은 것으로 보고하고 있다. 따라서 기업가적 기회를 활용하는 기업가 활동은 단순히 생계형 기업가의 활동에 비해서 경제성장에 더 크게 기여할 것으로 기대할 수 있다.

CHAPTER

11 기업가정신과 고용

▸▸ 기업가에 의한 혁신활동 및 벤처창업은 새로운 일자리를 창출할 것이다. 이 장에서는 고용에 대한 기업가정신의 역할을 살펴본다.

11.1 고용창출자로서의 기업가

1970년대 후반부터 소규모 벤처기업들은 국민경제 차원에서 일자리 창출의 엔진으로서 간주되어 왔다(Birch, 1979). 즉 기업가정신이 충일한 기업가들이 벤처중소기업을 창업하게 되면, 이에 따라 일자리가 생기면서 고용은 증가한다는 것이다. 이하에서는 기업가정신과 고용 간의 관계에 대한 이론적 기반을 찾아보고, 실증적 결과들을 소개한다.

1) 기업가정신과 고용의 미시경제학적 기초

기업가정신과 경제성장의 관계에 대해서는 비교적 많은 이론적 모형들이 개발되어 왔으나, 기업가정신과 고용 간의 관계, 즉 기업가에 의한 노동수요에 관한 연구는 Carroll et al.(2000) 정도에 그치고 있다.

이 연구에서는 두 가지 문제를 다룬다. 하나는 기업가들이 고용주가 될 것인지를 선택하는 문제이고, 다른 하나는 만약 고용주가 될 것으로 결정할 경우 몇 명의 종업원을 고용할 것인가의 문제이다. 이 모형의 기본 논지는 종업원을 채용하는 것은 비용이 드는 문제이지만, 종업원이 고용되는 벤처기업에서 기업가의 노력은 보다 더 생산적이라는 것이다. 정부의 정책과 관련하여서는 정부가 한계소득세율(marginal income tax rate)을 감소시키면 기업가가 고용주가 될 것인지에 대한 의사결정에는 아무런 영향을 미치지 못하지만, 만약 효용함수가 소비에 대해서 충분히 오목하다면 전반적으로 채용하는 종업원의 수는 증가할 것이라고 예측한다. 실제로 Carroll et al.(2000)은 미국이 조세삭감법을 시행한 1986년 전후의 시기(1985년과 1988년)에 대한 연구에서 이를 실증적으로 증명하고 있다. 프라빗 모형1)을 활용하여 추정한 결과 한계소득세율에 대한 고용의 탄력성은 1.2로 추정되었다. 즉 한계소득세율을 10% 낮추면 기업가들은 12%의 종업원을 더 채용할 것이라는 예측이다.

한편 Carroll et al.(2000)에 대한 대안적 접근방법으로 노동수요함수를 직접 추정하는 연구들이 있다. 예를 들면 van Praag and Cramer(2001)와 Cowling et al.(2004)은 인적자본을 포함시킨 콥－더글라스 생산함수(Cobb－Douglas production function)를 통해서 기업가의 노동수요를 추정하고 있다. 여기서도 기업가정신과 고용 간의 정(+)의 관계를 예측한다. 즉 고용주로서의 기업가(employer entrepreneurs)는 자영업자(self－employed sole traders)보다는 평균적으로 더 많은 인적 자본을 가지는 것으로 추정되었다. 하지만 두 연구에서 전제하고 있는 콥－더글라스 생산함수는 함수특성에 제약이 있다는 점에서2) 이론적 기반은 매우 약하다고 할 수 있다.

2) 실증적 결과

기업가정신의 고용증대효과는 두 가지 측면에서 예측할 수 있다. 하나는 기업가정신을 기반으로 한 창업은 현재 실업상태에 있는 경력직 인력을 흡수하여 실업을 감소시키는 효과이다. 다른 하나는 새로 진입하는 노동력들에게 일자리를 주는 효과이다. 위에서 소개한 Carroll et al.(2000), van Praag and Cramer(2001), Cowling et al.(2004) 등의 노동수요이론은 이러한 예측을 뒷받침

---

1) 추정된 모형은 다음과 같다.

$$\text{Prob}[L_{88} > 0] = \gamma^0 + \gamma^1 \Delta\ln(TAXPRICE) + \gamma^2[\Delta\ln(TAXPRICE)L_{85}] + \gamma^3 L_{85} + X_{85}\Omega$$

L은 고용되는 종업의 수, $\Delta\ln(TAXPRICE) = [\ln(1-\tau_{88}) - \ln(1-\tau_{85})]$, τ는 한계소득세율, X_{85}는 기업가 및 기업가가 속한 산업의 특성벡터, 그리고 Ω는 이와 연관된 특성벡터이다. 위 식에서 종속변수는 주어진 기업가가 1988년에 고용주가 될 확률이다. L_{85}는 더미변수로 기업가가 1985년에 종업을 채용했다면 1, 그렇지 않으면 0의 값을 갖는다.

2) 콥－더글라스 생산함수는 노동과 자본의 대체탄력성이 1이고, 기업가 자신의 노동공급과 외부로부터의 채용인력 간 대체탄력성이 ∞라는 제약을 가진다.

해 주는 연구들이다.

실제로 많은 실증적 연구결과들도 기업가정신의 고용증대효과를 보여주고 있다. 하지만 정책입안자들이 기대하는 만큼 그 효과는 별로 크지 않으며, 국가별로 기업가들에 의해서 고용되는 정도는 차이가 있는 것으로 분석되고 있다 (Parker, 2009).

먼저 미국과 영국에서는 기업가들의 20~30%만이 외부로부터 종업원을 채용하는 것으로 나타나고 있다. Bregger(1996)에 따르면 미국의 경우 1995년에 1명 이상을 외부로부터 채용한 자영업자는 21%였는데, 이 중 3분의 1은 1명을 채용하였고 7분의 1만이 6명 이상을 채용한 것으로 나타났다. 1991~1999년 기간 BHPS 자료를 통해서 영국에 대해서 분석한 Henley(2005)에서도 기업가들의 6~7%만이 10명 이상의 종업원을 채용한 것으로 분석되었다.

창업자가 고용주가 되는 비율도 낮은 것으로 나타나고 있다. 미국과 영국에 대해서 각각 분석한 Carroll et al.(2000)과 Cowling et al.(2004) 모두 1인 자영업자의 7~8%만이 3년 내지 4년에 걸쳐서 1명 이상을 고용한 것으로 보고하고 있다. 그리고 실업자 혹은 임금근로자 상태에서 창업한 사람은 이보다 더 고용하지 않는 것으로 나타났다.

이와 대조적으로 독일이나 네덜란드 등에서는 기업가들의 45~50%가 외부로부터 종업원을 채용하는 것으로 나타나고 있다(Cowling, 2003). 경제체제의 전환기에 있는 국가들도 서로 차이를 보이고 있다. 폴란드와 러시아는 자영업자의 약 25%가 고용주의 역할을 수행하는 반면에 헝가리와 체코에서는 약 50%가 고용주로서의 역할을 가지는 것으로 보고되고 있다(Estrin et al., 2006).

3) 기업가의 특성과 고용

기업가정신의 고용증대효과가 분명 존재한다고 하면, 어떤 특성 혹은 유형의 기업가들이 외부로부터 종업원을 더 채용할 것인가? 이에 대해서는 비교적 많은 연구결과들이 진행되어 왔다. <표 11-1>에는 기업가의 특성별 실증분석의 결과가 소개되어 있다.

먼저 교육수준, 나이, 경험 등의 인적자본의 특성은 모두 종업원 채용에 대해서 정(+)의 효과를 가지는 것으로 나타났다. 즉 대학에서 학위를 취득한 기업가, 연령이 높은 기업가, 그리고 경험이 풍부한 기업가일수록 종업원을 더 많이 채용할 가능성이 커진다는 것이다. 또한 전문적인 훈련을 받은 기업가가 외부로부터 종업원을 채용할 확률이 더 높게 나타났다.

성별 기준으로 볼 때는 남성기업가가 여성기업가에 비해서 종업원을 채용할 가능성이 더 큰 것으로 나타났다. 하지만 여성기업가들도 자신의 기업에 전념하여 운영하는 경우에는 고용주로서의 지위를 가지는 것으로 조사되었다.

또한 부모가 자영업자 혹은 관리자였던 기업가들은 그렇지 않은 기업가들에 비해서 고용주로서의 역할이 더 큰 것으로 분석되었다. Henley(2005)는 부모가 단순히 자영업자였던 기업가들에 비해서 부모가 자영업자이면서 다른 사람을 고용했던 기업가들은 종업원을 고용하는 성향이 더 큰 것으로 보고하고 있다.

마지막으로 기업가가 어떤 업종에 종사하느냐 혹은 업종의 상황에 따라서 고용효과가 다른 것으로 나타난다. 766여 개의 포르투갈 기업들을 대상으로 한 Mata(1996)의 연구에서 신생기업의 고용규모는 심한 변화를 겪었던 산업과 규

〈표 11-1〉 고용창출자로서의 기업가의 특성

특성변수	효과	실증연구
교육수준	+	Burke et al.(2000,2002); van Pragg and Cramer(2001); Cowling et al.(2004); Henley(2005); Fairlie and Robb(2007a)
연령	+	Mata(1996); Cowling et al.(2004); Henley(2005)
경험	+	Burke et al.(2002)
성별	+	van Pragg and Cramer(2001); Cowling et al.(2004); Henley(2005)
자영업 종사부모 여부	+	van Pragg and Cramer(2001); Cowling et al.(2004); Henley(2005)
업종여건	+	Mata(1996)

주: 모든 연구들에서 기업가정신은 자가고용 혹은 기업소유 관점에서 정의되고 있고, 종속변수는 고용주가 되느냐, 아니면 되지 않느냐는 이항변수임.
자료: Parker(2009)에서 수정 재인용.

모의 경제효과가 큰 산업에서 컸던 것으로 나타났다. 보다 일반적으로는 전문직종, 관리직종, 그리고 유통, 호텔, 식당 등의 산업에서는 채용을 많이 하는 기업가들이 발견되는 반면에, 건설업 등에서는 고용효과가 적게 나타나고 있다.

11.2 기업특성과 고용

1) 소기업에 의한 고용창출

본 연구의 일차적인 초점은 기업가정신이지만, 대부분의 소기업들은 기업가들에 의해 소유 및 운영되고 있기 때문에 국민경제 전체 차원에서 소규모기업의 고용효과를 검토하고자 한다.

앞에서 언급한 바와 같이 Birch(1979)는 소기업부문이 한 국민경제에서 고용의 엔진이라는 연구결과를 발표하였다. 그는 미국의 경우 20명 미만의 소기업들이 1969년과 1976년 사이에 신규로 창출된 모든 일자리 중 66%를 창출하였고, 100명 미만의 기업들이 순 일자리 창출의 82%를 설명한다고 보고하였다. 이어 1980년대에서 2000년대에 걸쳐 진행된 많은 연구들도 이를 지지하고 있다. 예를 들어 Acs and Audretsch(1993)는 주요 선진국에서는 1980년대부터 고용구조가 대기업 중심에서 소기업 중심으로 이동하여온 현상을 명확하고도 일관성 있게 밝힌 바 있다. 미국 중소기업청이 매년 발표하는 보고서에서도 미국에서 매년 창출된 신규일자리의 75%가 중소기업에 의한 것으로 나타나고 있다. 이러한 추세는 우리나라에서도 예외는 아니다. [그림 11-1]에서 보는 바와 같이 2004년부터 2014년까지 중소기업이 고용을 주도해 오고 있는 것으로 나타난다.

이와 반대로 Davis et al.(1996)은 1972~1988년 기간 동안 미국 제조업의 플랜트를 대상으로 한 연구에서 대규모 플랜트 및 기업들이 대부분의 일자리를 창출하였다고 주장하였다. 그리고 기업규모와 일자리 창출 간에는 일정한 관계를 찾을 수 없다고 하였다. 하지만 이에 대해서 Davis et al.(1996)의 연구가 일자리 창출의 원천인 서비스업을 제외했기 때문이라는 반론이 나왔다. Bednarzik (2000)은 20명 미만의 소기업들이 제조업보다는 서비스산업에서 일자리 창출에 큰 역할을 수행한 것으로 보고하고 있다.

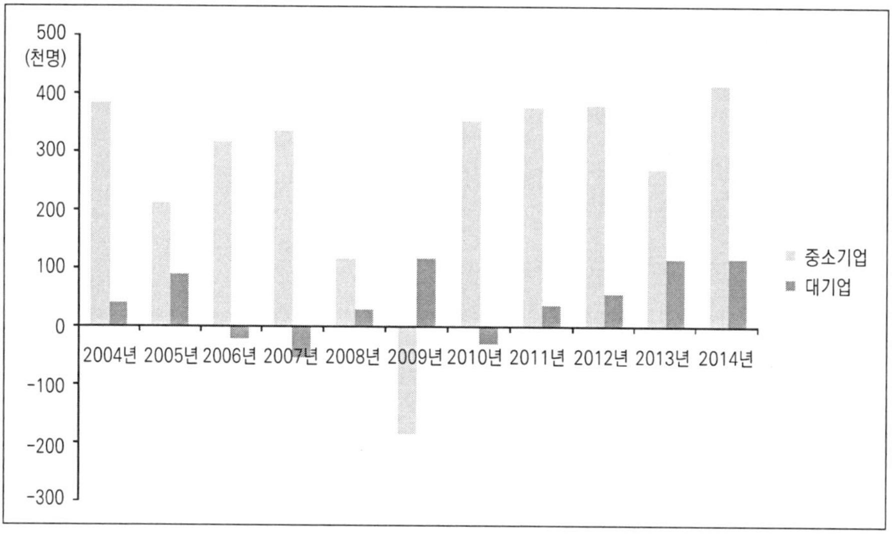

자료: 김복순(2015).

[그림 11-1] 우리나라에서 중소기업과 대기업의 고용창출 효과 비교

이와 같이 소기업의 고용효과에 대해서 논쟁이 있어 왔다. 하지만 OECD(1999)는 선진국경제에서 소기업에 의한 고용창출효과는 1970년 초반부터 꾸준하게 증가하고 있다는 데 대해서는 의견의 일치를 보인다고 결론지은 바 있다.

2) 신생기업에 의한 고용창출

기업규모를 기준으로 한 고용효과에 대해서는 논쟁이 있어 왔고, 사실 소기업이 기업가정신을 나타내 주기에는 한계가 있다. 이에 따라 신생기업(new firms)에 의한 고용효과에 대한 관심이 증가하였다. 일찍이 Haltiwanger and Krizan(1999)은 고용문제와 관련하여서는 '기업규모(firm size)'보다는 '업력(firm age)'이 중요하다고 주장하였다.

업력의 고용효과에 대한 실증분석의 결과들은 기업규모의 경우와는 다르게 분명한 고용효과를 보여주었다. 미국의 LBD(Longitudinal Business Database)를 사용한 Haltiwanger(2006)의 연구에서는 다음과 같은 사실을 보고하고 있다. 첫째, 기업의 연령이 증가함에 따라서 순고용창출률은 점차 감소한다. 둘째, 기업연령을 통제하면 기업규모와 고용창출 간에는 일정한 관계가 성립한다. 셋째,

신생기업에 의한 일자리 창출의 60%는 창업으로부터 발생하고, 일자리 감소의 약 50%는 신생기업의 퇴출로부터 초래된다. 넷째, 기존기업의 고용효과는 신생기업의 절반 정도 수준이다. Acs and Armington(2006)에서도 2년 미만의 신생기업들이 일자리 창출의 거의 전부를 설명한다고 주장하였다.3)

여기서 우리는 기업규모, 기업연령, 그리고 고용 간의 관계를 요약할 수 있다. 먼저 대부분의 소기업은 신생기업이다. 따라서 일자리 창출에서 소기업의 역할은 단순히 창업의 역할을 반영하고, 이는 다시 젊은 기업들의 역할을 말해준다고 볼 수 있다.

3) 고성장기업에 의한 고용창출

우리는 제2장에서 벤처기업을 "고위험과 고성과(성장)를 특징으로 하는 기술집약적 중소기업"으로 정의하였다. 따라서 고성장을 기업가정신의 대리변수로 삼을 수 있다. 고성장기업(High Growth Firms: HGFs)은 이른바 가젤(Gazelle: 작은 영양) 혹은 HIFs(High Impact Firms)로도 불린다. 그렇다면 고성장기업(HGFs)은 고용을 증진시키는가?

먼저 Paul(2000)은 많은 국가에서 고성장기업(HGFs)들이 일자리 창출에서 주도적인 역할을 수행하고 있는 것으로 보고하였다. 특히 고성장기업(HGFs)들 중에서도 소기업들의 순고용창출률이 대기업에 비해서 높은 것으로 나타났다.

Autio(2007)는 GEM(Global Entrepreneurship Monitor)의 설문조사자료를 활용한 연구에서 2000~2006년간 신생기업의 50% 정도가 창업 후 5년간 일자리를 창출하지 못했던 것으로 나타났다. 반면에 창업 후 5년 이내에 100명 이상의 종업원을 가질 것으로 예상되는 고성장기업들은 전체의 1.7%에 불과하지만 창출된 일자리의 50%를 차지하는 것으로 보고하고 있다. 또한 고성장기업을 창업한 기업가들의 특징으로 고학력, 고소득수준, 그리고 창업 전 안정적인 일자리 등을 들고 있다.

4) 일자리 질의 문제

이상에서 살펴본 바와 같이 소기업, 신생기업, 그리고 고성장기업들이 대

---

3) 신생기업의 고용효과는 국가가 처한 상황에 따라서 달라질 수 있다. 미국과 달리 창업률이 낮은 유럽의 경우에는 신생기업의 고용효과가 그렇게 크지 않다(Bednarzik, 2000).

기업에 비해서 더 많은 일자리를 창출하고 있지만, 문제는 이들이 창출하는 일자리의 질에 관한 것이다. 일반적으로 신생 소기업들에 의해서 창출된 일자리는 대기업들에 비해서 평균적으로 질이 낮은 것으로 평가되고 있다(Parker, 2009).

먼저 소기업들은 시간제 근로자, 프리랜서, 전업주부 등을 많이 채용하는 경향이 있으며, 이들은 학력 및 훈련수준이 낮고 불리한 작업여건하에서 장시간 일하는 것으로 나타나고 있다(Storey, 1994; Hasle and Limborg, 2006). 또한 대기업들에 비해서 소기업들은 비정규직 형태로 고용하는 비율이 높은데, 이는 신생 소기업들은 기존 대기업에 비해서 도산가능성이 높기 때문인 것으로 보인다. 뿐만 아니라 소기업 및 신생기업들의 임금수준도 대기업에 크게 미치지 못하는 것으로 나타났다. Brown et al.(1990)은 대기업의 종업원들은 소기업의 종업원들보다 평균적으로 30% 정도 임금을 더 받는 것으로 보고하였다. Brixy et al.(2007)은 1997~2001년 기간 동안 독일에서 신생기업과 기존기업 간의 임금격차가 8%로서 신생기업이 더 낮은 것으로 분석하였다.

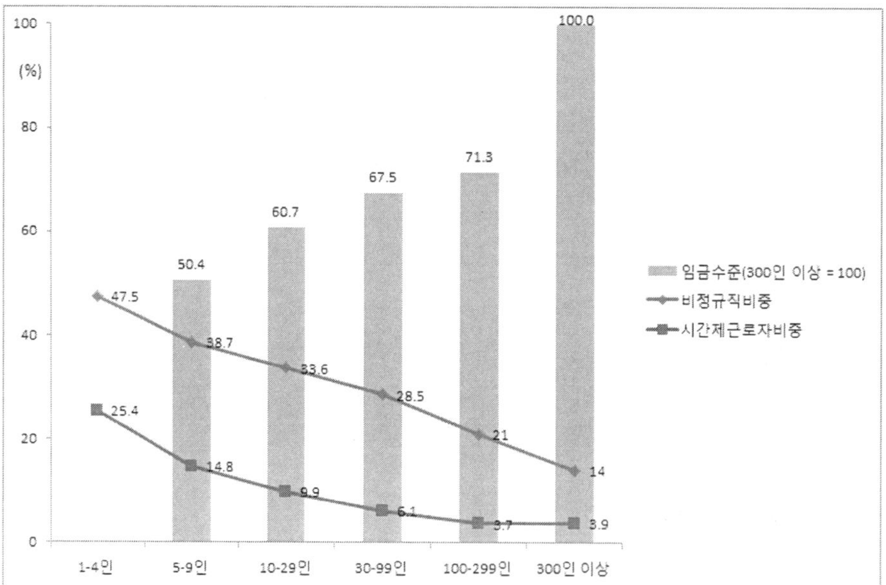

자료: 한국노동연구원(2015a, 2015b).

[그림 11-2] 소기업과 대기업의 일자리 질의 비교(2013년 기준)

이상과 같은 사실, 즉 소기업에서 일자리의 질이 대기업에 비해서 낮다는 점은 우리나라에서도 쉽게 파악할 수 있다. [그림 11-2]에서 보는 바와 같이 2013년 소기업에서 비정규직, 시간제 근로자의 비율이 대기업에 비해서 매우 높은 반면에 임금수준은 대기업에 비해서 매우 낮게 나타나고 있다.

11.3 기업가정신과 고용 간의 시차문제

기업가정신이 고용에 미치는 효과는 시간의 흐름에 따라서 달라질 수 있다. Fritsch and Mueller(2004)는 새로운 벤처기업들이 창업되면 단기와 장기에서는 고용을 창출하지만, 중기에서는 오히려 고용을 감소시키는 것으로 보고하고 있다. [그림 11-3]에서와 같이 S자 형태의 효과를 보인다는 주장이다. 먼저 벤처기업들은 창업 후 1년 정도까지는 외부로부터 종업원을 고용하는 직접적인 효과를 가져온다(단기효과). 하지만 2년에서 5년 사이에 걸쳐서는 고용에 기여하지 못하거나 오히려 고용감소효과를 초래한다(중기효과). 이는 이 기간 동안에 경쟁이 심화되면서 일부 신생기업들이 도산하거나 비효율적인 기존기업들이

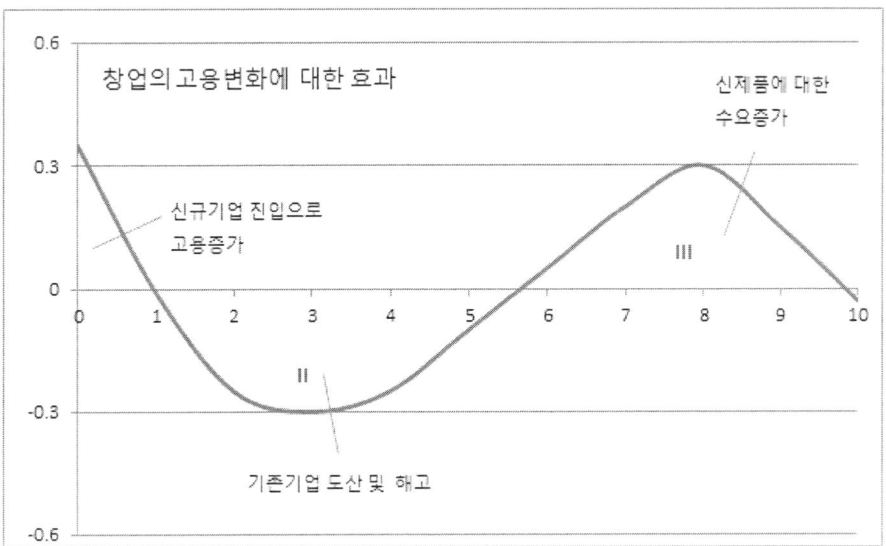

자료: Fritsch(2008), p.8.

[그림 11-3] 시차를 고려한 기업가정신과 고용의 연관성

경쟁에서 밀리면서 퇴출되기 때문이다. 실제로도 [그림 11-4]에서 보는 바와 같이 신생기업들은 창업 후 5년 내에 문 닫을 가능성이 가장 큰 것으로 나타나고 있다. 이 기간이 지나고 다시 6년째부터는 생산성 증대나 제품 및 공정혁신을 통해 경쟁력을 획득한 생존기업들은 고용을 증대시킨다(장기효과). 그러나 10년 정도가 지나면 벤처기업들이 기존기업이 되면서 고용효과는 완전히 사라지게 된다.

Fritsch and Mueller(2004)는 기업가정신의 고용에 대한 부정적인 효과의 정점과 긍정적인 효과의 정점이 각각 3~4년과 6~7년 사이에 나타나는 것으로 보고 있다. Carree and Thurik(2008)은 OECD 회원국 23개국을 대상으로 한 연구에서 S자 형태의 파도현상이 존재하며, 기업가정신의 고용에 대한 부정적 효과와 긍정적 효과를 같이 고려한 순효과는 정(+)의 부호를 나타낸 것으로 보고하고 있다. 오스트레일리아를 대상으로 2006~2011년에 걸쳐 벤처창업기업들의 고용효과를 연구한 Hendricson et al.(2015)도 이 기간 동안 정(+)의 순효과가 존재함을 밝히고 있다. 즉 2년 이하의 업력을 가진 창업기업들은 144만 개의 일

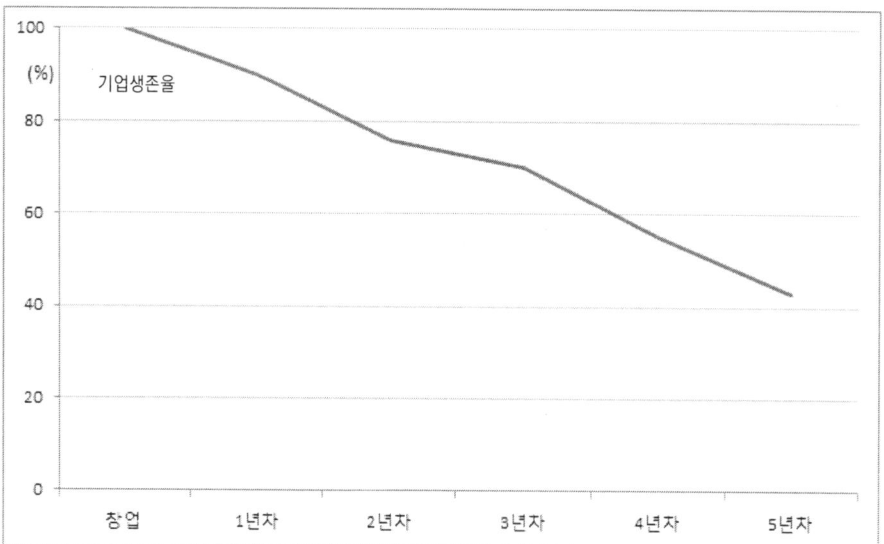

자료: Kritikos(2014), p.6 재인용.

[그림 11-4] 시간에 걸친 신생기업들의 생존율 추이

자리를 창출한 반면에 업력 3년 이상의 기업들에서는 40만 개의 일자리가 줄어듦으로써 전체적으로는 104만 개의 일자리가 창출된 것으로 보고하고 있다.

한편 Thurik et al.(2008)은 국가차원에서 창업률과 이에 따른 실업률의 감소 시차는 약 8년 정도임을 밝히고 있다. 하지만 Fritsch(2008)은 기업가정신의 고용에 대한 부정적인 효과의 정점과 긍정적인 효과의 정점이 나타나는 시기는 국가, 산업, 그리고 지역에 따라서 다르다고 주장한다. Fritsch and Mueller(2008)는 노동생산성이 낮은 지역에서는 신생기업의 고용효과가 작다는 사실을 발견하였다. Mueller et al.(2008)은 기업가정신의 정도가 낮은 지역에서는 새로운 기업이 창업될 때 '잘못된 유형(wrong type)'이 나타날 수 있다고 주장한다.

11.4 실업과 기업가정신

앞에서는 기업가정신이 고용(employment)에 미치는 효과를 살펴보았다. 하지만 실업(unemployment)이 기업가정신에 미치는 영향도 존재한다. 우리는 흔히 1998년 IMF 외환위기 상황에서 많은 근로자들이 구조조정의 과정에서 해고되자, 이들이 다른 대안으로서 창업을 하게 되면서 경제 전체적으로 창업활동이 활발해졌다는 얘기를 듣는다. 이것이 바로 실업이 기업가정신에 미치는 효과에 대한 분석이다.

그렇다면 실업이 증가하면 항상 창업활동은 활발해지는가? 여기에는 두 가지 상반된 이론이 있다. 하나는 '불황추동가설(recession－push hypothesis)'이고, 다른 하나는 '호황견인가설(prosperity－pull hypothesis)'이다.

불황추동가설에 따르면, 실업의 만연은 취업의 기회뿐만 아니라 구직의 기대이득을 감소시키며, 이는 사람들로 하여금 창업하도록 한다고 주장한다. 또한 이와 함께 기업들의 불황에 문을 닫게 되면서 중고 기계설비의 획득이 쉽게 되는 부차적인 효과도 발생한다. 이러한 일차적 및 부차적인 효과로 인해 실업과 기업가정신은 정(+)의 관계를 가질 것으로 예측할 수 있다.

이와 대조적으로 호황견인가설에 따르면, 고실업의 상황에서 기업가들은 그들이 생산하는 제품 및 서비스의 시장수요가 감소하는 문제에 직면하게 된다고 한다. 이는 기업가의 소득과 자본의 가용성을 감소시키는 반면에 기업 도산의 위험을 증가시킨다. 이때 개인들은 기업 혹은 기업가정신으로부터 '끌려나올' 수 있다. 동시에 기업가정신 혹은 창업은 보다 위험해진다. 왜냐하면 하나의 벤처기업이 도산하는 경우에 그 기업의 창업자가 다시 임금을 받는 직장에 취업하기가 어려워지기 때문이다. 더 나아가서 개인적 차원에서 불황 및 고실업 상태에서는 성공적인 벤처창업에 필요한 인력 및 자금이 부족하게 된다. 따라서 불황추동가설과 달리 호황견인가설은 실업과 기업가정신은 부(−)의 관계를 가질 것으로 예측한다.

그렇다면 실업의 기업가정신에 대한 가설들, 즉 불황추동가설과 호황견인가설 중 어느 것이 현실적으로 타당한가? 먼저 시계열자료를 분석한 연구들은 대부분 불황추동가설을 지지하고 있는 것으로 나타났다. Parker(2009)에 따르면 실업의 고용효과가 나타난 총 38개의 실증분석결과 중 33개가 불황추동가설을 지지하는 것으로 분류되었다. 대표적인 연구로 Evans and Leighton(1989 1990), Meager(1992), Kuhn and Schuetze(2001), Anderson and Wadensjo(2007), von Greiff(2009) 등을 들 수 있다. 그리고 이들 대부분의 연구에서는 실업과 기업가정신 사이에는 정(+) 선형관계가 존재하는 것으로 나타나고 있다. 가장 최근의 연구로는 Roed and Skogstrom(2014)을 들 수 있다. 노르웨이를 대상으로 한 이 연구에서는 불황추동효과가 이전의 다른 연구들에서보다 더 크게 나타난 것으로 보고하고 있다. 구체적으로 향후 3~4년 동안에 도산할 것으로 예상하는 회사에 고용된 사람들은 안정적이거나 성장하는 회사에 다니는 사람과 비교하여 4년 후에 기업가가 될 확률이 남자의 경우 3.7%포인트(155%), 여자의 경우 1.8%포인트(180%)나 더 큰 것으로 분석하였다.

패널자료를 활용한 Tervo and Nittiikangas(1994), Nittiikangas and Tervo(2005), Tervo(2006) 등의 연구에서는 실업자 중에서도 고학력자와 자영업을 하는 부모를 둔 사람에 대해서 불황추동가설이 성립된다는 결과를 보고하고 있다.

마지막으로 실업과 기업가정신의 상호간 인과관계를 보여주는 실증연구가 있어서 매우 흥미롭다. Thuirk et al.(2008)은 실업의 기업가정신에 대한 정(+) 효과를 불황추동효과로, 기업가정신의 실업감소효과를 기업가적 효과(entrepreneurial effect)로 각각 놓고 1974~2002년에 걸쳐 23개 OECD 회원국에 대해서 VAR(vector autoregression) 모형을 활용하여 추정하였다. 연구결과, 기업가적 효과가 불황추동효과보다 더 큰 것으로 나타나, 결과적으로 기업가정신이 전체적으로 고용을 증가시킨다는 견해를 뒷받침해 주었다.

우리나라에 대해서도 불황으로 인한 실업증가가 기업가정신에 미치는 효과를 분석한 연구들이 진행되었다. 전병유(2003), 최문경·이명진(2005), 김기승·조준모(2006, 2009), 지은정(2012) 등은 기업가정신의 대리변수로 자영업을 활용하여 실증분석한 결과, 모두 불황추동효과(구축효과)를 지지하는 것으로 나타났다. 즉 실업률이 높을수록 자영업 이행률이 높아진다는 것이다. 우리나라의 경우 자영업으로 이행은 기업가정신의 발현이라기보다는 노동시장여건의 악화로 자영업으로 밀려난 것으로 볼 수 있다. 특히 지은정(2012)에서는 불황추동효과를 연령별로 구분하여 분석하였는데, 청년층에 비해 30대와 40대의 자영업으로의 이행률이 높은 것으로 나타났다. 40대는 직업기회가 크게 제한되는 시기라는 점에서 경기불황 상황에서 쉽게 자영업으로 밀려가는 것으로 볼 수 있다.

CHAPTER 12 기업가정신과 금융

▸▸ 기업가정신이 발현 및 전개되는 과정에서 자금조달은 필수적이다. 이 장에서는 기업가정신의 금융 측면을 자세히 알아본다.

12.1 기업가금융이란

기업가가 포착한 기회를 토대로 사업계획을 수립하고, 이에 따라 벤처기업 설립을 착수하면 기업가는 벤처기업을 운영하는 데 필요한 인력, 설비, 기술개발 등을 위해서 투자재원을 조달해야 한다. 이와 같이 기업가정신 발현 및 수행의 금융 측면을 기업가금융(entrepreneurial finance)이라고 한다.

기업가금융은 기업가 혹은 신규벤처기업에게 적용되는 자원배분 및 가치에 관한 문제를 다룬다(Klonowski, 2104). 즉 기업가는 얼마만큼의 자금을 어떻게 조달할 수 있는가? 누구로부터 그리고 언제 자금을 조달할 수 있는가? 벤처기업의 가치는 어떻게 평가할 수 있는가? 등이다. 이러한 문제들을 다룸에 있어서 별도의 금융이론이 존재하는 것이 아니고 일반적 금융원리 혹은 이론이 적용된다. 다만 기업가금융은 기본적 금융이론을 기업가 및 벤처기업에 적용한다고 보면 된다(Alhabeeb, 2015).

이 장에서는 기업가금융에 대한 경영 측면의 내용, 예를 들면 투자를 유치하기 위한 사업계획서의 작성 등은 다루지 않고 경제학 측면에서의 기업가금융의 문제에 초점을 맞춘다.

12.2 기업가금융의 특징과 현상

기업가금융, 즉 벤처기업의 자금조달의 문제는 기존기업의 자금조달과는 다음과 같이 여러 가지 점에서 다르다.

1) 위 험

기업가금융은 위험(risk)이라는 특성을 가진다. 기존기업들은 광범위한 제품 혹은 프로젝트들의 포트폴리오를 구성함으로써 위험을 분산 혹은 방어할 수 있지만, 이제 막 창업한 벤처기업들은 불확실성에 쉽게 노출될 수밖에 없다. 벤처기업들은 사업전개 여부, 시장과 산업의 상황, 이윤의 실현 등 모든 측면에서 높은 위험을 안고 있다. 특히 벤처기업의 능력을 벗어나는 성장을 추구하면 위험이 더욱 커진다. 이러한 상황에서 투자자들이 경험도 없고 실적도 없는 벤처기업가를 믿고 투자하기란 어려운 일이다.

2) 불완전한 정보

기업가금융의 경우 불완전한 정보(imperfect information)의 문제는 더 심각하다. 만약 기업가와 투자자들(혹은 은행들)이 완전한 정보를 가지고 있고, 금융시장이 경쟁적이며 신축적이라면 정(+)의 순현재가치(net present value)를 가지는 모든 벤처기업은 자금조달의 문제가 전혀 없을 것이다. 하지만 현실은 그렇지 않다. 정보가 불완전하고 금융시장이 왜곡된 상황에서 많은 기업가들은 자금을 충분히 조달하지 못하거나 심지어 전혀 자금을 조달하지 못한다. 즉 신용제한(credit rationing)의 문제에 직면하게 된다.

[그림 12-1]은 기업가가 직면하는 신용제한의 문제를 잘 보여준다. 그림에서 D는 자금에 대한 수요곡선이고 S는 자금의 공급곡선이다. 만약 정보가 완전하고 자금시장이 경쟁적이라면 균형점은 E가 될 것이다. 이때 균형이자율은 r_e이고 균형자금량은 L_e이다. 그러나 정보가 완전하지 못하거나 완전경쟁시장이 아닐 경우 E점을 달성하기 어렵다. 만약 정부가 벤처기업을 지원하기 위해서 금융시장에 개입하여 이자율이 균형이자율보다 낮은 r_c에서 결정된다고 하자. 그러면 기업가가 기대하는 자금수요는 L_d이지만 투자자들이 공급하는 자금의 양은 L_s이다. 따라서 $L_d - L_s$만큼의 초과수요가 나타난다. 다시 말해서

기업가는 $L_d - L_s$만큼 자금을 조달하지 못한다.

3) 정보의 비대칭성

앞에서 살펴본 불완전한 정보와 관련된 문제로서 기업가 자금조달시장에는 정보의 비대칭성(asymmetric information)의 문제가 있다. 기업가 자금조달시장에서 정보의 비대칭성은 기업가는 자신이 제안한 사업의 내용 및 위험정도, 사업능력, 그리고 사업에 전념하려는 의지에 대해서 잘 알고 있는 반면에, 투자자는 기업가가 신청한 자금수요의 질에 대해서 알기 어렵다는 것이다. 물론 기존기업들도 정보의 비대칭성의 문제에 직면한다. 하지만 벤처기업의 경우에는 보다 심각하다. 왜냐하면 기존기업들은 축적한 사내유보이윤을 바탕으로 비교적 잘 알려진 점진적인 기술혁신을 해 나가는 반면에, 벤처기업들은 제한된 자금을 가지고 정보가 없는 획기적인 기술혁신을 추진하기 때문이다(Bhide. 2000).

기업가금융시장에서 정보의 비대칭성은 역선택(adverse selection)과 도덕적 해이(moral hazard)를 초래한다. 이 두 현상은 [그림 12-1]에서 나타난 신용제한의 원인이 된다. 즉 균형점 E에 도달하지 못하고 이자율이 r_c에 머무르게 하는 요인이 된다.

먼저 역선택 문제부터 살펴보자. 역선택 문제는 정보의 비대칭성이 존재하는 어떤 시장에서도 발생하는데 대표적인 예가 보험시장이다. 가령 어떤 사람

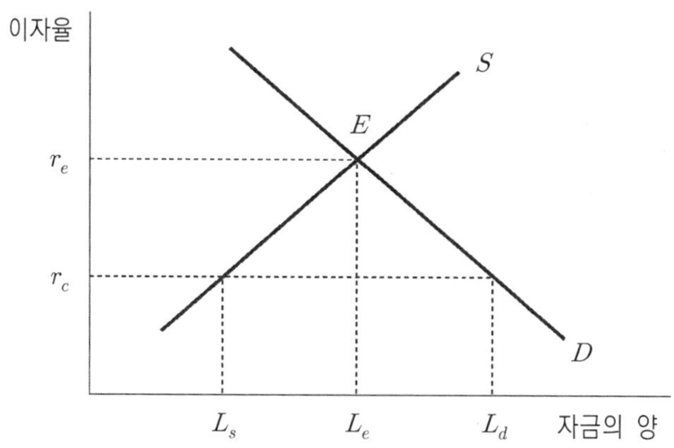

[그림 12-1] 자금시장에서 수요와 공급: 신용제한

이 건강보험에 가입할 경우에, 그 사람은 자신의 건강상태에 대해서 잘 알지만 보험회사 측에서는 그렇지 못하다. 이 경우에 보험회사가 평균적인 사람을 기준으로 보험요율을 책정한다면, 건강상 문제가 있는 사람들이 건강한 사람들보다 보험에 더 가입하려고 할 것이다. 즉 역선택 문제가 발생한다. 같은 논리를 기업가금융시장에도 적용할 수 있다. 기업가들은 벤처사업과 관련하여 자기자신의 능력을 알고 있지만 투자자들은 그렇지 못하다. 문제는 기업가들이 투자자에게 자신의 진정한 능력을 알게 하기 어렵다는 것이다. 물론 투자자는 기업가집단의 평균적인 능력은 알고 있다. 이러한 상황에서 투자자가 평균적으로 이자율을 올린다고 하자. 그러면 기업가 입장에서는 자금조달의 비용이 증가할 것이고 이윤은 감소할 것이다. 이때 능력 있는 기업가 혹은 '진정한' 기업가는 시장을 떠나 다른 곳에서 자신의 능력을 발휘할 것이다. 하지만 능력이 떨어지거나 '전념의 정도가 낮은' 불성실한 기업가들은 그대로 남아서 높은 이자율을 지불하고 사업을 진행할 것이다. 결과적으로 남아 있는 기업가들의 평균적인 질은 낮아질 것이다. 즉 역선택의 문제가 발생한다. 이는 '감추어진 정보(hidden information)' 혹은 '감추어진 유형(hidden types)'의 문제라고 할 수 있다.

이제 도덕적 해이의 문제로 눈을 돌려 보자. 도덕적 해이의 문제 역시 보험시장에 극명하게 이해할 수 있다. 보험시장에서 도덕적 해이의 문제는 보험회사가 피보험자의 행동에 대한 정보를 파악할 수 없을 때 나타나는 현상으로서, 어떤 사람이 보험에 가입하기 전보다 보험에 가입한 후에 사고—발병, 화재, 교통사고—의 확률이 더 높아지게 된다는 것이다. 예를 들어 어떤 사람이 의료보험에 가입한 후에는 자기 건강에 대해서 덜 조심하게 되고, 병이 났을 경우에도 보험가입 전에 비해서 고급치료를 요구하게 되는 경향이 있다. 같은 논리를 기업가 자금조달시장에도 적용할 수 있다. 투자자들이 이자율을 올렸음에도 불구하고 일단 투자자로부터 자금을 빌린 기업가들은 그들의 노력에 대한 대가, 즉 이윤이 낮아졌으므로 자신의 사업에 최선을 다하지 않게 된다. 예를 들어 상업화를 통해서 경제적 이득을 극대화하는 행동보다는 단순히 흥미 있는 기술적 문제해결에만 초점을 맞출 가능성이 있다. 즉 도덕적 해이의 문제가 발생한다. 도덕적 해이의 문제는 '감추어진 행동(hidden action)'의 문제라고 할 수 있다. 왜냐하면 투자자들은 기업가들의 신중한 태도와 같은 행동변수를 관찰하여 이를 방지하거나 계약에 반영할 수 없기 때문이다.[4] 이에 따라서 투자자들은 기업가에게 자금을 빌려주기 전에 많은 생각을 하게 되면서 신용제한의 문제가 발생할 수 있다.

4) 성 장

기업가가 창업한 벤처기업의 특성은 성장(growth)은 선택이 아닌 필수라는 점이다. 벤처기업이 계속 소규모의 기업 수준에 머물러 있으면 규모의 경제 효과를 누리지 못하기 때문이다. 따라서 벤처기업은 신기술을 상업화하는 과정에서 최대한 빨리 일정수준의 규모, 즉 임계수준(critical mass)까지 성장할 필요가 있다.

하지만 벤처기업이 성장하려면 많은 자원을 필요로 한다. 특히 벤처기업의 능력을 벗어나는 성장을 추구하려면 위험이 더욱 커진다. 외부환경도 만만치 않다. 금융시장뿐만 아니라 재화시장도 급격하게 변하여 성장과정도 순탄치 않고 기업의 가치와 잠재적 이윤도 안정적이지 못하다.

5) 기업가 행동 및 출구전략

정보의 불완전성 및 비대칭성은 기업가금융과 일반기업의 금융과의 차이를 가져오는 요인 중 하나에 불과하다(Smith and Smith, 2003). 다른 차이점들도 있다. 첫째, 기업가는 자기 자신을 위해서 투자 및 자금조달 의사결정을 하지만 기존기업들의 경우는 재무담당책임자(Chief Financial Officer: CFO)가 주주들의 이득을 위해서 의사결정을 한다. 둘째, 기업가금융에 대한 의사결정은 기업가 자신의 소비 및 투자에 관한 행동과 밀접하게 연관되어 있다. 기업가 개인의 저축과 사내유보이윤은 벤처기업 자금조달의 중요한 원천이 된다. 셋째, 기업가금융은 출구전략(end-game strategies)을 포함한다. 영속성을 전제로 하는 기존기업들과는 달리 기업가는 사업 초기에 언제 기업가치를 현실화시킬지를 계획한다. 이를 '회수(harvesting)'라고 한다. 기업가들은 벤처창업의 이득을 극대화하는 시점, 그리고 가장 효과적인 출구방법의 선택과 관련하여 자금을 조달한다. 이

4) 이러한 도덕적 해이의 문제를 해결하기 위해서 보험회사는 완전보험(full insurance)을 제공하지 않는다. 즉 사고 발생 시에 일정부분을 피보험자가 부담하게 함으로써 사고에 대한 주의를 유도하고 있다. 자동차 보험의 경우에는 도덕적 해이의 문제를 방지하기 위해서 중앙선 침범이나 음주운전의 경우에는 전액보상을 해 주지 않는다.

와 달리 기존기업은 프로젝트에 걸친 현금흐름을 예측하고 주식을 통한 자본이득을 얻기 위한 목적으로 투자 및 자금조달을 계획한다.

12.3 벤처기업의 자금조달 수단

1) 일반적 자금조달 수단

일반적으로 기업의 자금조달방법은 크게 내부금융(internal finance)과 외부금융(external finance)으로 나눌 수 있다. 내부금융방식은 사내유보이윤과 감가상각충당금, 즉 기업저축을 활용하는 것이다. 사내유보이윤이란 기업이 창출한 이윤 중에서 법인세와 주주에 대한 배당금을 제외한 나머지 부분으로 나중에 신규투자에 활용하는 재원이다. 감가상가충당금은 기업의 기계설비에 대한 소모부분을 축적해 놓았다가 나중에 기계설비를 대체할 때 활용하는 자금이다. 감가상각충당금은 비용으로 처리된다.

외부금융방식은 다시 직접금융(direct financing)과 직접금융(indirect financing)으로 나누어진다. 직접금융은 주식발행이나 사채발행 등을 통한 것이고 간접금융은 은행차입, 정부융자, 해외차입 등을 통한 방법이다. 일반적으로 간접금융을 제공하는 대여자들은 낮은 위험을 선호하고 낮은 이자율하에서 영업활동을 수행한다. 반면에 회사의 주식이나 회사채를 사는 사람들은 좀 더 높은 위험을 감수하고 더 큰 수익을 추구한다. 만약 기업이 도산하게 되면 그 기업의 주식을 산 주주들은 투자금의 모두를 잃을 수도 있다.

2) 벤처기업의 자금조달 수단

기본적으로 벤처기업도 이상에서 설명한 일반적인 자금조달방법을 활용할 수 있다. 하지만 창업의 초기단계부터 위에서 열거된 모든 자금조달수단을 활용할 수 없다. 벤처기업이 선택할 수 있는 적절한 자금조달수단은 기업의 성장단계에 따라서 다르다.

[그림 12-2]에서 보는 바와 같이 창업 전에는 신용이 없기 때문에 본인이나 가족, 친지, 주변의 지인들로부터 투자재원을 유치하게 되며, 필요한 경우 엔젤투자자(angel investor)나 SNS(Social Network Services)의 도움을 받기도 한다. 즉 비공식적으로 자금을 조달한다. 하지만 기업이 성장함에 따라서 제품개발자

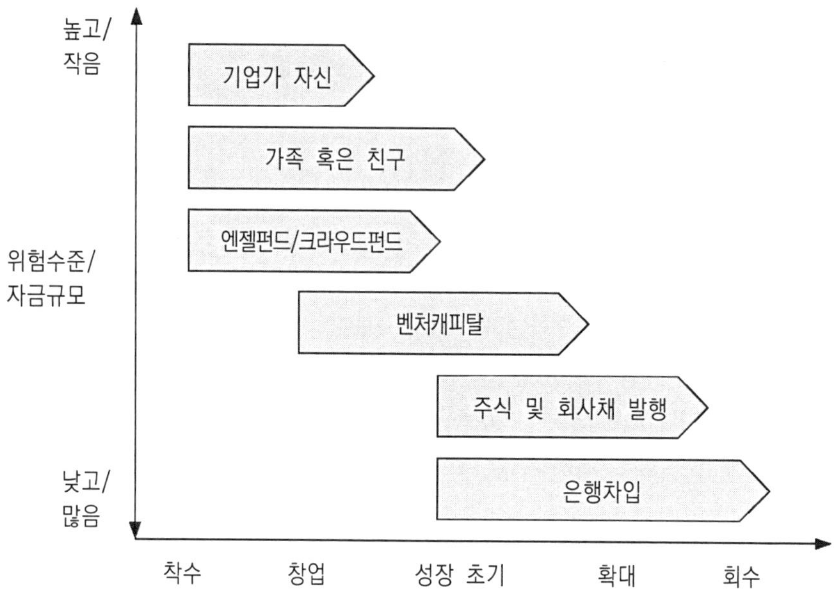

[그림 12-2] 벤처기업의 성장단계별 자금조달 수단

금 및 제품양산을 위한 설비투자 등 큰 자금수요가 생기게 된다. 벤처기업은 이때 공식적인 자금유치를 고려하게 되는데, 자금유치 방법에는 벤처캐피탈(venture capital)로부터의 투자유치, 금융기관으로부터 차입, 정부의 정책자금 등이 있다.

12.4 비공식적 금융

1) 셀프금융

기업가 자신의 자금은 벤처기업의 자금조달에 있어서 일차적인 자금원이다. 이를 셀프금융(self-financing)이라고 부른다. Kauffman Foundation(2015)에 따르면 미국의 경우 창업기업의 80% 정도가 셀프금융에 의존한다고 보고하고 있다. 셀프금융 시 기업가가 활용할 수 있는 자금의 형태는 다음과 같다.

- 현금: 기업가가 정(+)의 순자산을 가지고 있다면 이를 현금화하여 자신의 기업에 투자할 수 있다. 현금은 바로 주식의 형태로 투자될 수 있다. 현금은 설비의 구입에 사용되거나 창업에 필요한 운영비용(예: 인건비)으로도 쓸 수 있다. 벤처기업은 손익분기점에 도달할 때까지 자금이 부족하

므로 기업가의 현금은 긴요하게 사용될 수 있다.

- 자산: 기업가들은 종종 개인적인 흥미나 취미생활 혹은 부수적인 일을 하다가 벤처기업을 창업하기도 한다. 이 경우에 창업에 필요한 장비나 도구가 이미 갖추어져 있게 된다. 예를 들어 교수창업의 경우 개인 실험실의 장비를 사업에 활용할 수 있다. 자신이 가지고 있는 컴퓨터, 휴대폰, 사무실 설비 등도 창업에 사용할 수 있는 자산에 속한다.
- 개인적 신용: 기업가는 자기가 가지고 있는 신용카드를 활용하여 자금을 조달할 수 있다. 물론 회계적인 문제를 분명히 하기 위하여 개인적인 거래와 회사의 거래를 구분해야 한다.
- 부동산담보 대출: 기업가는 자신이 보유하고 있는 부동산을 담보로 하여 사업에 필요한 자금을 조달하기도 한다.
- 부수입: 벤처기업 초기단계에서 창업에만 전념하지 않아도 될 경우에 기업가는 다른 일을 함으로써 부수입을 얻을 수 있으며, 이는 창업활동에 많은 도움이 될 수 있다.

2) 가족금융

벤처기업 창업 시 기업가는 가족으로부터 자금을 조달할 수 있다. Parker (2009)는 미국, 영국, 캐나다 등에서 창업 시 약 15~20%가 가족금융(family finance)을 활용하는 것으로 보고하고 있다.

그렇다면 가족금융이 이루어지는 이유는 무엇인가? 기업가의 가족들은 기업가에 대해서 은행들이 알 수 없는 개인적인 정보를 가지고 있기 때문이다 (Casson, 2003). 또한 가족들은 기업가의 창업 및 경영활동을 옆에서 직접 파악할 수 있고 일종의 압력을 가할 수도 있다.

3) 엔젤펀드

① 개 념

엔젤펀드(angel fund)는 엔젤투자자가 벤처기업을 창업하는 기업가에게 투자하는 자금을 말한다. 엔젤투자자(angel investor)는 참신한 사업 아이디어를 가지고 있으나 자금이 없는 벤처기업에 대해서 자금을 제공하고 대신에 전환사채나 지분을 가지는 개인을 말한다. 이들은 기업가와 가족관계에 있지 않으며 금전적인 이득을 목적으로 투자한다. 엔젤투자자는 자기 자신의 자금을 개별적으로 투자한다는 점에서 다른 사람(또는 기관)들의 펀드를 전문적으로 관리하는 잘 조직화된 벤처캐피탈과 다르다.

[그림 12-2]에서 보는 바와 같이 엔젤펀드는 사업화에 종자돈을 대어주는 가족, 친구, 혹은 친지와 벤처캐피탈 사이에서 투자 갭을 메워주는 기능을 수행한다. 가령 친구나 친지로부터 1억원 이상을 조달하기도 어렵지만, 그렇다고 하여 벤처캐피탈회사로부터 10억원 이하를 투자받기도 적절하지 않을 것이다. 이 경우 엔젤펀드는 이제 막 성장하는 기업들에게 적합한 투자자금 조달수단이 될 수 있다.

엔젤투자자들은 막대한 부를 가진 개인으로서, 주로 전직 기업가나 혹은 경영자들이 많다. 이들은 단지 수익만 얻으려고 투자한다기보다는 특정한 사업 분야의 발전을 원하거나, 차세대 기업가를 돕는다거나, 또는 자신의 경험이나 네트워크를 활용하기 위한 이유로 투자한다. 그래서 엔젤투자가들은 투자 이외에도 경영자문의 역할도 수행한다.

② 유 형

엔젤투자자들은 투자자금을 풀(pool)하고, 정보를 공유하기 위하여 엔젤그룹 혹은 엔젤네트워크를 구축한다. 이들의 유형은 세 가지로 나누어진다. 첫째는 회원중심(member-led)의 엔젤그룹이다. 이러한 조직에서는 회원들이 자금원 확보부터, 협상, 투자기업 감시, 회원관리, 회원교육 등 일련의 활동을 맡아서 처리한다. 둘째는 경영자중심(manager-led)의 엔젤그룹이다. 이 조직에서는 하나 혹은 여러 명의 전문투자가들이 일련의 모든 활동을 담당한다. 셋째는 회원중심과 경영자중심의 중간에 위치하는 형태이다.

③ 엔젤투자 현황

엔젤투자는 미국에서 가장 활발하다. CVR(Center for Venture Research)에 따르면 미국의 경우 2015년 304,930명의 엔젤투자가가 활동하고 있는 것으로 보고하고 있다. 엔젤그룹은 1996년 10개에 불과하였으나, 2015년에는 300개 이상으로 증가하였고, 71,110개 기업들이 엔젤투자자로부터 총 246억 달러(평균 약 35만 달러)의 투자를 받은 것으로 알려져 있다. 이는 미국 내 총 벤처투자 중 거의 절반에 이르는 수준이다.

우리나라는 2015년 현재 11,314명(엔젤투자지원센터 등록 기준)의 엔젤투자자가 활동하고 있다. 이에 따라 2015년의 경우 우리나라에서 295개 기업이 총 1,339억원(평균 4억 5천만원)의 투자를 받은 것으로 나타났다. 정부는 엔젤펀드의 중요성을 인식하여 2011년 11월 엔젤투자지원센터를 설립하고 700억원의 매칭펀드를 지원하고 있다.

4) 크라우드펀딩

① 개 념

크라우드펀딩(crowd funding)은 인터넷 등을 통해서 일반 대중으로부터 자금을 모으는 자금조달방식이다. 좀 더 엄격하게 정의하자면, 크라우드펀딩은 "일반적으로 온라인 커뮤니티를 활용하여 다수의 개인들로부터 소규모의 후원이나 투자자금을 모으는 것"이라고 할 수 있다. 특히 트위터, 페이스북, 카카오톡 같은 SNS를 통해서 투자홍보가 이루어지기 때문에 '소셜 펀딩(social funding)'이라고도 불린다.

② 사 례

크라우드펀딩의 대표적인 사례로 아이팟 나노용 시계줄의 사업화를 들 수 있다. 2010년 미국 시카고에 사는 스캇 윌슨이라는 무명 디자이너가 애플의 MP3 아이팟 나노를 시계처럼 활용할 수 있는 시계와 시계줄을 고안하였다. 그는 이 아이디어를 사업화하기 위해 자금이 필요하였는데, 친지나 엔젤투자자를 찾지 않고 크라우드펀딩 중개업체인 킥스타터(Kickstarter)를 통해서 일반 사람들에게 투자를 요청하였다. 투자금액별로 차등보상을 제시하였는데, 1달러 이상 투자자에게는 상품 출시에 대한 보람을, 25~70달러의 투자자에게는 일반제품을 그리고 150~500달러의 투자자에게는 특별 제작된 제품 세트를 약속하였다. 투자요청 결과 순식간에 13,000명 이상이 투자에 참여하여 목표액 15,000달러의 60배에 달하는 940,000달러가 사업화 자금으로 조달되었다.

③ 크라우드펀딩의 특징

엔젤투자 역시 전문투자자들의 영역으로서 소자본 창업자들은 접근하기 어렵다. 하지만 크라우드펀딩은 소액으로라도 일반 사람들이 투자할 수 있으므로 소자본 창업자들이 쉽게 사업화할 수 있게 하는 자금조달방법이다.

또한 크라우드펀딩 과정에서 투자자들의 반응을 통해서 자사 제품에 대한 수요예측도 가능하다. 아이팟 나노용 시계줄의 사례에서 순식간에 목표액의 60배에 달하는 투자자금을 모집한 것은 아이디어에 대한 일종의 마켓테스트가 성공한 것으로 볼 수도 있다. 더 나아가서 크라우드펀딩이 성공하면, 이를 발판으로 전문투자자로부터 본격적으로 투자를 유치할 수 있다.

4) 크라우드펀딩의 현황

크라우드펀딩은 미국에서 시작되었다. 2009년 미국에서 크라우드펀딩 중개업체인 킥스타터가 설립되면서 크라우드펀딩이 새로운 자금조달방식으로 등장하였다. 이러한 상황에서 2012년 4월 미국의 상하원은 창업기업이 크라우드펀딩을 통해서 자금을 조달할 수 있도록 하는 "JOBS(Jump Start Our Business Startup Act)"를 통과시켰다. 이에 힘입어 킥스타터는 2015년 76,867건의 크라우드펀딩을 성공시키며, 6억 9천만 달러를 조달한 것으로 알려지고 있다.

우리나라에서도 현재 펀듀, 텀블럭, 굿펀딩 유캔펀딩 등 일부 관련기관들이 활동하고 있으며, 정부는 2012년 5월 크라우드펀딩을 활성화하겠다고 발표한 바 있다.

12.5 공식적 금융

1) 벤처캐피탈

① 벤처캐피탈이란

벤처캐피탈(Venture Capital: VC)에 대해서는 다양한 정의가 존재하지만, 시장조사 전문기관인 미국의 톰슨 파이낸셜에 따르면 다음과 같이 정의된다.

> "새로 창업되어 급격하게 성장하는 기업을 대상으로 경영지원과 함께 자금을 투자하는 전문가들에 의해서 제공되는 자금이다(Money provided by professionals who invest alongside management in young, rapidly growing companies)."

이 정의에 따르면 첫째, 벤처캐피탈의 투자대상은 새로 창업되어, 급격한 성장을 하는 기업(young, rapidly growing companies)이다. 벤처캐피탈은 창업 후

3년 이내의 초기단계 또는 4~7년 확장단계의 벤처기업에 투자한다. 따라서 'Venture'라는 말의 의미처럼, 모험자본이라고 볼 수 있다. 물론 이러한 위험감수에 대한 수익을 기대하고 투자한다.

둘째, 투자전문가에 의해 제공되는 자본(money provided by professionals who invest)이다. 벤처투자전문가를 '벤처캐피탈리스트(venture capitalists: VCs)'라고 한다. 벤처캐피탈리스트는 유망한 벤처기업을 발굴하여, 벤처캐피털 회사로부터 지분투자나 자금지원을 이끌어 내고 이들을 상장기업까지 키워내는 벤처투자전문가이다.

셋째, 투자만 하는 것이 아니라 경영도 함께(alongside management)한다. 벤처캐피탈은 투자자의 역할 이외에도 인사, 재무, 마케팅 등의 경영지원을 통해 기업의 가치를 높이고자 투자대상기업과 상생의 관계를 지향한다.

② 벤처캐피탈의 특징 및 역할

벤처캐피탈은 첫째, 융자(loan)가 아닌 투자(investment)이다. 창업한 지 3년이 되지 않은 벤처기업을 생각해 보자. 벤처사업가는 사업 초기에 본인 돈, 친척 등 지인들에게서 돈을 빌려 사업을 시작한다. 이후 이 사업가는 기술개발자금이 모자라 은행에 문을 두드리지만 담보가 없어 융자에 실패할 수밖에 없다. 사업 초기라 영업이익은 창업 이후 줄곧 적자이다. 이런 상황에서 투자 중심의 벤처캐피탈은 이러한 대다수 벤처기업들에 적합한 금융시스템이라 할 수 있다. 벤처캐피탈은 자기자본을 통해 투자도 하지만 투자조합을 결성해 조성된 자금을 바탕으로 창업단계와 창업 이후 초기성장단계 또는 확장단계에 있는 기업의 주식 등의 인수를 통해 성장에 필요한 자본을 공급하는 역할을 한다.

둘째, 고위험-고수익(high risk-high return) 구조를 가진다. 벤처캐피탈은 통상 5년~10년에 이르는 기간에 투자와 회수를 하기 때문에 투자자 입장에서 시간에 따른 위험이 늘 존재하고 있다. 융자가 아닌 투자 형식이라 보증도 없다. 투자에 따른 위험은 모두 투자자의 몫이다. 반면 위험이 높은 만큼 고수익을 바랄 수 있는 구조다. 미국의 경우 1980~2001년 동안 벤처캐피탈의 연평균 수익률은 17.7%로 높은 수익률을 나타낸 것으로 알려져 있다(Kerins et al., 2004).

셋째, 파트너십(partnership) 관계이다. 앞에서도 언급한 바와 같이 벤처캐피

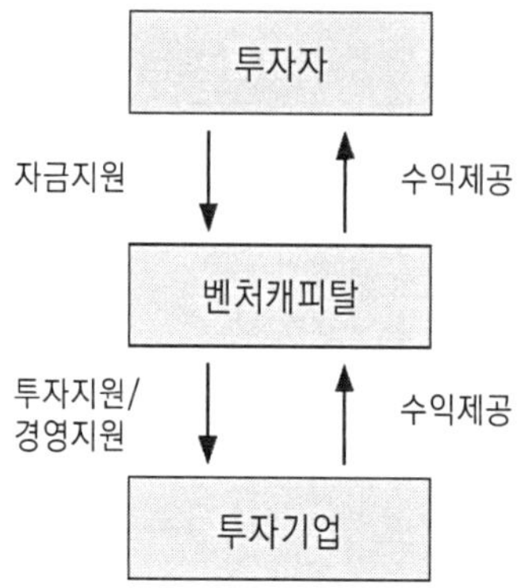

[그림 12-3] 투자자-벤처캐피탈-투자기업 관계

탈은 투자 이후 기업경영에 필요한 재무, 마케팅 등의 서비스를 제공한다([그림 12-3] 참조). 이는 벤처캐피탈의 지분투자와 무관하지 않은데, 벤처캐피탈은 단기적 이익배당보다 기업가치를 증대시켜 주식매각을 통해 투자수익을 얻고자 한다. 따라서 벤처캐피탈은 기업의 성장단계 기간 동안 재무, 기술개발, 경영지원에 이르는 기업활동 전반에 대해 지원함으로써 투자기업과 파트너십을 유지한다. 벤처캐피탈은 경영지원을 통해 투자기업의 기업가치를 높인 후 IPO(Initial Public Offering), M&A 등을 통해 회수하는데, 투자수익은 투자비율에 따라 투자자에게 배분한다.

③ 벤처캐피탈의 투자재원

벤처캐피탈은 투자에 들어가는 자금을 조달하기 위해 펀드형태로 출자자를 모집하여 투자한다. 벤처캐피탈이 투자하는 자산은 대부분 상장되지 않은 초기기업으로 투자 후 투자금 회수를 위해 상당한 기간이 소요되기 때문에 벤처캐피탈이 운용하는 펀드는 장기간 동안 유동성에 제약을 받게 된다. 따라서 장기투자가 가능한 투자자들이 펀드에 출자자로 참여한다. 주요 투자자는 개인투자가, 금융기관, 연기금, 타벤처캐피탈, 기업체, 정부, 해외투자자 등이다.

④ 벤처캐피탈의 장단점: 기업가의 입장에서

기업가들이 자금원으로서 벤처캐피탈을 선호하는 이유는 두 가지로 요약할 수 있다. 하나는 벤처캐피탈은 투자와 함께 기업가의 벤처 프로젝트에 대해서 자문 및 도움을 주기 때문이다. 구체적인 예로 미국의 SBVC(Softbank Venture Capital)는 Hotbank라는 창업보육회사를 운영하여, 신생기업(벤처기업)의 탄생부터 입지, 채용, 금융, 법률, 자문 등의 서비스는 물론 네트워킹을 제공하여 기업성장을 지원한다.[5] Hotbank는 벤처기업의 지분을 보유하여, 기업가정신(entrepreneurship)을 가지고 자기 회사처럼 경영에 도움을 준다. 1999년 Hotbank에서 창업한 자동차 관련 인터넷업체 'Model E'의 George Kim 대표는 "3년에 걸쳐서 할 일을 Hotbank의 도움으로 3개월 만에 끝내었다"라고 말한 바 있다. 벤처캐피탈리스트들은 전문가적인 관점에서 투자기업을 부단 없이 최선을 다해 지원한다. 특히 어떤 벤처기업이 벤처캐피탈로부터 투자를 받는다는 사실은 그 자체로 하나의 인증효과를 갖는다.

다른 하나는 일부 기업가에게는 벤처캐피탈과의 주식지분 공유가 최적의 금융계약이 될 수 있다는 점이다. 벤처기업은 창업 초기에 현금수입도 없고 자산도 부족하기 때문에 은행차입으로 자금을 조달할 경우 이자를 지급할 능력이 없다. 따라서 벤처캐피탈로부터 주식의 형태로 투자를 받으면 이자를 지급하는 것이 아니라 이윤이 실현될 경우에 지분에 대해서 배당금을 지급하면 된다.

하지만 전반적으로 기업가들은 벤처캐피탈로부터 투자를 받는 경우는 많지 않다. 그 이유는 다음과 같다. 첫째, 기업가들은 소유권이나 통제권을 벤처캐피탈에게 양도시키는 것을 꺼려한다. 둘째, 주식을 발행하는 데는 많은 금융비용이 들어가기 때문이다. 물론 기업이 크게 성장하는 경우라면 주식발행비용이 부담이 안 되지만 벤처기업의 대부분은 소규모로서 코스닥(KOSDAQ)의 경우라도 주식발행비용이 부담이 될 수 있다. 셋째, 주식지분을 벤처캐피탈과 공유하면 기업이 실패하는 경우 기업가와 벤처캐피탈 모두 비용을 부담해야 한다. 따라서 벤처캐피탈은 기업가가 기업을 어떻게 경영하는지에 대해서 감시하게 되며, 기업가는 통제에 대한 상실감을 느낄 수 있다.

⑤ 우리나라 벤처캐피탈 현황

1980년대부터 시작된 우리나라의 벤처캐피탈은 중소기업창업투자회사(이하 창투사)와 신기술금융회사가 주로 업을 영위하고 있으며, 대부분 창투사가

---

5) 이를 Networked Incubator(NI)라고 한다. 자세한 내용은 Hansen et al.(2000) 참조.

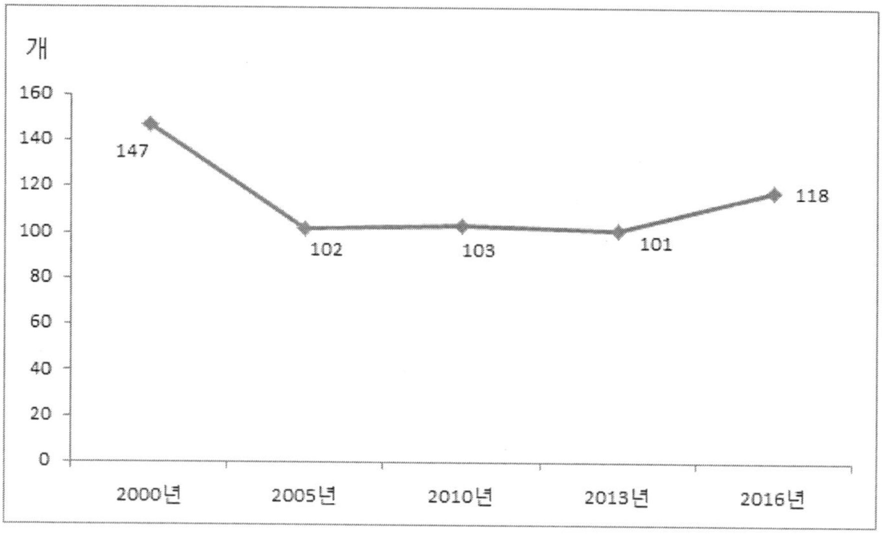

주: 2016년은 8월 말까지의 자료임.
자료: 한국벤처캐피탈협회.

[그림 12-4] 창업투자회사 현황

일반적인 벤처캐피탈 역할을 수행한다. [그림 12-4]에서 보는 바와 같이 2016년 8월말 현재 중소기업청에 등록된 창투사는 101개다. 이는 벤처 붐이 일었던 2000년도 말 147개에 비해서는 감소한 것이다.

국내 벤처캐피탈 투자조합(펀드)은 창투사가 모태펀드와 같은 정부기관, 연금/공제회, 금융기관 등으로부터 자금을 모집하여 조합을 결성하고 그 유치된 투자자금을 벤처기업에 투자하는 형태를 가진 일종의 사모투자조합이다. 2016년 경우 8개월 동안 70개의 벤처캐피탈 투자조합이 1조 9,924억원 규모로 결성되어 운영하고 있다([그림 12-5]).

업력별로 보면([그림 12-6]), 2016년에는 2003년에 비해 상대적으로 수익성이 높은 반면 위험이 높은 초기단계(창업 이후 3년 이내 기업)와 중기단계(창업 이후 3년 초과 7년 이내 기업) 투자의 비율이 감소하였다. 반대로 후기단계 투자 비율이 동기간 9%에서 32.9%로 크게 증가하였다. 이는 과거에 초기기업 투자로 많은 시행착오와 실패 경험을 축적한 벤처캐피탈이 비교적 안정적 수익이 기대되는 후기단계(창업 이후 7년 초과 기업)를 선호하기 때문이다.

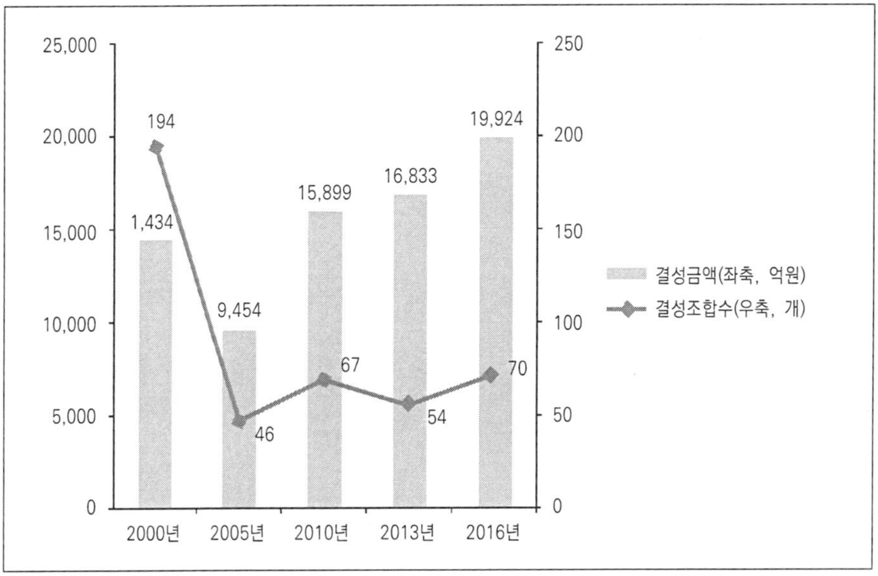

주: 2016년은 8월 말까지의 자료임.
자료: 한국벤처캐피탈협회.

[그림 12-5] 벤처캐피탈 신규 투자 추이

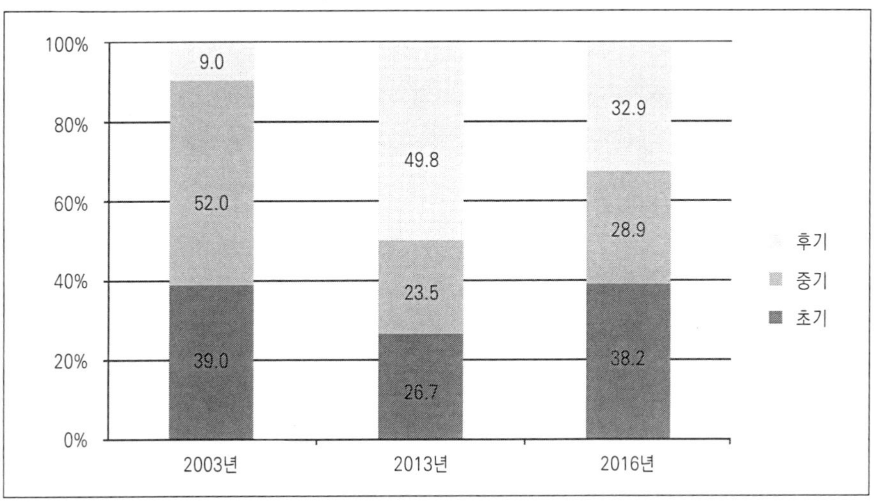

주: 2016년은 8월 말까지의 자료임.
자료: 한국벤처캐피탈협회.

[그림 12-6] 업력별 신규투자 비중

2) 차 입

차입(debt finance)은 벤처기업들이 성장의 후기 단계에서 활용하는 공식적 자금조달 방법이다. 기업가는 차입한 자금에 대해서는 이자를 지급한다. 대여자, 즉 은행의 입장에서 보면 차입은 투자가 아닌 융자로서 그 대가로서 이자를 수취한다. 차입의 경우 차입의 가능성, 융자의 크기, 이자, 계약조건(예: 담보) 등이 중요하다.

벤처기업의 경우 담보 등을 제공해야 하기 때문에 기업이 어느 정도 성장한 다음에 차입할 수 있는 능력을 가질 수 있다. 하지만 소유 및 경영통제를 확보하려는 기업가는 벤처캐피탈보다는 차입을 선호한다.

기업가금융시장에서는 기본적으로 정보의 비대칭성 문제가 존재하지만 차입의 경우에는 더 뚜렷하게 나타난다. 즉 기업가는 자신의 벤처사업에 대해서 잘 알지만 대여자, 즉 은행은 이에 대해서 잘 알지 못한다. 이에 따라서 사회적 효율의 관점에서 너무 적은 자금이 차입되거나 너무 많은 자금이 차입된다. 혹은 소수의 기업가들에게만 융자가 가능하거나 과도하게 많은 기업가들에게 융자가 이루어질 수 있다.

3) 지식재산금융

아직은 일반화되지 않고 있지만 기업가가 활용할 수 있는 자금조달수단으로 기술금융 혹은 지식재산금융을 들 수 있다.

① 지식재산금융이란

기술금융은 기업의 기술적 잠재력과 전반적인 기술사업화 역량을 활용하여 자금을 조달하는 것으로 기술평가를 통하여 이루어지는 기업금융수단 중 하나이다.

지식재산금융(Intellectual Property-based Financing, 이하 IP 금융)은 이러한 기술금융뿐만 아니라 대체투자(alternative investment)의 성격을 동시에 가지고 있다. 즉 IP 금융은 특허 등 지식재산의 창출, 사업화, 활용과정에 따라 지식재산을 기반으로 투자, 융자, 보증 등의 자금을 공급하는 기업금융활동이며, 더 나아가서 투자집합기구(예: 투자회사, 투자신탁, 투자조합 등)를 활용하여 지식재산 자체에 투자함으로써 투자자에게 배당 혹은 수익을 분배하는 활동까지도 포함한다.

② IP 금융시장

[그림 12-7]에서 보는 바와 같이 IP 금융시장은 IP 자산시장 혹은 기술거래시장을 기반으로 형성된다. 그림에서 보는 바와 같이 IP 금융시장은 IP 거래시에 매개체가 이를 기반으로 금융상품을 창출하고, 이것이 지분이나 채권화되면 발행시장(primary market)이 생성된다. 이 금융상품이 투자자에 의해서 구입될 수 있으면 유통시장(secondary market)이 생성된다.

IP 거래와 금융의 연계 사례로는 미국의 IPXI(Intellectual Property Exchange International, Inc.)를 들 수 있다. IPXI는 Ocean Tomo사에 의해서 2008년에 설립된 IP 금융거래소로 일종의 IP 유동화 플랫폼이다. IPXI는 IP를 하나의 상품으로 보고, 거래를 표준화함으로써 기술거래를 원활하게 하며, IP 금융시장을 형성한다.

구체적으로 IPXI의 단위실시권계약(Unit Licence Right Contract: ULRC)이라는 표준화된 거래방식을 통해 특허보유자는 특허를 쉽게 현금화할 수 있고, 기술

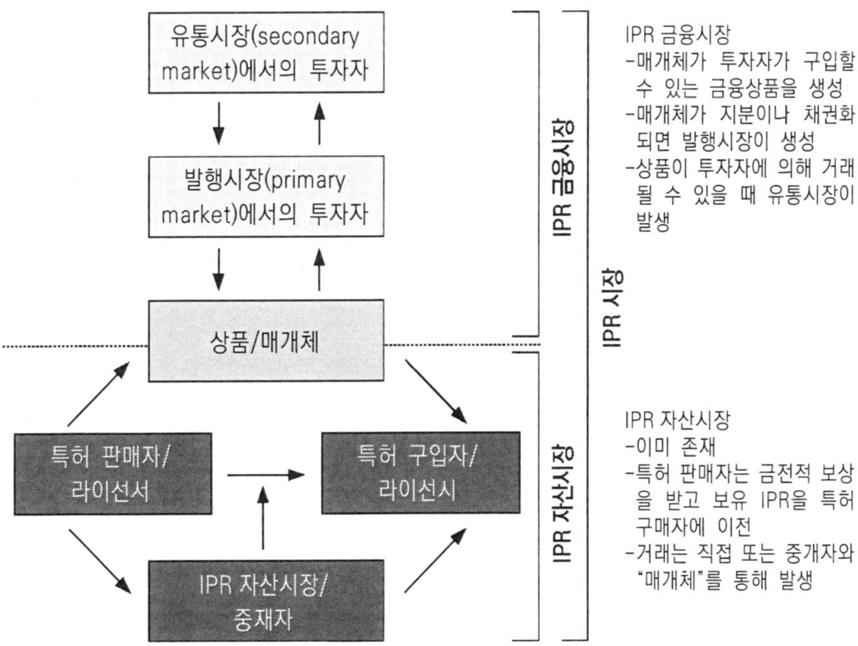

[그림 12-7] IP 금융시장의 개념도

구매자는 적정한 가격으로 특허를 구매할 수 있는 동시에, IP 자산의 유통시장이 생성되게 한다.

③ 우리나라의 IP 금융시장

IP 금융시장은 우리나라는 물론 미국, 유럽 등 선진국에서도 아직 활성화되고 있지 못한 실정이다. 이는 기본적으로 IP 자산 거래시장 자체가 활성화되지 못하고 있는 데 기인한다. 하지만 미국에서는 IPXI와 같이 IP 거래 효율화를 통한 IP 금융의 활성화 시도가 진행되고 있으며, 이스라엘의 요즈마펀드는 성공사례로 평가되고 있다.

우리나라에서도 IP 금융에 대한 관심이 높아짐에 따라서 탐색적인 시도들이 추진되고 있다. 대표적으로 정부와 민간기업 공동으로 방어펀드의 일종인 ID(Intellectual Discovery)와 그 자회사인 아이디어브릿지 자산운용이 설립되어 IP 금융관련 활동을 추진하고 있다. 2012년에는 IP 자산에 기반을 두고 동산담보대출제도가 마련되었고, 2013년에는 특허청과 한국산업은행이 협력하여 우수특허를 보유한 중소기업을 대상으로 특허담보만으로 대출을 받을 수 있는 IP 금융을 추진하고 있다.

12.6 기업가정신과 자산

1) 총자산형성에서 기업가의 역할

기업가의 자산창출은 국민경제 차원에서 자본형성 및 저축에 영향을 미친다. 반대로 개인적인 자산은 기업가의 의사결정에 영향을 미친다. 기업가들은 피고용자들보다 더 부유하다. Gentry and Hubard(2004)에 의하면 미국에서 기업가 가계는 전 가구 중에서 9%에 불과하지만 가계 총자산과 총순가치의 각각 38%와 39%를 차지하고 있는 것으로 조사되었다. 또한 미국의 상위 5%의 가계들의 절반은 기업을 소유하고 있는 것으로 나타났다. 이와 같이 기업가들은 부유할 뿐만 아니라 부자들은 기업가가 되는 경향이 강하다.

그렇다면 왜 기업가들은 부유하게 되는가? 이는 기업가들이 피고용자들보다 더 벌고 더 저축하기 때문이다. 기업가들이 더 저축하게 되는 이유는 다음과 같다(Quadrini, 2000). 첫째, 자금조달의 제약을 극복하고 보다 더 큰 기업으로 성장시키기 위하여 자산이 필요하기 때문이다. 이윤의 재투자는 벤처기업의 성장을 가능하게 하는 가장 좋은 자금원이다. 둘째, 금융기관으로부터의 자금조달 비용이 증가할수록 기업가들은 저축할 유인이 커진다. 셋째, 기업가들은 자산의 다각화를 이루기 어려우므로 더 높은 위험에 직면한다. 따라서 저축은 위험에 대하여 완충작용을 가진다. 넷째, 자산을 증가시키는 저축은 기업가정신을 영구화한다. 기업가 가문은 수십 년 혹은 수 세기 동안 유지되기도 한다.

2) 금융제약과 기업가정신

그간 기업가정신과 자산의 관계를 설명하는 경제이론들이 제시되어 왔다. 이들 이론은 기업가 자금조달시장에서 차입제약(borrowing constraints)을 고려하고 있다. 대표적인 이론으로 Evans and Jovanovic(1989)를 들 수 있다.

이 모형에서 한 개인이 창업을 위해서 조달할 수 있는 자금의 양은 그가 제공할 수 있는 담보의 함수이고, 이는 다시 개인적인 자산의 함수이다. 만약 한 기업가가 차입하고자 하는 자금의 양이 창업에 필요한 자본설비비용을 충당하기에 충분하다면 그는 금융조달상 제약이 없다. 한편 그 기업가가 그가 빌릴 수 있는 자금보다 더 투자하기 원한다면 금융제약은 곧 프로젝트에 대한 차선의 투자를 초래한다. 프로젝트에 대한 대가는 투자된 자본과 정(+)의 관계를 가지므로 금융제약이 없는 기업가들에게 이윤을 줄 수 있는 프로젝트들은 금융제약이 있는 기업가들에게는 손실을 초래할 수도 있다.

따라서 이 모형은 만약 잠재적인 기업가들이 금융제약을 가지고 있다면 기업가가 되려는 성향은 개인적인 자산의 함수가 된다고 본다. 자산이 많은 사람은 어떤 주어진 프로젝트에 대해서 제약을 받지 않는다. 한편 자산과 기업가정신 간에 어떠한 관계도 없다면 차입제약이 잠재적인 기업가들을 구속하지 않음을 의미할 것이다. 따라서 개인적 자산과 기업가가 되려는 성향 간에 강한 연관성이 있는지를 관찰하는 일은 한 국민경제에서 금융제약의 본질을 이해하는 데 중요하다.

실증적 분석도 한 국민경제에서 금융제약이 있음을 보여준다. Evans and Jovanovic(1989)는 개인적 자산과 기업가정신간의 강한 정(+)의 관계는 시장실패의 증거라고 주장한다. 즉 유능하지만 자산이 없는 사람들은 벤처창업에 필요한 자금을 조달할 수 없기 때문에 기업가가 될 수 없다는 것이다.

3) 자산의 기업가정신에 대한 영향

기업가정신은 자산축적을 가져온다. 반대로 자산축적도 기업가정신에 영향을 미친다. 자산은 벤처기업의 생존과 이윤율에 영향을 미친다. 먼저 기업가의 자산은 벤처창업을 촉진시킬 뿐만 아니라 창업된 기업들의 성장을 도와서 생존율을 높인다. 기업가들이 자본조달이 원활하지 않은 상황에 직면하게 될 경우 아무래도 개인적인 자산을 가지고 있는 기업가들이 그렇지 않은 기업가들보다 성공할 확률이 커질 것이다(Holtz-Eakin et al., 1994).

자산은 벤처기업의 성과, 특히 이윤율에도 영향을 미친다. 만약 개인적인 자산(혹은 능력)이 없어서 신용제약에 직면하게 되면 이윤율은 감소할 것이다. 반대로 신용제약이 없으면 벤처기업의 이윤율은 증가할 것이다. Parker and van Praag(2006)는 관찰된 기업가의 능력(학력)은 자금조달을 용이하게 하며 궁극적으로 이윤율을 높이는 것으로 보고하고 있다.

제 Ⅳ 편

국제적 측면

CHAPTER

13 글로벌 기업가정신

▸▸ 이 장에서는 글로벌 경제하에서 전개되고 있는 기업가정신 현상을 소개하고 이에 대한 연구를 체계적으로 설명한다.

13.1 글로벌화와 기업가정신

Friedman(2005)에 의하면 글로벌시대 1.0(~1800년)에서는 신대륙의 발견과 강대국의 세계 진출 등 국가 주도로 글로벌화(globalization)가 진행되었고, 글로벌시대 2.0(1801~2000년)에서는 다국적기업 주도로 글로벌화가 진행되었으며, 글로벌시대 3.0(2001년~)에서는 개인들이 전 지구적 차원에서 경쟁을 벌이는 개인 주도의 글로벌화가 진행되고 있다고 한다. 글로벌화의 주체와 성격이 어떠하든 글로벌화는 경제, 사회, 문화, 정치 등 제 분야에서의 상호작용으로부터 초래되는 국제적 통합의 과정이다. 특히 경제의 글로벌화는 상품 및 서비스, 자본, 기술 등이 국경을 넘어서 자유롭게 이동됨으로써 국가경제들 간 상호의존성이 증가하는 현상이다. 글로벌화의 요인으로는 무엇보다도 교통의 발달과 인터넷의 출현을 들 수 있다.

이러한 글로벌화와 기업가정신은 서로 밀접히 연관되어 있다. 글로벌화는 기업가정신에 영향을 미치지만, 반대로 기업가정신이 글로벌화에 영향을 미치기도 한다.

1) 글로벌화의 기업가정신에 대한 영향

Audretsch(2007)는 글로벌화로 말미암아 선진국경제는 산업적 모델(industrial

model)에서 기업가적 모델(entrepreneurial model)로 전환되고 있다고 주장한다. 그는 글로벌화를 세계경제에서 비숙련 노동자의 증가, 해외직접투자와 연관된 정치적 위험의 감소, 그리고 정보통신기술(ICT: Information and Communication Technology)의 보급으로 보았고, 이러한 글로벌화가 국민경제 차원에서 경제체질 자체에 영향을 미친다고 하였다. Gibb(2002)은 기업가적 사회(entrepreneurial society)를 형성하는 요인으로 ICT 혁명, 국제적 사업장벽의 완화, 자유무역지대의 증가, 영어의 보편화, 여행, 국제표준, 환경보호, 국제적 자본이동 등 8가지를 들고 있다. 이러한 글로벌 요인들은 기업가들에게 기회로만 다가오는 것이 아니라 하나의 위협으로서 압력으로 작용한다고 한다. 실제로 많은 실증적 연구들(예: Acs and Preston, 1997; Gibb, 2002; OECD, 2005)은 국가차원에서 글로벌화가 기업가정신에 미치는 실질적인 효과를 보고하고 있다.

산업 차원에서도 글로벌화는 기업가정신에 영향을 미친다. 글로벌화는 시장변화를 초래하고, 기업 간 경쟁을 증대시키며, 국제적 마케팅 기회를 생성한다. 이 모든 요인은 중소기업의 운영과 성과에 영향을 미치며, 중소기업들이 활용할 수 있는 사업기회를 창출한다. 구체적으로 글로벌화로 소기업들은 첫째, 국제적 전략적 제휴의 파트너가 될 수 있고, 둘째, 국가간 인수합병(Merges and Acquisition: M&A)의 대상이 될 수 있으며, 셋째, 다국적기업에 특정부품을 공급하는 생산주체가 될 수 있으며, 넷째, 글로벌 차원에서 비즈니스 네트워크의 참여자가 될 수 있다.

글로벌화는 기업가 개별 차원에도 기업가정신을 함양한다. 즉 기업가적 마인드셋(entrepreneurial mindset)에 영향을 미친다. 기업가적 마인드셋이란 어떤 개인이 창의성, 유연성, 혁신성 등을 증진시킴으로써 갖게 되는 성장지향적 성향을 말한다.

2) 기업가정신의 글로벌화에 대한 영향

이상과 같이 글로벌화가 기업가정신에 영향을 미치지만, 반대로 기업가정신이 글로벌화에 영향을 미친다. Knight and Cavusgil(2004)에 따르면 강한 혁신력과 해외시장을 추구하는 성향을 가진 젊은 기업들은 혁신적 문화가 결여되어 있는 젊은 기업에 비해서 더 빨리 국제화하는 경향이 있다고 한다. 대우의 '세계경영' 사례를 보면 1960년대 말 김우중 회장이 수출로부터 시작하여 1972년 대우실업을 국내 제2위의 수출기업으로 만든 것은 기업가 개인의 성향이 글로벌화에 미친 영향을 잘 보여주고 있다(<사례 13.1> 참조). 우리나라 중소기업들을 대상으로 한상설·임덕순(2013)의 연구에서도 혁신성과 진취성을 가진 기업들이 신속하게 글로벌화를 추구하는 것으로 나타나고 있다.

사례 13.1: 대우의 세계경영

한국CCO클럽이 펴낸 『한국경제를 만든 이 한마디』에서는 "세계는 넓고 할 일은 많다"라는 제목하에 김우중 (전)대우그룹회장을 "세계경영을 선보였던 '킴키즈칸'"으로 소개하고 있다.

> 1967년 5월 1일, 대한해운 소속 화물선 엔젤호가 부산항을 빠져나갔다. 태국으로 향하는 이 배에는 시아후아트사 등으로부터 주문받은 나일론 트리코트 5만 5천 야드, 1만 4,300달러어치가 실려 있었다. 트리코트지는 당시 동남아에서 남자 셔츠나 슬립, 파자마 등 내의류 원단으로 사용됐다. 원단을 수출하는 회사는 대우실업이었는데, 사장을 포함한 직원 수는 8명, 자본금 500만원에 불과한 신생회사였다. 놀랍게도 설립한 지 두 달이 채 안 된 이 회사는 벌써 약 30만 달러어치를 수주해 놓고 있었다. 이런 성과 뒤에는 대우그룹 창업주인 청년 김우중이 있었다. 갓 서른을 넘긴 그는 대학 졸업 후 한성실업에서 무역업무를 익힌 후 대우실업을 설립해 해외영업을 주도하고 있었다. (중략) 대우실업은 창립 5년째인 1972년 국내 2위의 수출기업이 됐다. 김 회장은 이에 안주하지 않고 사업을 확장했다. (중략) 1982년 (주)대우로 상호를 변경한 김 회장은 세계시장을 가장 효과적으로 활용하는 글로벌 기업가(global entrepreneur)로 인정받는다.
>
> 1990년대 들어서면서 세계정세가 급변했다. 독일 통일, 소련붕괴 등으로 사회주의가 붕괴됐고, 유럽은 경제공동체를 형성했다. 그는 본격적으로 '세계경영'이라는 구호를 내걸었다. 그리고 사회주의에서 자본주의 체제로 변화를 모색하고 있던 폴란드, 헝가리, 루마니아, 우즈베키스탄 등에서 자동차 공장을 인수하거나 설립했다. 이 신흥시장이 머지않아 세계경제의 중심으로 떠오를 것이라 생각했기 때문이다. 대우의 해외사업은 빠른 속도로 확장됐다. 그는 젊은이들이 하루빨리 해외로 나아

가 더 많은 기회를 잡을 수 있기를 소망했다. 대우맨들은 누구보다도 적극적으로 해외로 나갔고 가장 멀리까지 진출했다. 그래서 대우 사람들은 비행기 추락사고에 늘 민감한 반응을 보였다. 해외 각지에서 비행기 추락사고가 터질 때마다 사상자 명단에 대우 임직원이 포함되곤 했기 때문이다(한국CCO클럽, 2015).

이와 같은 세계경영을 바탕으로 1990년대 말 대우그룹은 국내계열사 41개, 해외법인 396개, 자산 83조원, 매출 62조원의 대한민국 재계서열 2위의 기업으로 성장했다. 하지만 2000년을 넘기지 못하고 해체되었다. 해체 후 15년이 지난 2014년 경제사학자인 싱가포르 국립대 신장섭 교수가 『김우중과의 대화: 아직도 할 일은 많고 세계는 넓다』라는 책을 펴냈다. 다음은 김우중 회장과 저자인 신장섭 교수와 대화 중 일부이다.

신장섭: 경영학이나 서양의 다국적기업에서도 세계경영(global management)이라는 말을 많이 쓰고 있습니다. 기업들이 국경을 뛰어넘어 세계적 범위에서 사업을 진행하고 현지화를 추진하는 전략이라 할 수 있습니다. 이런 일반적인 세계경영과 비교할 때에 대우의 세계경영이 갖고 있는 특징은 무엇이라고 할 수 있습니까?

김우중: 그런 이론들은 선진국 중심으로 만들어져 있어요. 선진국 기업들이 후진국 기업보다 경영을 잘하고 능력도 많고, 그러니까 그걸 갖고 후진국에 가서 그쪽의 자원이나 인력을 활용해서 사업한다는 것 아닙니까? 그런 식으로만 생각하면 능력 있는 선진국에서만 다국적기업이 나오고 후진국에서는 그런 능력 있는 기업들이 없기 때문에 다국적기업이 나오기 어렵다고 보게 되는 거지요. 선진국 기업은 능력이 많고 후진국 기업은 능력이 적다, 그래서 후진국 기업들은 거기에서 배워야 한다는 생각부터 바꿔야 해요. 내가 일찍부터 일본, 미국 등 선진국에 있는 회사들을 여러 군데 가봤는데 그렇게 능률적이지 않아요. 내 눈에는 그렇게 해서 (회사 경영이) 잘될 거라고 보이지 않더라고요. 백화점 같은 데는 비교적 괜찮았어요. 그런데 큰 회사들은 요란만 떨지 그렇게 경영을 잘한다는 생각이 들지 않았어요(신장섭, 2014).

이상의 대담에서 우리는 김우중 회장의 도전정신, 기회포착능력, 자신감 등을 바탕으로 하는 세계경영의 특징을 찾아볼 수 있다. 더 나아가서 이 책에서 신장섭 교수는 대우그룹의 해체의 요인을 정책적 측면에서 분석하고 있다. 당시 정부는 1990년대 말 외환위기를 놓고 이를 해결하는 방법으로 단기적인 구조조정을 선택한 반면에 전국경제인연합회 회장으로서의 김우중 회장은 안정된 산업기반 위에서 고용을 유지하면서 수출을 통해 곧 해결할 수 있다고 주장하였다. 결과는 구조조정 중심으로 정책이 진행되었고 대우그룹은 해체의 길로 들어섰다는 것이다. 신장섭 교수는 이 사건을 한국경제의 전환점으로 해석하고 있어 주목된다. 즉 '세계경영'이라는 기치를 내세운 대우그룹이 사라지면서 진취적인 기업가정신이 퇴색되고 한국경제의 활력이 장기적으로 떨어져왔다는 주장이다.

대우그룹은 사라지고 글로벌 기업가로서의 김우중 회장은 역사의 무대에서 내려왔지만 아직도 대우그룹에 속했던 기업들은 영속적으로 생존해 있다. 특히 동남아시아, 중동, 아프리카, 동유럽 등 해외에서는 자동차, 호텔, 비행장, 관개수로 등을 통해서 대우의 이름을 기억하는 사람들이 많다고 한다. 현재 김우중 회장은 베트남 하노이에 거주하면서 젊은이들 교육에 매진하고 있다. 전직 대우맨들의 모임인 '대우세계경영연구회'를 통해 글로벌 YBM(GYBM: Global Young Business Managers) 과정을 베트남에 개설하고 2012년부터 운영하고 있다. 과거 세계시장을 휘젓고 다닌 대우맨들을 길러낸 것처럼 한국 젊은이들을 동남아에서 뿌리를 내려 글로벌 경영을 제대로 하는 일꾼으로 길러내는 것이 목적이라고 한다.

13.2 국제적 기업가정신

1) 정 의

앞에서 잠깐 소개했던 Friedman(2005)의 책 이름은 *The World is flat: A Brief History of the Twenty-First Century*로 한때 뉴욕 타임즈 베스트셀러였다. 이 책의 서문에서는 Rao라는 사람의 이야기가 나온다. 그는 인도 문바이 출신으로서 미국 기업들의 회계업무를 수행하는 회계법인을 인도에 세운 사람이다. 한

마디로 Rao는 국가적 경계를 넘어 기업을 운영하는 국제적 기업가(international entrepreneur)이다. 사실 이러한 국제적 기업가들은 세계적으로 수백만 명에 이르고 있으며, 국제경영, 기업가정신, 경제학, 사회학, 심리학, 지역학 등 여 분야의 학자들뿐만 아니라 경영자와 정책입안자들에게 관심의 초점이 되고 있다. 이러한 상황하에서 Wright and Ricks(1994)는 글로벌 기업가정신(global entrepreneurship)을 새로운 연구 분야로 부각시켰다. 그들에 의하면 글로벌 기업가정신의 연구영역은 다양한 국가와 문화에서의 기업가 행동을 비교하는 문제, 그리고 기업가적 마인드를 가지고 다른 나라로 조직을 확장하는 행동을 분석하는 문제를 포함한다고 한다.

국제적 기업가정신에 대해서 보다 명확하게 정의를 내린 연구는 Oviatt and McDougall(2005)이다. 그들은 기업가정신을 다음과 같이 정의한다.

> "국제적 기업가정신은 미래의 재화 및 서비스를 창출하기 위하여 국가적 경계를 넘어서 기회를 발견·실행·평가, 그리고 활용하는 활동이다."

따라서 미래의 재화 및 서비스를 창출하기 위하여 기회를 발견·실행·평가, 그리고 활용하되 이를 수행하기 위해서 국가적 경계를 넘어서는 개인, 조직, 그룹은 국제적 기업가가 될 수 있다. 이상의 정의에서 핵심은 "국가적 경계를 넘어서"라는 표현이다. 또한 기회의 관점에서 기업가정신을 정의하고 있으며, 기업가적 성향을 어떤 차원에서 다루어야 하는지에 대한 불필요한 논쟁을 차단한다. 또한 기업가를 개인 차원이 아닌 조직 차원에도 정의하고 있다.

2) 활동 및 특성

그렇다면 국제적 기업가들이 국가적 경계를 넘어서 수행하는 활동들은 무엇인가? 먼저 성과 측면에서는 수출, 간접적 수출, 국제적 조인트 벤처 등을 들 수 있다. 투입 측면에서는 수입, 간접적 수입, 라이선싱, 전략적 제휴, 그리고 해외직접투자의 유치 등을 들 수 있다.

또 하나의 질문은 국제적 기업들이 얼마나 빠르게 국가적 경계를 넘어서는 활동에 전념하게 되느냐는 것이다. 많은 경우 국제적 기업가들은 창업단계 이전 혹은 창업단계에서 국경을 넘어서는 활동을 추구한다고 한다(Moen and

Servais, 2002; Oviatt and McDougall, 1994). 이러한 기업들은 'International New Ventures(INVs)'(Oviatt and McDougall, 1994), 'Born-globals'(Rennie, 1993), 'Micro Multinationals' 등으로 불리기도 한다. 이들에 대해서는 다음 절에서 자세히 다루기로 한다. 여기서 중요한 것은 국제화는 항상 경로의존적이지 않다는 것이다. 심지어 일부 기업들은 역으로 국제화를 중단하고 대신에 국가화를 추진하기도 한다(Fletcher, 2001).

3) 동 기

국제적 기업가정신을 유발하는 동기적 요인은 개인적 요인, 기업 특수적 요인, 그리고 환경 특수적 요인으로 나누어 살펴볼 수 있다.

개인적 결정요인으로는 연령, 교육수준, 경험 등이 있다. 일반적으로 교육수준이 높고 해외경험이 있는 사람은 처음부터 해외에서 사업을 계획하여 수행하는 것으로 보고되고 있다(Birley and Norburn, 1987; McDougall et al., 1994). 구체적으로 해외여행을 많이 한 사람, 이민자, 혹은 수출문서, 환위험, 소통과 문화장벽에 대해 잘 이해하는 사람이 국제적 기업가가 될 것이다.

기업 특수적 결정요인으로는 기업규모, 내부자원, 기술, R&D, 경영능력, 기업목적 등이 있다. 지금까지는 대규모의 다국적기업들이 국제화 활동을 주도해 왔으나, 뒤에서 보는 바와 같이 소규모기업들도 국제화를 추진하며, 창업초기단계에서 국제화를 계획하는 경우도 많다. 개인들이 전 지구적 차원에서 경쟁을 벌이는 개인 주도의 글로벌화, 이른바 글로벌시대 3.0(2001년~)에서는 소규모기업들이 빠른 속도로 국제화를 진행할 것으로 보인다. 내부자원, 기술, R&D, 경영능력 등은 기업의 자원기반으로 이들이 각각 국제적 기업가정신에 미치는 영향은 일률적으로 평가하기 어렵다. 다만 이들을 조합하는 과정에서 유리한 경우에 국제화 활동의 동인으로 작용한다고 할 수 있다. 또한 기업의 강한 이윤동기는 국제적 기업가정신을 유발할 것으로 예측할 수 있다.

환경 특수적 요인으로는 국내시장의 규모, 생산비용, 산업구조, 제도적 환경 등이 있다. 먼저 자국 내 시장규모가 작은 경우에 기업들은 국제적 기업가정신 활동에 눈을 돌리게 된다(Fan and Phan, 2007). 우리나라 기업들이 수출활동에 주력한 것은 협소한 내수에만 의존할 경우 기업성장 및 고도성장이 불가능했기 때문이었다. 자국시장에서의 생산비용이 낮아지는 경우에도 기업들은 국제화를 시도한다(Axinn, 1988). 독점적인 산업보다 경쟁적인 산업에 속한 기업들이 해외시장으로 눈을 돌릴 것이다. 왜냐하면 경쟁적 시장에서는 이미 내수시장이 포화가 된 경우가 많으며, 국내에서 경쟁을 치열하게 해본 기업들은 해외시장에의 경쟁에서 이길 가능성이 크기 때문이다(Porter, 1990). 제도적 환경이 기업의 국제화에 미친 영향을 잘 보여주는 사례가 한국의 종합무역상사 제도이다. 1975년 정부가 주도적으로 만든 이 제도는 수출기업들에게 자금, 세금, 행정 등 여러 면에서 혜택을 줌으로써 많은 기업들이 수출활동에 전념하도록 유도하였다(김덕중, 1986).

4) 성 과

국제적 기업가정신이 가져온 성과도 개인, 기업, 그리고 환경 차원에서 각각 살펴볼 수 있다. 먼저 개인적 차원에서는 인적자본과 사회적 자본의 형성을 대표적인 성과로 꼽을 수 있다. 기업 차원에서는 성과를 일률적으로 평가하기 어려우나 많은 기업들이 국제화를 통해서 이윤을 증가시키고 기술혁신과 고용증대에 기여한 것으로 보고되고 있다(Lu and Beamish, 2001). 환경적 차원에서도 국제화는 많은 성과를 보여주고 있다. 많은 기업들이 국가 간 거래, 협력, 해외의 지사운영을 통해서 생산요소를 적절하게 조달하고 새로운 시장에 접근하였다. 거시적 차원에서는 우리나라의 경험에서 보듯이 수출 및 국제화가 산업발전, 고용증대, 국제수지개선 등을 통해서 고도경제성장을 견인한다.

13.3 소기업의 글로벌화

1) 'Born-global' 기업의 출현

지난 1세기 동안 대부분의 기업들은 자국 내에서 어느 정도 사업기반을 마련한 다음에 해외로 진출해 왔다(Isenberg, 2008). 특히 해외사업을 생각할 때 초기에 너무 멀리 떨어진 지역을 선택하지 않았다. 소비자 건강제품 기업인 미국의 Johnson & Johnson은 1886년 회사를 설립한 이후 33년이 지난 1919년 캐나다 몬트리올에 처음으로 해외지사를 설립하였다고 한다. 1946년에 설립된 일본의 Sony도 11년 후에야 미국에 처음으로 수출하기 시작하였다. Gap도 1969년에 설립된 이후 18년이 지난 1987년 처음으로 런던에 해외지사를 설립하였다.

이와 달리 최근에는 이른바 'Born-global' 기업들이 출현하고 있다. 즉 창업단계 이전 혹은 창업단계에서 국경을 넘어서는 활동을 수행하는 기업들이다. 이들 기업을 경영하는 국제적 기업가들은 지리적으로 가깝다고 해서 그곳에 기업을 설립하거나 부품공급자를 선정하지 않는다. 정보를 손쉽게 활용할 수 있고 정치적 및 경제적 장벽이 낮아진 상황하에서 지구 전체에 걸쳐서 공장입지를 고른다. 글로벌 차원에서 인재를 채용하며, 현지에서 자금을 조달하기도 한다. 대표적 사례로는 풍차제조 회사인 Tecsis를 들 수 있다. 1995년에 브라질 사람 Koike에 의해서 설립된 이 회사는 항공기 산업이 발달한 상파울로 근처에 공장입지를 선정했다. 혁신적인 풍차날개를 디자인하고 생산 노하우를 개발하기에 가장 유리한 지역이었기 때문이었다. 하지만 원료는 북미와 유럽으로부터 구입했고, 수요처 역시 북미와 유럽이었다. 2007년 현재 Tecsis는 10개국에서 활동하며 3억 5,000만 달러의 매출을 올리고 있다(Isenberg, 2008).

그렇다면 정확히 'Born-global' 기업은 어떤 기업을 말하는가? Oviatt and McDougall(1994)은 'Born-global' 기업 혹은 NIV를 "창업 전부터 여러 나라에 걸쳐서 자원조달과 판매로부터 상당한 경쟁우위를 찾는 사업체"라고 정의한다. 그리고 기업의 잉태부터 해외시장에 초기진출 시까지 3년이 안 된 기업으로 정의한다(McDougall and Oviatt, 2000).

Oviatt and McDougall(1994)은 'Born-global' 기업가가 가져야 하는 자질로서 다음 7가지를 들고 있다.

- 사업 시작 전부터 글로벌 비전이 존재하며, 이 비전이 회사 내의 다른 사람에게 쉽게 전달된다.
- 국제적인 경험을 가진다. 수출문서, 환위험, 소통과 문화장벽에 대한 이해가 필수적이다.
- 강한 국제적인 사업 네트워크를 구축한다. 이를 통해서 기회를 발견하고 의견을 들으며 협상을 유리하게 이끈다.
- 기술이나 마케팅에 있어서 경쟁우위를 갖는다. 이는 취약한 규모의 비경제를 극복하게 한다.

- 보이지 않지만 유일한 자산을 보유한다. 특정한 지식이나 노하우를 통해서 독특한 제품 및 서비스를 유지하는 것이 중요하다.
- 제품 및 서비스 면에서 관련다각화가 이루어진다. 지속적인 혁신을 통하여 틈새시장을 계속 활용한다.
- 기업조직을 전 세계적으로 밀접하게 조정한다. 따라서 지리적 거리에 관계없이 기업의 가치사슬이 조정된다.

Knight and Cavusgil(2004)은 'Born global' 기업은 세계적으로 상당수에 이르며, 국제무역의 생태계 속에서 선도적인 역할을 수행하면서 새로운 패러다임을 형성하고 있다고 주장한다.

2) 소기업의 국제화 속도

이상과 같이 'Born global' 기업의 출현은 매우 중요하지만, 많은 기업이 자국을 기반으로 창업하여 국가 간 경계를 넘어서 국제화를 추진하는 경우도 많다. 따라서 우리는 이 두 경우를 포함하여 소기업의 국제화 속도를 결정하는 요인에 대해서 살펴볼 필요가 있다. 마침 Oviatt and McDougall(2005)이 기업가적 국제화 속도를 결정하는 모형을 제안한 바 있어서 이를 소개하고자 한다.

① 국제화 속도의 결정모형

[그림 13-1]에는 Oviatt and McDougall이 제시한 모형이 그려져 있다. 먼저 그림의 오른쪽에는 종속변수로서 국제화의 속도가 나타나 있다. 국제화의 속도는 세 가지 차원에서 살펴볼 수 있다. 첫째는 기회의 발견 및 실행부터 해외시장 최초 진입까지의 기간이다. 둘째는 국가의 범위가 확장되는 속도이다. 해외시장 속으로의 진입이 얼마나 빨리 진행되며 지리적으로 멀리 떨어진 국가들로 얼마나 빠르게 확장되는가이다. 셋째는 국제적인 활동에 전념하는 속도이다. 구체적으로 해외사업으로부터의 수입이 증가하는 속도를 말한다.

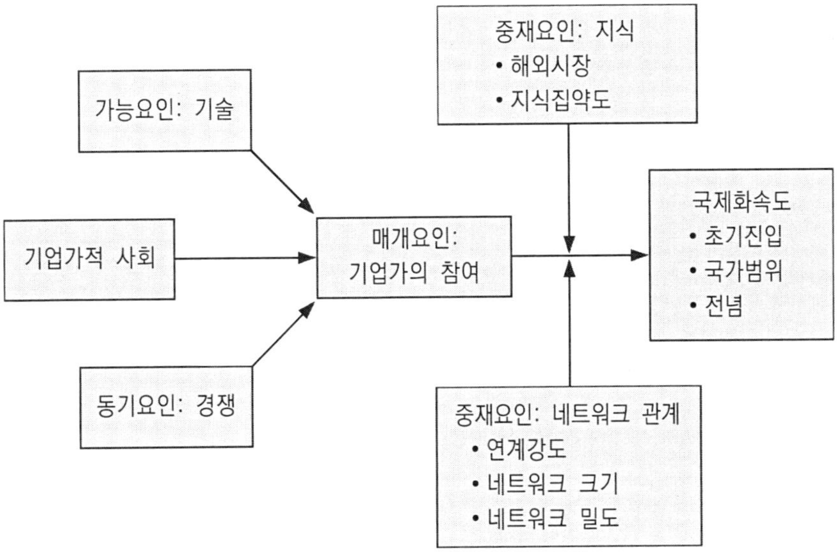

자료: Oviatt and McDougall(2005), p.541.

[그림 13-1] 국제화 속도에 영향을 미치는 요인들

② 매개변수로서의 기업가정신

[그림 13-1]의 모형에서 기업의 국제화 속도를 결정하는 요인들은 크게 네 가지 유형으로 구분된다. 그것은 가능요인(enabling factor), 동기요인(motivating factor), 매개요인(mediating factor), 그리고 중재요인(moderating factor) 등이다. 먼저 가능요인은 기술의 발전이다. ICT의 발전이 가장 대표적인 요인이다. 인터넷이 국제화의 속도에 핵심적 요인임은 누구나 인식하는 현상이다. 동기요인은 경쟁이다. 경쟁심리가 있어야 다른 기업이 먼저 해외시장에서 선점하는 것을 용인하지 않기 때문이다.

국제적 기업가는 매개요인으로서 모형의 가운데 위치해 있다. 기회를 발견하고 이를 실현하기 위해서 행동을 취하는 사람이나 조직이 국제적 기회활용에 있어서 중심적 역할을 수행한다. 그들은 자신의 특성(예: 국제사업경험, 위험감수성향 등)을 통해서 기회의 잠재성, 소통 및 교통의 가능성, 국제화를 가능하게 하는 컴퓨터 기술, 경쟁자들부터의 위협 정도 등을 관찰하고 평가한다. 이러한 평가내용은 기업가의 인식에 영향을 미치며, 궁극적으로는 의사결정에 영향을 미친다. 따라서 국제적인 기업가 행동이 가속화될지 아니면 더디어질지는 기회, 가능요인, 동기요인 등이 어떻게 해석되는지에 대한 이해와 국제적 기업가에 의한 매개기능에 의해서 결정된다.

이상의 과정에서 두 개의 중재요인이 있다. 하나는 이미 기업가에게 가용한 기회에 대한 지식집약도이고 다른 하나는 기업가의 국제적인 네트워크 특성이다. 기업가가 기회에 대한 정확하고 많은 지식을 가지거나 강한 국제적 네트워크를 구축하고 있다면, 국제적 기업가의 인식 및 통찰력이 국제화 속도에 미치는 영향은 더욱 강화될 것으로 예측할 수 있다.

13.4 국제적 기업가정신의 이론적 틀

앞에서 설명해온 바와 같이 'Born global' 기업이 출현하고 소기업의 국제화가 진행되면서 국제적 기업가정신을 이론적으로 설명하려는 시도들이 활발하게 진행되어 왔다. 특히 연구자들은 국제무역이론뿐만 아니라 다양한 분야의 이론들을 채용하여 국제적 기업가정신을 이해하고자 하였다.[1)] 하지만 기존의 국제경제 및 국제경영 분야의 이론들은 이를 충족시키지 못하는 것으로 평가되고 있다(McDougall et al., 1994; Yeung, 2002). 이 절에서는 먼저 전통적 국제무역이론과 국제경영이론들이 국제적 기업가정신을 왜 설명하지 못하는지에 대해서 살펴본 다음 국제적 기업가정신을 설명하는 데 실마리를 제공할 수 있는 이론들을 소개하고자 한다.

1) 전통적 경제이론과 국제적 기업가정신

초기 국제무역이론에는 절대우위론, 상대우위론, 그리고 헥셔-올린 정리 등이 포함된다. 하지만 이들은 국가 간 국제무역이 왜 어떤 패턴으로 일어나는가를 설명하기 위해서 제시되었기 때문에 기업 혹은 기업가 차원에서 일어나는 국제화 현상을 다루지 못한다. 예를 들어 헥셔-올린 정리는 두 교역국가

---

1) 예를 들어 Keupp and Gaussmann(2009)은 국제적 기업가정신을 설명하기 위해서 25개의 이론들을 열거하고 있다. 국제화 단계이론, 조직학습이론, 국제생산이론, 기업 간 제휴 및 네트워크, 자원기반관점, 거래비용이론, 경험학습이론, 해외직접투자, 사회적 네트워크, 기업가적 성향, 산업경제학, 사회인식론, 국제적 신생기업이론, 대리인이론, 자원의존이론, 제품주기가설, 상황이론, 민족기업가정신, 지식기반관점, 진화경제학, 전략적 기업가정신, 신제도이론, 기업가경제이론, 경제지리학, 집중력기반이론 등이다.

간에 상대적으로 풍부한 요소를 집약적으로 사용하는 제품은 수출하고, 반대로 상대적으로 덜 풍부한 요소를 집약적으로 사용하는 제품은 수입한다고 예측할 뿐이다.

지난 50여 년 간에 걸쳐서 경제학에서는 기업의 국제화를 다루는 이론들이 제시되어 왔다. 이러한 이론으로는 독점적 우위이론, 제품생애주기가설, 거래비용이론, 국제생산이론 등이 있다. 이들은 대기업들의 국제화는 잘 설명하고 있지만 소기업들의 국제화 현상을 설명하는 데는 한계가 있다. 독점적 우위이론(Caves, 1971)에 따르면 어떤 기업이 자국 내에서 독점적 우위(예: 기술, 제품차별화, 특허 등을 통한 우월성)를 가지게 되면 해외에서도 추가적인 비용 없이 독점적 우위를 활용할 수 있다. 반면에 현지 기업들은 독점적 우위를 획득하기 위해서는 모든 비용을 부담해야 하므로 해외의 독점적 기업들과 경쟁할 수 없다. 이에 따라서 독점적 우위를 가진 기업에 의해서 해외투자가 일어나며, 다국적기업이 출현한다고 한다.

제품주기가설(Vernon, 1966)도 제품의 발전단계 때문에 다국적기업이 존재한다고 설명할 뿐이다. 이 가설에 따르면 선진국 기업들은 제품도입기에 개발도상국에 수출하던 시장을 보호하기 위해서 제품성숙기에 개발도상국 현지에 해외직접투자를 시도하며, 이로써 저생산비용을 강점으로 수출을 모색하려는 현지 기업가들과 경쟁할 수 있다고 한다.

거래비용이론은 시장의 불완전성으로 거래비용이 존재하며, 기업조직 등 제도는 거래비용을 최소화하기 위해서 생성된다는 이론이다. 거래비용의 발생요인으로는 경제주체의 기회주의적 행동, 제한된 합리성, 그리고 특유적 자산 등이다(Williamson, 1975). Buckley and Casson(1976)은 이러한 거래비용을 줄이기 위해서 기업은 활동을 내부화하며, 국가 간에 걸친 내부화의 결과로 다국적기업이 생성된다고 설명하고 있다.

국제적 생산이론(Dunning, 1980)은 Dunning의 절충이론으로도 불리며 다국적기업의 해외투자를 설명하기 위한 것이다. 그에 의하면 기업이 해외투자를 하기 위해서는 소유권 및 국제경쟁우위를 보유해야 하며, 해외입지가 자국에 비해서 유리해야 한다고 주장한다. 이 이론은 오랜 기간 해외직접투자를 설명하는 근거로 사용되어 왔으나, 이를 중소기업에 적용한 논문(Lu and Beamish,

2001)은 하나에 불과할 정도로 소기업의 국제화를 설명하는 데에는 한계를 가진다.

2) 국제경영이론과 국제적 기업가정신

국제경영학에서 기업의 국제화 현상을 설명하는 대표적인 이론이 국제화 단계이론(stage theory of internalization)이다. 이 이론에 따르면 기업의 국제화는 점진적인 현상으로서 기업들은 우선 자국에서 내수기반을 다진 다음에 해외로 진출한다는 설명이다. 이는 기존 대기업들에 대한 연구에서는 잘 성립되는 이론이지만, 국제적 소기업들의 성장과정을 설명하지 못한다(Brush, 1992; Oviatt and McDougall, 1994).

한편 국제화이론(internationalization theory)도 다국적기업의 존재를 설명하는 데 그치고 있다. 즉 해외시장에서는 시장실패요인이 존재하므로 한 기업이 여러 나라에서 해외지사를 운영함으로써 자사 내에서 거래를 통해서 비용을 절감할 수 있는 다국적기업을 구축한다는 것이다. 하지만 실증적 연구에서 비용절감은 핵심요소가 아닌 것으로 분석되었다(McDougall et al., 1994). 더 나아가서 이 이론의 분석단위는 기업가 차원에서 전혀 이루어지지 않았다.

3) 국제적 기업가정신을 설명하는 이론들

① 자원기반관점

자원기반관점(Resource-Based View: RBV)의 핵심적 논지는 기업은 유형 및 무형의 자원과 능력의 독특한 집합체로서 서로 이질적이라는 것이다(Wernerfelt, 1984). 이러한 기업보유자원은 유형적인 것과 무형적인 것으로 구분할 수 있다. 전자에는 화폐자산과 실물자산이 포함되고, 후자에는 종업원의 지식, 경험과 기능, 기업의 명성, 기술적 자원, 조직관행 등이 포함된다. Barney(1991)에 따르면 기업이 시장에서 경쟁우위를 가지기 위해서는 보유자원이 가치 있고, 희소하며, 대체가 어려워야 한다고 한다.

한편 기업가는 다른 사람과 달리 이윤창출 가능한 자원의 조합에 대한 정보에 민감한 사람이다. 바로 이러한 기회 및 자원조합에 대한 기업가의 각성 정도가 국제적 기업가정신을 설명하는 연결고리이다. 'Born global' 기업을 설립하는 사람들은 자신이 과거에 경험을 통해서 형성한 능력 때문에 상이한 여러 나라의 시장으로부터 자원을 조합하는 가능성을 예견한다. 'Born global' 기업이 이민자 혹은 개인적으로 해외사람들과 접촉이 많은 사람들에 의해서 설립되는 것은 이러한 이유에서이다(McDougall et al., 1994).

자원기반관점에 따르면 이러한 기업가들은 차별화되고 계속 유지될 수 있는 일련의 능력을 가진다. 이러한 능력을 가진 사람들만이 국가 간 경계를 넘어서 특정한 자원조합을 디자인할 수 있으며, 궁극적으로 국제적 신생기업을 설립한다.

② 자원의존이론

자원의존이론(resource dependency theory)은 기업이 특정한 환경하에서 성장 및 발전하기 위해서는 결여된 자원을 다른 경제주체들로부터 지원받아야 한다고 주장한다. 자원의 희소성을 느끼는 기업가나 조직은 새로운 혁신을 통해서 대체자원을 사용하려는 노력을 할 수밖에 없다(Sherer and Lee, 2002). 자원문제를 해결하기 위하여 특히 신생 소기업들은 환경에 의존하게 된다.

이러한 자원의존이론은 기업의 국제화활동을 설명하는 중요한 분석도구가 되고 있다. Tesfom et al.(2004), Hessels and Terjesen(2010) 등은 자원의존이론을 활용하여 기업이 수출활동에 소요되는 자원을 어떻게 조달하는지를 설명하고 있다. Porter(1990)의 국제경쟁력 결정모형도 자원의존이론 관점에서 볼 수 있다. 그는 국제경쟁력 결정모형, 즉 다이아몬드 모형을 통해서 왜 특정 국가가 특정 산업에서 성공적인 기업의 홈베이스(home base)가 되는지를 설명한다. 즉 한 국가의 국제경쟁력은 국가 특유의 요인들, 즉 생산여건, 수요여건, 전략, 지원 및 연관산업, 정부정책, 심지어 우연에 의해서 결정된다는 것이다. 이때 발명활동이나 기업가정신도 이러한 국가적인 특성에 의해서 결정된다고 한다. 예를 들어 인슐린은 캐나다에서 발명되었으나 수요여건, 과학인프라 등이 미비하였기 때문에 캐나다에서 상용화되지 못하고 이들을 갖춘 미국과 덴마크에 기반을 둔 기업들에 의해서 제품화되었다고 한다. 요컨대 기업가정신, 즉 신생기업의 출현과 성공은 세계 어디서나 가능하지만 그것을 결정하는 요인은 국가의 독특한 특성이라는 것이다.

③ 사회적 자본이론

사회적 자본에 대한 정의는 다양하지만, 국제적 기업가정신과 관련하여서는 관계의 사회적 네트워크로부터 개인이 얻을 수 있는 실제적이고 잠재적인 자원의 총량이라고 할 수 있다(Nahapiet and Ghoshal, 1998). 특히 개인들은 사회적 네트워크로부터 신뢰, 정보, 상호호혜, 협력 등이 주는 이득을 향유할 수 있다. 이러한 사회적 네트워크는 자원에 대한 접근을 가능하게 해줌으로써 기업이 국제화 활동에 착수하는 경우에 성공요인으로 작용한다. Oviatt and McDougll (2005)에서도 기업가정신이 국제화속도에 영향을 미치는 과정에서 네트워크가 조절요인으로 작용한다고 보고 있다.

윤현덕 외(2012)는 우리나라 192개 중소기업에 대한 연구에서 사회적 자본의 하위변수인 네트워크, 신뢰, 호혜적 규범 등은 각각 수출성과에 정(+)의 유의적 효과를 가지는 것으로 분석하였다.

대우의 세계경영의 사례를 보면 사회적 네트워크는 해외진출에 크게 기여한 것으로 알려져 있다. 김우중 회장은 미국 국무부 장관을 지냈던 키신저를 비롯하여 동남아시아, 중동, 동유럽 등 여러 국가의 정부수반들과 해외 네트워크를 형성하여 이를 세계경영에 직접 활용하였다고 한다(신장섭, 2014).

④ 중개기관이론

기존의 대기업들은 해외로 직접 수출할 수 있지만 중소기업들은 초기에 해외진출 능력이 부족하다. 이때 중소기업이 중개기관을 활용하여 수월하게 해외로 진출할 수 있다. 이러한 중개기관에는 다국적기업, 수출중개기관 등이 있다. 다국적기업이 중개기관이 되는 경우에는 중소기업이 공급사슬의 일원으로 활동하면 된다. 수출중개기관은 일본의 총합상사(일명 '소오고 쇼사')와 한국의 종합상사가 대표적인 예이다. 한국의 경우 1975년 종합상사제도가 시행된 이후에 삼성물산, 현대종합상사, (주)대우 등 대기업들은 계열사의 수출은 물론 중소기업들의 수출을 대행하여 줌으로써 한때 수출물량이 총수출의 절반 정도를 차지하였다(김덕중, 1986).

⑤ 지식스필오버이론

기업가정신에 대한 지식스필오버이론은 제3자에 의해서 생성된 새로운 지식을 소유하는 개인에 초점을 맞춘다. 물론 이러한 지식은 경제적 가치를 가질 수도 있고 그렇지 않을 수도 있다. 이러한 불확실성은 경제활동주체들이 가지는 정보의 비대칭성과 함께 지식과 그 가치의 격차를 초래한다. 이러한 상황하에서 한 경제주체의 경험 혹은 지식은 다른 경제주체로 전파될 수 있다. 국제적 기업가정신과 관련하여서는 해외에서 들어온 다국적기업이 현지기업의 수출활동에 미치는 효과가 있다. 이러한 효과에는 전시효과나 모방효과가 있으며, 어떤 한 국제적 활동을 수행하는 기업과의 상업상 연계, 훈련, 경쟁 등으로 현지기업들이 국제화하고자 하는 성향이 증대된다.

Oviatt and McDougll(2005)에서도 기업가정신이 국제화 속도에 영향을 미치는 과정에서 해외시장에 대한 지식과 지식집약도가 조절요인으로 작용한다고 보고 있다. 여기서 중요한 것은 지식을 받아들이는 기업의 학습능력이다. 특히 소기업에 있어서 지식은 창업자에게 내재되는 경향이 강하다. 따라서 개인적으로 해외시장에 대한 지식스톡이 많이 축적되어 있는 기업가는 가능한 한 빠른 시기에 해외로 진출하게 될 것이다. 더 나아가서 그들의 빠른 흡수능력은 해외시장에 대한 추가적인 지식을 축적시키고 해외시장에서의 위험을 감소시킴으로써 다른 국가들로 진출하면서 국제화 활동에 더욱 전념하게 될 것이다. 특히 소기업의 국제화에 있어서 '새로움에 대한 학습우위(learning advantage of newness)'(Autio et al., 2000)와 지식의 활용정도가 강하다면 해외에서의 성장뿐만 아니라 국제화 속도가 빨라질 것이다(Oviatt and McDougall, 2005).

CHAPTER

14 기업가정신의 국제적 비교

▸▸ 기업가정신의 수준은 국가 차원에서 다르게 나타난다. 이 장에서는 기업가정신의 국가별 차이를 비교·분석한다.

14.1 기업가정신의 국가별 차이의 원인

기업가정신의 수준은 개인, 기업, 산업, 지역, 국가 등 여러 차원에서 다르게 평가될 수 있다. 특히 국가차원에서 기업가정신의 수준은 다르게 나타난다. 현대경영학의 아버지로 불리는 드러커(Peter Drucker)는 1990년 중반 한 인터뷰에서 한국의 기업가정신이 세계에서 가장 높은 수준이라고 평가하고, 미국의 기업가정신은 대만, 일본, 독일 등에 비해서도 뒤떨어진다고 언급하였다(<Box 14-1> 참조). van Stel(2005), Reynols et al.(2005), Grilio and Thuirk(2006) 등도 국가 차원에서 기업가정신의 수준이 다르다는 연구결과를 보고하고 있다.

그렇다면 기업가정신의 수준은 왜 국가별로 다르게 나타나는가? 국가 간 기업가정신의 차이는 제8장에서 살펴본 기업가정신의 환경적 결정요인의 차이에 기인한다고 할 수 있다. 즉 기업가정신에 영향을 미치는 경제적 요인, 사회문화적 요인, 제도적 요인, 그리고 정책적 요인이 국가별로 다르기 때문이다. 경제적 요인 중에서는 경제발전의 단계에 따라서 기업가정신의 수준이 다르게 나타나고 있다. 그러므로 선진국과 개발도상국에 있어서 기업가정신을 서로 비교할 수 있다. 제도적 요인 중에서는 경제체제의 차이가 중요하다. 특히 경제체제가 계획에서 시장으로 전환되는 국가에서는 기업가정신 수준의 변화를 극명하게 관찰할 수 있다.

이하에서는 먼저 기업가정신의 국가별 비교를 위한 객관적인 지표들을 살펴본 다음에 우리나라의 기업가정신을 개관하고 미국, 일본, 대만, 중국, 독일 등 주요 국가와 비교한다. 이어서 선진국과 개발도상국에서의 기업가정신을 비교하고, 경제체제의 전환기에 있는 국가들의 기업가정신을 별도로 다루고자 한다.

더 알아보기 14.1 국가별 기업가정신의 수준

Peter Drucker는 현대경영학의 아버지로 불리며 기업가정신 연구에 많은 업적을 낸 경영학자이다. 그의 저서인 『*The Next Society*』에 다음과 같은 인터뷰 장면이 나온다. 1996년 Inc. Magazine 편집장인 George Gendron이 질문하고 Drucker가 답하는 형식으로 진행되었다.

Gendron: 미국이 기업가정신을 가장 잘 실천하고 있는 나라라고 보는 주장에 대해, 그리고 미국이 다른 나라보다 훨씬 더 앞서 있다는 주장에 대해 동의하는지?

Drucker : 전혀 아니다. 그것은 정말 위험한 착각이다. 미국은 신규창업회사들이 가장 많기 때문에 실패하는 비율이 가장 높은 것이 사실이지만 그것뿐이다. 기업가정신을 실천한다는 측면에서 보면 어쩌면 2등도 아니다.

Gendron: 그렇다면 1등은 어느 나라인가?

Drucker : 의심할 나위 없이 한국이다. 약 40년 전만 해도 한국에는 기업이 전혀 없었다. 한국을 몇십 년 동안 지배한 일본이 그것을 허용하지 않았다. 일본은 고등교육도 허용하지 않았으므로 한국에는 실질적으로 교육받은 사람이 없었다. 한국전쟁이 끝날 무렵 남한은 완전히 파괴되었다. 그러나 오늘날 한국은 약 24개 분야의 산업에서 세계 일류 수준이고, 조선과 몇몇 분야에서는 세계 선두주자다.

Gendron: 한국이 1등이라면 미국은 2등인가? 아니면 어느 나라인가?

Drucker : 한국을 바짝 뒤쫓고 있는 나라는 대만이다. 대만 역시 1950년에는 한국과 마찬가지로 미개발 국가였다. 오늘날 대만은 마이크로칩을 필두로 몇몇 첨단산업분야에서 세계 선두주자다. 그리고 중국을 간과해서는 안 된다. 현재 중국에서는 태평양 연안을 따라 창업이 줄을 잇고 있다.

Gendron: 좋습니다. 그럼 미국은 3등은 되는 것인가?

Drucker : 미국의 성적은 일본이나 독일보다 더 낫다고 할 수 없다. 일본은 40년 전만 하더라도 대기업들이 존재하지 않았거나 구멍가게 수준의 기업밖에 없었지만, 지금은 세계수준의 거대 기업을 다수 보유하고 있다. (중략) 독일은 제2차 세계대전 후 폐허에서 재기해, 현재의 풍요 — 세계 제3위의 경제에다 국민 1인당 공산품 수출 1위 국가 — 를 누리는 까닭은 수많은 새로운 기업들의 창업 또는 기존의 소규모 기업을 세계 수준의 제조업체로, 그리고 산업의 선두주자로 만든 기업가정신의 발흥에 힘입은 바 크다. (중략)

Gendron: 조금 전 미국의 기업가정신은 위험한 착각이라고 했는데, 그 이유는?

Drucker : 미국은 기업가정신이 우월하다는 일반적인 믿음이 단지 사실이 아니라는 것보다 나를 더 언짢게 만드는 것은, 그것이 미국을 위험한 자만심으로 몰고 간다는 사실이다. 이는 1970년대 초 미국의 경영에 대한 자만심과 다르지 않다. 그 당시 우리는 미국의 경영이 최정상에 도달했다고 확신했으나, 일본은 대량생산과 고객 서비스 분야에서 미국보다 몇 갑절 더 잘하고 있었다. 미국의 기업가정신과 혁신에 대한 자만심이 미국을 또다시 일본뿐만 아니라 한국에게마저 뒤지게 하지 않을까 걱정이다.

Gendron: 그런 일이 일어나는 이유는 무엇인가?

Drucker : 대체로 미국에서는 기업가정신이란 큰 아이디어를 창출하는 것이고, 또 혁신이란 주로 R&D, 즉 기술이라고만 생각하는 경향이 여전히 남아있기 때문이다. 물론 (중략) 기업가정신은 새로운 사업을 창출하는 것이다. 분명 기업가정신은 바로 100년 전 토마스 에디슨(Thomas Edison, 1847~1931)을 커다란 성공으로 이끈 요인이다. 그러나 미국의 기업들은 일부 몇몇을 제외하면 여전히 혁신은 체계적인 것도 아니고, 조직되는 것도 아니고, 역동적 원칙도 아닌, "천재의 번뜩이는 재주"로 간주되고 있는 듯하다. 일본 사람들은 혁신을 조직적으로 접근한다. 한국도 마찬가지이다. 그들은 새로운 사업을 확인하고 또 개발하는데 혁신의 원칙을 체계적으로 적용하기 위해, 회사의 뛰어난 사람들로 소집단을 구성한다(이재규 옮김, 2002 중에서).

14.2 기업가정신의 측정

국가별 기업가정신을 비교하기 위해서는 기업가정신 수준의 측정이 필수적이다. 하지만 제3장에서 언급한 바와 같이 기업가의 역할 및 자질은 다양한 관점에서 정의될 수 있기 때문에 기업가정신의 수준을 측정하기는 쉬운 일이 아니다. 기업가를 위험감수자로 보는 관점에서는 기업가는 불확실한 소득을 획득하여 고용한 종업원들에게 안정적으로 지급하는 사람이다. 이 경우에는 위험을 감수하려는 정도를 기업가정신의 측정치로 사용해야 한다. 기업가를 혁신가로 보는 슘페터적인 관점에서는 혁신성 혹은 창의성을 측정치로 사용해야 한다. 기업가를 시장중개인으로 보는 관점에서는 기회포착능력을 기준으로 측정해야 할 것이다.

또 하나의 문제는 기업가정신을 행위 혹은 의도의 관점에서 볼 것인가 아니면 실제로 나타난 결과의 관점에서 볼 것인가의 여부이다. 기업가정신을 행위 혹은 의도의 관점에서 보면 설문조사나 면접 등을 통하여 사전적으로 파악할 수 있을 것이다. 이와 달리 기업가정신을 현시된 행위(revealed behavior)의 관점에서 보면 객관적인 통계자료를 통해서 측정할 수 있다.

그렇다면 기업가정신을 측정하기 위해서 실제적으로 어떤 지표들이 사용되고 있는가? 특정한 한 관점 혹은 지표를 사용하기보다는 다양한 관점에서 절충적으로 기업가정신을 측정하고 있다. 지금까지 많이 사용되고 있는 지표는 신규벤처창업, 초도기업가, 소기업, 자가고용(혹은 자가소유) 등이다.[1)]

1) 신규벤처창업

기업가 및 기업가정신에 대한 다양한 정의들이 있지만 주로 현실 문제를 다루는 경영학에서는 기업가정신을 기회포착 및 혁신의 관점에서 정의하고 있다(Shane and Venkatraman, 2000). 즉 기업가는 “기회를 인식하고 그것을 추구하기 위해서 새로운 조직을 창출하는 어떤 사람”이다(Bygrave and Hofer, 1991). 따라서 기업가정신의 하나의 현시된 행동으로서 새로운 벤처창업활동은 중요한 측정치가 될 수 있다. GEM(Global Entrepreneurship Monitor)에서도 기업가를 이러한 관점에서 정의하고 기업가정신의 수준을 측정하고 있다.[2)] GEM은 기업가를 “업력이 42개월 이하인 신규벤처기업을 설립하여 운영하고 있는 성인”으로 구체적으로 정의하고 있다. GEM은 이러한 정의에 따라서 TEA(Total Entrepreneurship Activity)라는 지수를 산정하여 국가간 기업가정신의 수준을 비교하고 있다. TEA는 업력이 42개월 이하인 신규벤처기업을 설립하여 운영하고 있는 성인들이 전체 인구에서 차지하는 비중이다.

하지만 기업가정신을 이와 같이 정의하고 측정할 경우 기회를 포착하여 새로운 조직을 만들지 않는 기업가들이 포함될 수 있다. 이 문제를 해결하기 위하여 GEM은 기업가정신을 생계형 기업가정신(necessity entrepreneurship)과 기회형 기업가정신(opportunity entrepreneurship)으로 구분하고 있다. 생계형 기업가는 기업가가 되는 경우 이외에는 다른 대안이 없는 사람이고, 기회형 기업가는 매력적인 다른 대안이 있음에도 불구하고 자신이 포착한 기회를 추구하는 사람이다. 기술혁신 및 경제성장은 기회형 기업가정신과 연관이 있는 반면에 생계형 기업가정신은 국가의 사회복지정책에 의해서 영향을 받게 된다. GEM에서는

1) 이 책에서도 지금까지 이 측정치들을 암묵적으로 기업가정신의 대리변수로 사용해 왔다.

2) GEM은 매년 GEM Global Report를 발표하고 있다. 이외에도 OECD Entrepreneurship at a Glance, World Bank Doing Business, Global Entrepreneurship and Development Index, Ernst & Young G20 Entrepreneurship Barometer 등이 있다. 자세한 내용은 이윤준 외(2014) 참조.

생계형 기업가 대비 기회형 기업가 비율을 동기지수(Motivational Index: MI)로 발표하고 있다.

2) 초도기업가

기회포착 및 혁신의 관점에서 기업가정신을 보다 명확하게 측정하기 위해서 초도기업가(nascent entrepreneur)라는 개념을 사용하기도 한다. 초도기업가는 기업가적 과정 중에서 기회인식→착수→자원조달→창업의 단계에 걸쳐서 활동하는 사람(들)이다. GEM에서는 초도기업가를 다음과 같이 추출한다. 먼저 초도기업가는 독립적인 기업의 설립과 잉태의 과정에 있어야 한다. 그리고 다음과 같은 질문에 대해서 '예'라고 답한 사람들이다. 첫째, 당신은 지금 혼자 혹은 다른 동료들과 새로운 기업설립을 추진하고 있습니까? 둘째, 당신은 새로운 기업의 소유자입니까? 셋째, 당신은 지난 12개월 이내에 새로운 기업을 설립하는 데 적극적이었습니까? 넷째, 당신의 기업은 3개월 이상 동안 비용을 상쇄하지 못했습니까?

초도기업가 비율은 전체인구 중에서 초도기업가가 차지하는 비중이다. 이 지표는 신규기업의 진입과정을 파악할 수 있다는 점에서 유리하다. 왜냐하면 기업설립을 추진하는 사람들 중에서 약 50% 정도만이 실제로 기업을 설립하고(생존편의), 반대로 실제로 설립된 기업들도 창업을 시도했던 기업가들을 모두 포함하지 않기 때문이다(사후확신편의).

3) 중소기업

1980년대 이전에는 기업가정신의 대리변수로 단순히 한 국민경제 내에서 중소기업이 차지하는 비중을 사용하였다. 이 지표는 각국에서 공식통계로 발표하기 때문에 별도로 측정하지 않아도 된다는 점에서 유리하다. 하지만 기업가정신을 나타내주는 지표로 삼기에는 많은 문제점이 있다. 나라마다 중소기업의 범위가 다르며, 산업별 특성을 반영하기가 쉽지 않다. 모든 중소기업들이 기업가에 의해서 운영되는 것은 아니며, 반대로 모든 기업가들이 중소기업을 운영하지 않는다.

결론적으로 기업가정신을 측정하기 위해서 중소기업의 수를 사용하는 것은 무리가 있다. 중소기업지표는 기업이나 산업, 더 나아가서 국민경제 차원에서는 매우 유용하나, 기업가정신은 개인적인 측면, 특히 기회를 포착하여 신규 기업을 설립하는 개인에 관한 것이라는 점에서 적정하지 못하다.

4) 자가고용

기업가를 위험감수자의 관점에서 보면 자가고용(self-employment)을 기업가정신의 측정지표로 삼을 수 있다. 자가고용이란 규칙적으로 임금이나 봉급을 받는 것이 아니라 자신의 전문가적 자질을 사업화하거나 자신이 위험을 감당하면서 사업을 영위함으로써 수익을 얻는 사람이다. 자가고용된 사람들은 대부분 개인사업체를 운영한다. 이와 같이 기업가들 중 고용주가 아닌 사람들도 있기 때문에 이들을 포함하는 지표라는 점에서 장점이 있다.

하지만 자가고용을 측정지표로 삼는 경우 다른 기준에서 측정된 지표와는 거리가 멀 수 있다. 예를 들어 GEM에 따르면 초도기업가의 80%가 그들이 창업을 준비할 때 취업상태이거나 다른 사업체를 운영하는 것으로 나타나고 있다.

이상에서 살펴본 바와 같이 기업가정신을 측정하는 지표들은 만족스럽지 못하다. 그러나 하나의 현상을 다른 측면에서 보고 있다는 점에서 각 측정지표들은 경쟁적이기보다는 상호보완적이다.

14.3 우리나라의 기업가정신

제3장에서 언급한 바와 같이 우리나라에서 기업활동이 활발해지고 기업가정신이 발현되기 시작한 것은 경제개발계획이 착수된 1960년대 초반 이후이다.[3] 정부는 공업중심의 수출주도형 경제성장정책을 수립하여 시행하였고, 이에 호응하는 많은 기업가들이 활발하게 기업활동을 수행하였다. 아마도 Peter Drucker가 이러한 기업가들의 역할을 보고, 세계에서 기업가정신이 가장 투철한 국가로 한국을 꼽았던 것으로 보인다.

그렇다면 2000년대 이후에 우리나라의 기업가정신의 수준은 어떻게 평가할 수 있는가? 이는 매우 주관적인 작업이지만 다행히 GEM에서 국가별로 기업가정신을 나타내는 지표를 보고하고 있으므로 이를 활용할 수 있다. 우리나라

---

3) 해방이 되면서 우리나라에서도 기업가군이 형성되기 시작하였다. 하지만 해방 후 약 20여 년 동안 그들은 일본인들이 남긴 적산불하, 해외원조, 장기저리의 외자 등을 놓고 지대추구행동에 전념하였다는 지적이 있다(김영록, 1964).

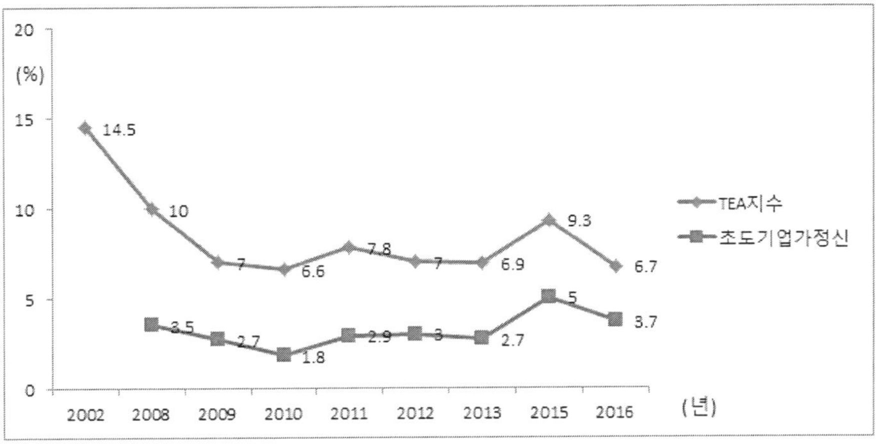

주: 1) TEA는 성인(18~64세) 인구 중 "업력이 42개월 이하인 신규벤처기업을 설립하여 운영하고 있는 성인"의 비중

2) 초도기업가정신(nascent entrepreneurship)은 전체인구 중에서 초도기업가(창업을 고려하는 사람)가 차지하는 비중

자료: GEM 각 연도 보고서에서 발췌하여 작성함.

[그림 14-1] 우리나라 기업가정신 수준의 추이

에 대해서는 2002년부터 간헐적으로 자료가 발표되고 있다.

먼저 성인(18~64세) 인구 중 "업력이 42개월 이하인 신규벤처기업을 설립하여 운영하고 있는 성인"의 비중을 나타내는 TEA(Total Early-stage Entrepreneurial Activity)를 보면, [그림 14-1]에서 보는 바와 같이 2002년에는 14.5%로 매우 높게 나타났으나 계속 하락하여 2016년 현재 6.7%를 기록하고 있다. 전체 인구 중 초도기업가의 비중을 나타내는 지표는 2008년 3.5%에서 하락세를 보이다가 2016년 3.7%로 약간 증가하였다.

앞에서 언급한 바와 같이 TEA 중에는 기회를 포착하여 새로운 조직을 만든다고 보기 어려운 기업가, 즉 생계형 기업가가 포함되어 있다. 이를 제외한 기회형 기업가의 비중을 보면, [그림 14-2]에서 보는 바와 같이 2002년에는 59%로 매우 높았으나 2011년에는 36.2%로 크게 감소하였다. 하지만 2016년에는 다시 65.7%를 기록하고 있다. 이에 따라 생계형 기업가 대비 기회형 기업가 비율을 나타내는 동기지수(MI: Motivational Index)는 2002년 2.1에서 2011년 0.9로 떨어졌다가 2016년에는 다시 2.7로 증가하였다.

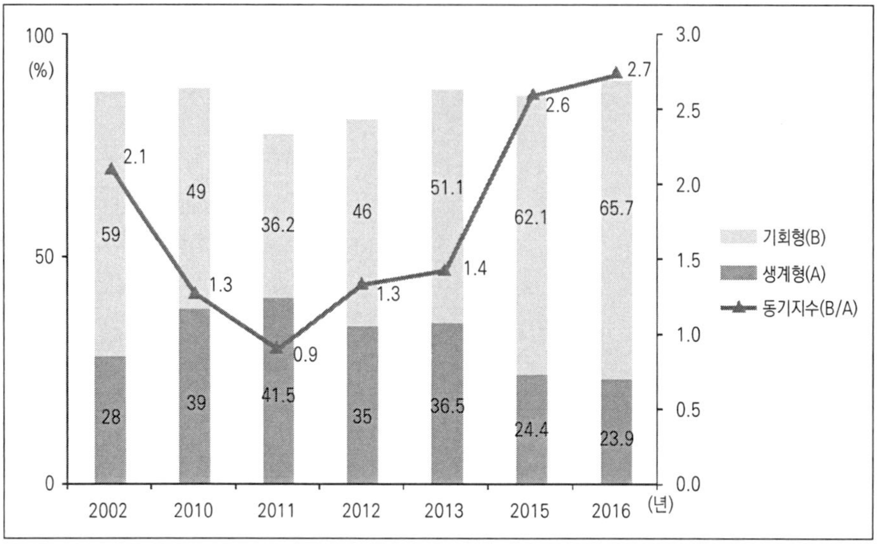

주: 1) 기회형 기업가는 매력적인 다른 대안이 있음에도 불구하고 자신이 포착한 기회를 추구하는 사람이고, 생계형 기업가는 기업가가 되는 경우 이외에는 다른 대안이 없는 사람

2) 동기지수(Motivational Index)는 TEA 중 생계형 기업가수 대비 기회형 기업가수의 비율

자료: GEM 각 연도 보고서에서 발췌하여 작성함.

[그림 14-2] 우리나라의 동기지수 변화 추이

한편 기업가적 자질을 측정한 지표를 보면, [그림 14-3]에서 보는 바와 같이 2008년에 비해서 2013년에는 그 수준이 감소한 것으로 나타나고 있다. 기회인식의 비중이 2008년 20%였으나 2013년에는 12.7%로 감소한 반면에, 실패에 대한 두려움은 2008년 32%에서 2013년 42.2%로 증가하였다. 하지만 2016년에는 기회인식의 비중은 높아지고 실패에 대한 두려움의 수준은 감소한 것으로 조사되었다.

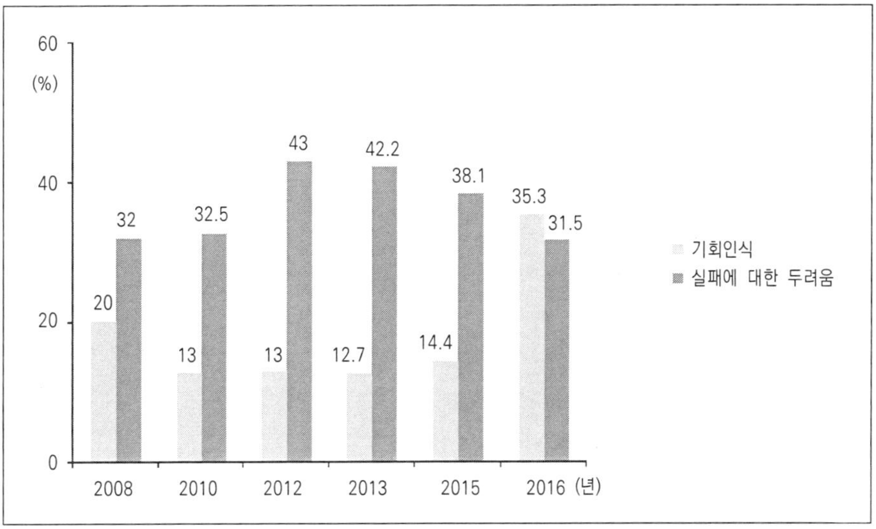

주: 1) 기회인식은 성인(18~64세) 중 향후 6개월 이내에 새로운 벤처기업을 창업할 기회가 있다고 보는 사람들의 비중
2) 실패에 대한 두려움은 사업기회가 있다고 보는 성인(18~64세) 대비 비율
자료: GEM 각 연도 보고서에서 발췌하여 작성함.

[그림 14-3] 우리나라의 기업가적 자질 변화 추이

14.4 주요 국가 간 기업가정신의 비교

Peter Drucker가 1990년대 중반 경 매긴 국가별 기업가정신 순위를 보면 한국 1위, 대만 2위, 일본 3위, 독일 4위이고 미국에 대해서는 기업가정신과 기술혁신에 대한 자만심을 경고하고 있다. 특히 중국의 부상을 예측하였다. 하지만 이러한 Peter Drucker의 평가는 개인의 주관에 따른 것이었다. 이제 GEM이 발표하는 객관적인 지표들을 통해서 이들 국가 간 기업가정신의 수준을 비교해 보기로 하자.

먼저 성인(18~64세) 인구 중 "업력이 42개월 이하인 신규벤처기업을 설립하여 운영하고 있는 성인"의 비중을 나타내는 TEA(Total Early-stage Entrepreneurial Activity)를 보면, [그림 14-4]에서 보는 바와 같이 2002년에는 한국이 14.5%로

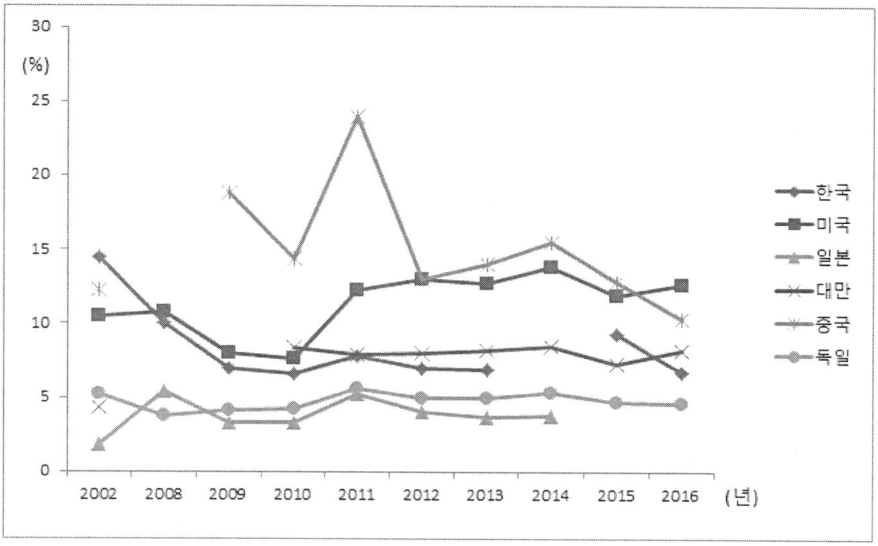

주: TEA는 성인(18~64세) 인구 중 "업력이 42개월 이하인 신규벤처기업을 설립하여 운영하고 있는 성인"의 비중

자료: GEM 각 연도 보고서에서 발췌하여 작성함.

[그림 14-4] 주요 국가 간 TEA 수준 비교

1위에 랭크되어 있다. 그 뒤를 이어서 중국, 미국, 독일, 대만, 일본 순으로 나타나고 있다. 1990년 중반 경 Drucker의 예측은 직관에 의한 것이었지만 이와 같은 객관적인 지표와 거의 일치하는 것으로 보인다. 특히 한국의 기업가정신 수준과 중국의 부상을 정확하게 예측하였다.

약 15년이 지난 2016년 국가별 기업가정신의 순위에는 많은 변화가 있었다. 미국과 중국이 각각 1위와 2위로 랭크되고, 대만, 한국, 독일, 일본 순으로 이어지고 있다. 한국의 기업가정신 수준은 앞에서 살펴본 시계열 자료에서의 결과와 일치하는 평가라고 할 수 있다. 즉 2002년 이후 기업가정신의 수준은 계속 낮아져 왔다. 독일의 기업가정신 수준은 과거 10여 년 동안 거의 변동이 없었으며, 일본의 기업가정신 수준은 2002년 수준에 비해서는 약간 증가하였으나 정체되어 있다.

다음으로 생계형 기업가 대비 기회형 기업가 비율을 나타내는 동기지수(MI)를 보면([그림 14-5]), 2016년 기준으로 미국이 6.4로 가장 높고 일본 3.6,

한국, 대만, 독일이 각각 2.7로 같고 중국이 1.5로 가장 낮은 수준이다. 이는 중국은 TEA지수는 높지만 주로 생계형 창업의 결과로 인한 것임을 보여준다. 한국의 경우는 2016년 동기지수는 과거에 비해서 높아진 수준이지만 미국과 일본과의 비교에서는 아직도 기회형 기업가보다는 생계형 기업가들의 수가 많게 나타나고 있다.

마지막으로 기업가들의 태도 혹은 자질 면에서 평가한 지표를 보기로 하자([그림 14-6]). 두 가지 지표, 즉 기회인식과 실패에 대한 두려움을 기준으로 보았을 때 미국과 한국만이 기회인식의 비중이 실패에 대한 두려움보다는 더 큰 것으로 나타나고 있다. 특히 미국 기업가들은 절대적으로나 상대적으로 기회인식의 능력은 매우 높은 반면에 실패에 대한 두려움은 낮은 것으로 조사되었다. 이와 대조적으로 일본의 기업가들은 절대적으로나 상대적으로 기회인식의 능력은 매우 낮은 반면에 실패에 대한 두려움은 매우 높은 것으로 나타나고 있다. 대만, 중국의 경우도 일본의 경우와 크게 다르지 않은 것으로 보인다.

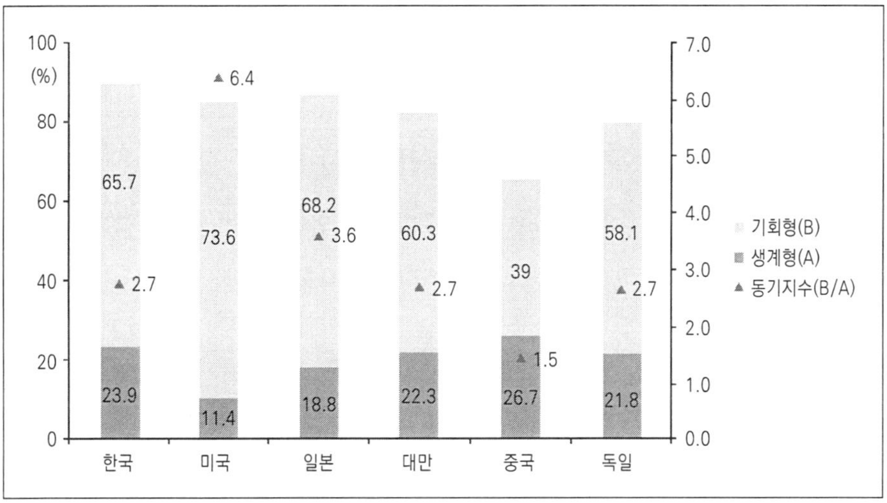

주: 1) 기회형 기업가는 매력적인 다른 대안이 있음에도 불구하고 자신이 포착한 기회를 추구하는 사람이고, 생계형 기업가는 기업가가 되는 경우 이외에는 다른 대안이 없는 사람
2) 동기지수(Motivational Index)는 TEA 중 생계형 기업가수 대비 기회형 기업가수의 비율
3) 일본은 2014년 자료

자료: GEM 각 연도 보고서에서 발췌하여 작성함.

[그림 14-5] 주요 국가 간 동기지수 비교(2016년 기준)

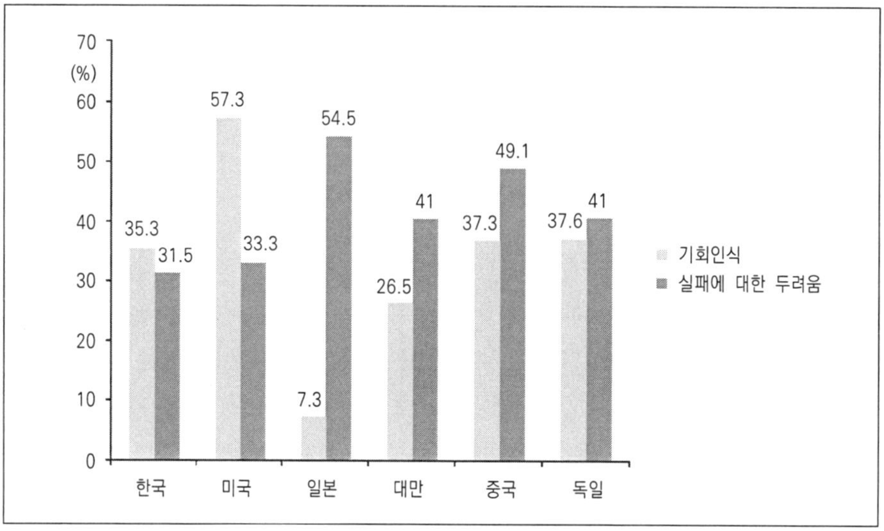

주: 1) 기회인식은 성인(18~64세) 중 향후 6개월 이내에 새로운 벤처기업을 창업할 기회가 있다고 보는 사람들의 비중
2) 실패에 대한 두려움은 사업기회가 있다고 보는 성인(18~64세) 대비 비율
3) 일본은 2014년 자료

자료: GEM 각 연도 보고서에서 발췌하여 작성함.

[그림 14-6] 주요국 간 기업가적 자질의 비교(2016년 기준)

14.5 선진국과 개발도상국 간 기업가정신 비교

국가별 기업가정신의 차이는 사회문화적 요인, 제도적 요인, 정책적 요인과 더불어 경제발전단계와 밀접히 연관되어 있다(Blanchflower, 2000). 특히 기업가정신과 경제발전 간에는 U자형의 가설이 성립하는 것으로 나타나고 있다. 경제가 성장함에 따라서 기업가정신의 수준은 점차 감소하다가 특정한 단계부터는 다시 증가하게 된다는 것이다. 이러한 가설은 기업가정신을 비농업부문의 자영업자 비율로 하는 경우(van Stel, 2005)와 초도기업가의 비율(Wennekers et al., 2005)로 하는 경우에 모두 성립하는 것으로 나타났다.

기업가정신과 경제발전단계 간의 U자형 가설의 의미는 두 가지로 볼 수 있다. 하나는 개발도상국에서의 기업가적 활동은 선진국이나 심지어 후진국보다 활발하지 못하다는 것이다. 이는 개발도상국에서의 기업가들은 혁신적이지 못하며, 주로 생계형 기업가적 활동에 전념하는 반면에(Acs et al., 2008; Gollin, 2008),

소득수준이 높은 선진국에서는 기업가들이 생계형보다는 혁신적 기업가적 활동에 전념한다는 것을 의미한다. 다른 하나는 인과관계의 문제로서 기업가정신이 경제발전을 초래한다기보다는 경제발전이 기업가정신을 결정하는 요인이 된다는 것이다.

하지만 GEM에서 매년 발표하는 TEA를 기업가정신의 지표로 보았을 경우에는 기업가정신과 경제발전단계는 일정한 관계를 보이지 않는다. [그림 14-7]에서 보는 바와 같이 73개 조사대상국가들을 요소주도형(후진국), 효율성주도형(개발도상국) 혁신주도형 국가(선진국)로 나누어 TEA의 값을 정렬한 결과, TEA와 경제발전단계 간에 연관성이 없는 것으로 나타나고 있다.

이는 다시 말해서 TEA를 설명하는 요인들 중 경제발전단계보다도 다른 경제적 요인, 사회문화적 요인, 제도적 요인, 정책적 요인 등이 복합적으로 작용하여 나타난 현상이라고 보는 것이 타당하다. 뿐만 아니라 U자형 가설이 의미하는 인과관계의 방향, 즉 경제발전이 기업가정신을 결정하는 요인이 된다는 주장 역시 맞지 않는다. 일찍이 경제발전론 분야에서 Lewis(1955)는 "후진국에서 새로운 아이디어를 찾는 기업가군이 부재하면 경제성장은 더딜 수밖에 없다"라고 갈파하였고, 실제로 저성장, 고인구성장, 공기업의 실패, 시장경제체제에 대한

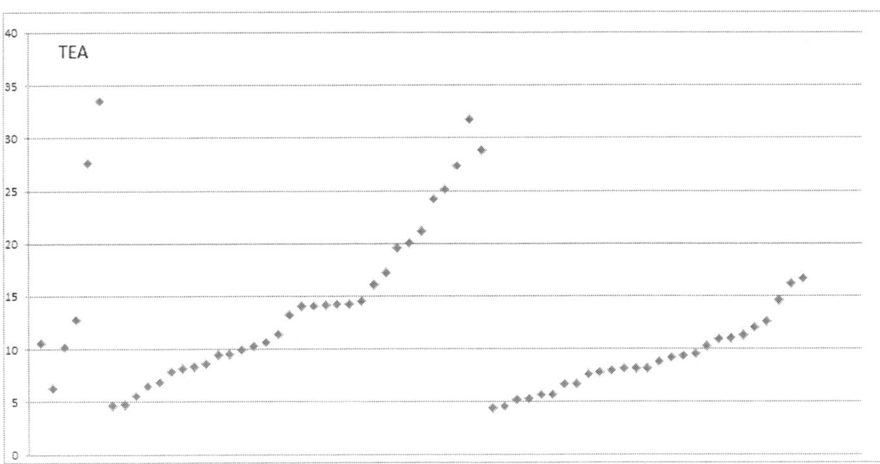

자료: GEM 2016/17 Global Report

[그림 14-7] TEA와 경제발전단계 간의 연관성(2016년 기준)

제약 등 문제들이 기업가정신의 함양과 함께 해결되어 왔기 때문이다(Parker, 2009). 구체적으로 개발도상국에서는 기업가정신의 함양이 하나의 정책으로 수립되어 시행되어 왔으며, 이러한 기업가정신 기반의 발전전략으로 인해 각종 시장실패의 요인들이 제거되어 왔다. 더 나아가서 기업가정신 기반의 발전전략은 교육은 물론 기술혁신과 기능개선 등에 기여하였고, 신규기업의 창출과 고용개선에도 크게 기여하였다(Acs and Vigill, 2010). 특히 개방정책을 편 개발도상국들의 경우 해외직접투자 형태로 국내에 들어온 해외기업들은 기업가적 활동의 주요한 원천이 되었다. 앞으로도 많은 개발도상국들에서도 이러한 역할을 수행하는 기업가들이 경제발전을 이룩하는 과정에서 매우 중요한 역할을 할 것이다.

마지막으로 개발도상국 혹은 후진국보다는 선진국에서 생계형 기업가정신보다는 기회형 기업가정신이 더 활발하게 나타나고 있다. GEM 2016/17년 보고서에 따르면, [그림 14-8]에서 보는 바와 같이 혁신주도국가(선진국)의 동기지수(MI)는 3.1로 효율주도국가(개발도상국) 1.7과 요소주도국가(후진국) 1.2에 비해서 큰 것으로 조사되었다. 따라서 Audretsch and Thurik(2001)이 주장하듯이

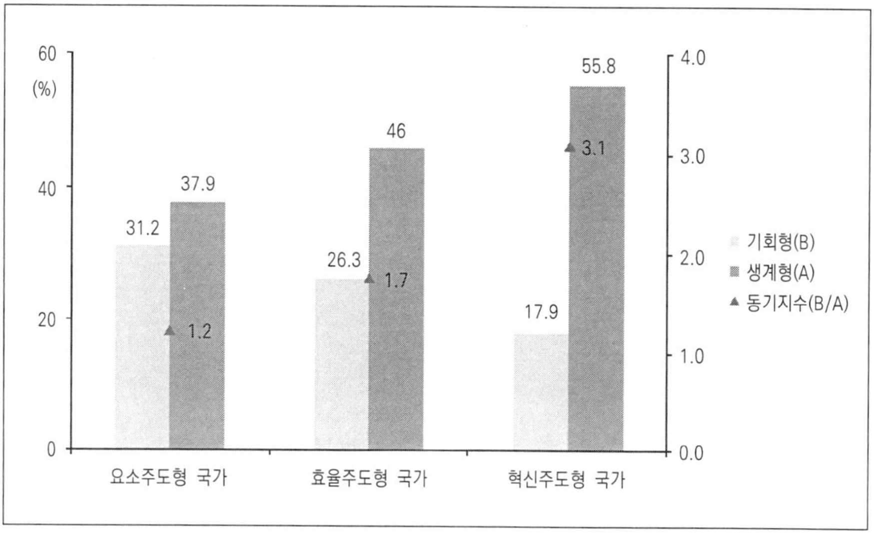

자료: GEM 2016/17 Global Report에서 계산

[그림 14-8] 경제발전단계와 동기지수(2016년 기준)

'관리된 경제(managed economy)에서 기업가적 경제(entrepreneurial economy)'로 전환되기 위해서는 기회형 기업가정신을 촉진하는 방향으로 정책이 수립될 필요가 있다.

14.6 체제전환기 경제의 기업가정신

세계경제 전체적으로 볼 때 가장 큰 변화의 흐름은 경제체제가 전환기적 과정에 있다는 것이다. 중앙집권적 계획경제체제의 대표 주자였던 구소련이 이미 1991년에 해체되어 러시아를 중심으로 시장경제체제로의 이행을 추진 중이다. 아울러 헝가리, 폴란드, 체코, 슬로바키아 등 동구권도 시장경제요소를 급격히 확대시키고 있으며 아시아에서는 중국이 이미 계획경제체제를 포기하고 시장경제체로의 전환을 시도 중이다. 다만 북한과 쿠바만이 전통적인 계획경제체제를 고집하고 있으나 이들도 변화를 암중모색하고 있는 것으로 알려지고 있다.

계획경제체제에서 시장경제체제로 전환되는 과정에서 기업가정신의 역할은 매우 중요하다. 왜냐하면 계획경제체제에서의 개인은 정부의 명령에 의해서 움직일 따름이므로 과거 이들의 의식과 경제활동의 양식이 변하지 않으면 성공적인 체제변화가 불가능하기 때문이다. 특히 변화 속에서 사업기회를 발견하고, 이를 조직하는 기업가적 활동은 필수적인 성공요인이다.

1) 초기조건

중앙집권적 계획경제체제는 기본적으로 계획당국의 명령에 의해서 경제문제가 해결된다. 따라서 개인의 자발적인 의지와 노력에 의해서 기회를 발견하고 이를 추구하는 기업가정신에 대해서는 가장 적대적인 제도적 환경을 제공한다(Earle and Sakova, 2000). 임금과 상품가격은 가격신호등으로서가 아니라 하나의 회계결제수단으로만 기능하며, 종업원을 고용하거나 자본을 획득할 때 제약이 많다. 특히 기업가들에게는 몰수적 성격의 고율의 세금이 부과된다.

이러한 사실은 계획경제체제에서 기업가 자신이 위험을 감수하고 운영하는 자가고용의 비율이 매우 낮다는 사실에서 확인할 수 있다. 폴란드의 경우 1980년에 농업부문을 제외한 자가고용의 비율이 3.37%, 러시아의 경우 1992년에 동비율이 0.76%에 불과하였다.

2) 기업가정신을 촉진하는 요인

경제체제의 전환과정에서 기업가정신을 촉진시킨 가장 큰 요인은 과거 중앙집권적 계획경제체제하에서는 전혀 불가능했던 사업기회들이 출현하고 이를 추구하는 과정에서 이윤을 획득할 수 있게 되었다는 점이다. 특히 국영기업들이 제공하지 못했던 소비재와 서비스를 공급하게 되면서 많은 사업기회들이 창출되었다. 보다 구체적으로 살펴보면 계획경제체제 붕괴 이후에 출현한 기업가적 기회들은 다음과 같다. 첫째, 수직적으로 통합된 국가운영기업이 분해되면서 틈새시장이 창출되었다. 둘째, 생산요소의 사유화 조치로 고정자본 및 운영자본이 방출되면서 창업에 소요되는 자금을 확보할 수 있게 되었다. 셋째, 암시장(black market)의 출현으로 소비재의 부족 문제를 해결하게 되었다. 넷째, 정치적으로 연계된 중개상들의 출현으로 중요한 생산요소에 대한 접근이 가능하게 되었다.

한편 계획경제체제 당시에 지배적이었던 국영기업들이 1990년대에 크게 축소되면서 실업이 늘고, 임금고용에 대한 기회가 줄어들었다. 이러한 상황은 사람들로 하여금 기업가가 되려는 동기를 촉진시켰다.

이러한 변화의 결과로서 실제로 전환기경제의 많은 사람들이 기업가가 되려는 의지를 가지게 된 것으로 나타났다. 2000년대 초 23개의 전환기경제에 속한 25,000명에 대한 설문조사결과, 약 80%가 임금고용자보다는 자가고용을 선호하는 것으로 조사되었다(Blanchflower, 2001). GEM 조사결과에서도 시장경제체제에 속한 국가들에 비해서 생계형 기업가들도 상대적으로 적은 것으로 나타났다(Estrin et al., 2006).

3) 기업가정신을 저해하는 요인

1980년대 말 이후 전환기경제에서 사기업과 자가고용에 대한 법적 장애요인들이 제거되어 왔지만, 여전히 관료주의와 법체제의 미비로 말미암아 생산적인 기업가정신이 활발하게 전개되지 못하고 있다. Baumol(1990)에 의하면 관료주의와 법의 미비는 생산적인 기업가활동을 저해하며, 사적으로 이윤을 창출할 수 있으나 사회적으로 비생산적인 지대추구행위나 와해적인 마피아적 범죄행위를 조장할 수 있다고 한다. 이러한 현상은 체제전환 후의 러시아에서 흔히 발견되는 현상이다.

이외에도 전환기경제에서 기업가정신을 저해하는 요인들은 다음과 같다(Estrin et al., 2006). 첫째, 생산요소가 기본적으로 국가소유였기 때문에 계획경제체제의 붕괴 이후에 개인적으로 소유한 자산이 없었다. 금융시장도 발달하지 못한 상황이므로 새로운 벤처기업 설립에 소요되는 자금을 조달하는 데 어려움이 존재한다. 둘째, 경제체제의 전환과 더불어 획기적인 산업구조조정으로 불확실성의 정도가 너무 컸다. 경제체제 전환의 초기에는 인플레이션을 동반한 불황, 즉 스태그플레이션 현상으로 일반시민들은 새로 민영화되는 기업의 지분을 구입하기 어려웠다. 반대로 이러한 상황은 부패와 조직폭력이라는 비생산적인 형태의 기업가정신을 부추겼다. 셋째, 제도적 요인 측면에서 소유권의 미비, 게임의 규칙 부재 등은 생산적인 기업가정신을 위축시켰다. 제도적 측면에서 정부의 역할 역시 미흡하였다. 이에 따라 기업가들은 평판을 통하여 안정적인 거래를 꾀하고 있는 중이다. 넷째, 공산주의체제에 익숙해 있던 많은 사람들은 개인기업과 기업가정신에 대해서 사회적 거부감을 가지고 있었다.

4) 기업가적 특성

Miguel et al.(2005)은 러시아 기업가들의 특성을 분석하기 위해서 기업가와 기업가가 아닌 사람 각각 약 400명에 대해서 설문조사를 실시하였다. 그 결과 두 가지 특성을 발견하였다. 첫째, 러시아 기업가들은 기업가가 아닌 사람들에 비해서 자신의 소득을 가지고 도박하는 경향이 강하다. 둘째, 러시아 기업가들은 다른 기업가들과 강한 네트워크를 가지고 있다. 예를 들어 러시아 기업가들의 25% 이상이 친구가 기업가였기 때문에 기업가가 되었다고 응답하고 있다. 다른 기업가들과의 강한 네트워크는 중국 기업가들 사이에서도 나타난다. 하지만 러시아와 중국에서의 기업가 간의 네트워크가 주는 영향은 다르게 나타나고 있다. 중국에서는 기업가 간의 강한 네트워크는 미흡한 다른 제도적 요인을 대체하는 긍정적인 요인으로 작용하나, 러시아에서는 오히려 신규기업의 진입을 방해하는 부정적인 요인으로 작용하고 있다. 특히 러시아에서는 기업가들 간의 네트워크는 신규기업의 진입보다는 기존기업의 이득을 증가시키는 요인으로 작용하고 있다(Aidis, 2008).

제 V 편

정책적 측면

CHAPTER

15 기업가정신정책

▸▸ 본 장에서는 기업가정신정책은 무엇인지, 정부가 왜 기업가정신정책을 수립하여 수행하는지, 어떠한 역할을 가지는지, 그리고 기업가정신정책의 영역 및 수단에는 어떤 것들이 있는지에 대해서 알아본다.

15.1 기업가정신정책이란

최근 저성장, 고실업, 정보화 등 경제 환경의 변화로 미국을 비롯한 대부분의 국가들이 벤처창업정책 혹은 기업가정신정책(entrepreneurship policy)을 펴오고 있다. 이는 우리나라의 경우도 예외가 아니다. 1990년대 말 IMF 외환위기를 겪은 직후부터 벤처창업을 지원하는 수많은 정책수단 및 제도들(예: 벤처기업특별법, 창업자금지원, 창업아카데미, 창업성장기 기술개발사업 등)이 마련되어 시행되어 오고 있다.

기업가정신정책은 기업가적 과정에 정부가 개입하는 활동으로 기업가적 자질을 갖춘, 즉 기업가정신을 가진 개인들의 공급을 증가시키고 그들의 창업활동을 지원하는 정책이다. 보다 정확히 말하자면, 기업가정신정책은 기업가적 과정 중 창업 전, 창업, 그리고 창업 후 초기단계에 걸쳐서 개인들의 창업동기를 북돋우고, 기회 및 정보를 제공하며, 경영능력을 향상시키는 일련의 정책이다. 따라서 기업가정신정책의 일차적인 목적은 최대한 많은 사람들이 창업을 하나의 대안으로 고려하게 하고, 실제로 창업을 계획하는 초도기업가(nascent entrepreneur)로 유도하며, 실제로 사업에 착수하여 사업초기단계에 올라서도록 자질을 향상시키는 것이다.

정부는 기업가시장에 개입하여 왜 기업가정신 촉진정책을 수행하는가? 이는 두 가지 이유로 볼 수 있다. 하나는 기업가들이 일자리를 창출하고 기술혁신을 가져오기 때문이다. 따라서 기업가정신을 가진 사람들이 많을수록 좋다. 다른 하나는 시장실패로 적정한 수준의 기업가들이 공급되지 않기 때문이다. 시장실패의 요인은 외부성, 정보의 불완전성, 주인-대리인문제, 전유성의 문제 등으로서 이미 제4장에서 자세히 설명하였다.

15.2 기업가정신정책의 수립 원칙

성공적인 기업가정신정책이 되기 위해서는 다음과 같은 세 가지 원칙이 준수되어야 한다.

첫째 원칙은 부가성(additionality)으로, 정책프로그램이 목적으로 하는 활동을 수행하는 사람들을 정책시행 전에 비해서 많아지게 해야 한다는 것이다. 만약 창업기업에 대한 정부의 지원으로 기존기업에 비해 경쟁에서 유리해진 결과, 기존기업이 사라진다면 좋은 정책이 아니라는 것이다. 이 경우 기업가정신정책이 경제의 효율성, 고용, 성장에 미치는 순효과가 없거나 극히 미미할 것이기 때문이다. 즉 기존기업 대체효과 혹은 '기업도둑효과(business stealing effect)'는 정책효과를 약화시킨다.

둘째 원칙은 정책수혜자에 대한 명확성(disclosure)으로, 정책프로그램이 목표로 하는 정책대상자에게 정책효과가 영향을 미쳐야 한다는 것이다. 물론 이 원칙에는 올바른 정책수혜자의 선정문제도 포함된다. 많은 경우 정책대상자를 잘못 선정하여 정책자금이 낭비되고 있는 것이 현실이다. 극단적인 예로 창업의도도 없이 보고서를 그럴듯하게 제출함으로써 정책자금을 지원받고, 평가가 허술한 틈을 타서 이득을 챙기는 사람들도 없지 않다. 이와 관련하여 Santarelli and Vivarelli(2007)는 '희망 없는' 신규창업자에게 돈을 낭비하기보다는 창업 후의 벤처기업들을 목표로 하여 보조금을 지원하는 것이 바람직하다고 주장한다.

셋째 원칙은 단순성(simplicity)으로, 정책프로그램이 복잡하여 정책목표그룹들이 쉽게 이해하지 못하거나 정책수혜를 받는 데 많은 비용이 들어가서는 안 된다는 것이다. 이는 다른 정책에도 적용되는 일반적 원칙이다.

15.3 기업가정신정책의 틀 및 파급경로

기업가정신정책의 영역과 이에 따른 정책수단을 규정하는 일은 쉽지 않다. 기업가정신정책은 중소기업정책과도 중복될 뿐만 아니라 일반 경제정책, 과학기술정책, 산업정책, 더 나아가서 사회문화정책 및 인구정책과도 연관되어 있다. 그럼에도 불구하고 여기서는 기업가정신정책을 분석하기 위한 정책의 틀을 정립하고자 한다.

앞에서 우리는 기업가정신정책(entrepreneurship policies)을 기업가적 과정(entrepreneurial process)에 대한 정부의 개입으로 정의하였다. 따라서 [그림 15-1]과 같이 기업가정신정책 수립을 위한 틀을 모형화할 수 있다.[1)]

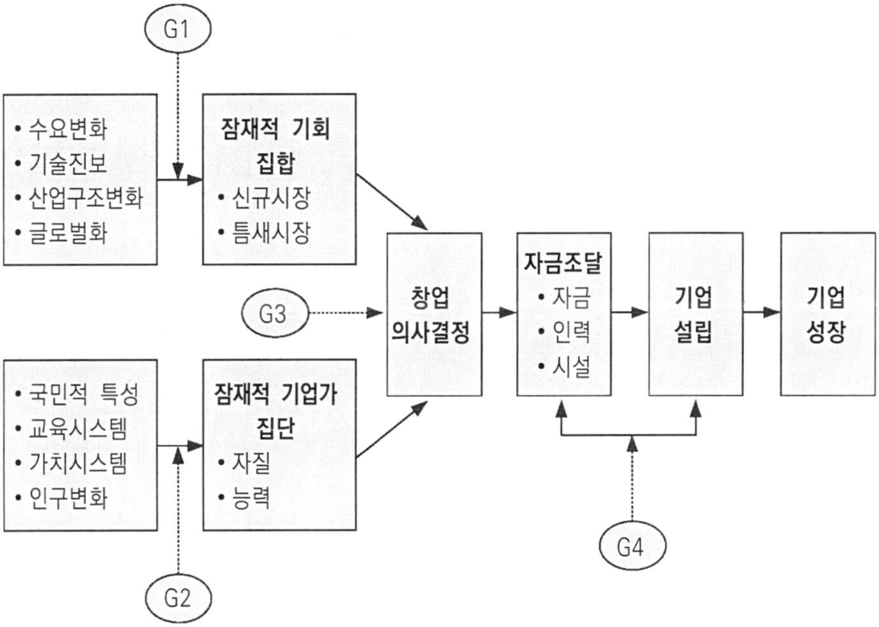

주: Audretsch et al.(2010), Henrekson and Stenkula(2010), Hoffman(2010) 등을 토대로 작성

[그림 15-1] 기업가정신정책의 틀

1) 기업가정신정책을 크게 적극적 정책(active policies)과 소극적 정책(passive policies)으로 나누기도 한다. 적극적 정책은 특정기업가 혹은 특정기업을 지원하는 정책이고, 소극적 정책은 기업유형이나 기업가에 관계없이 창업에 유리한 환경을 조성하는 정책이다.

기업가정신정책의 정책영역은 [그림 15-1]에서 보는 바와 같이 상자(box)에 의해서 표현되어 있다. 첫 번째 정책영역은 잠재적 사업기회의 집합을 나타내는 상자이다. 잠재적 사업기회는 기업가정신정책의 수요측면(demand side)을 의미한다. 왜냐하면 기업가는 제품시장 혹은 서비스시장에 의해서 영향을 받는 파생수요(derived demand)이기 때문이다. 잠재적 사업기회는 수요변화, 기술진보, 산업구조의 변화, 글로벌화 등에 의해서 영향을 받는다. 컴퓨터와 통신기술이 급속히 발전하면서 사업기회가 급속도로 증가해온 것이 대표적인 사례이다. 수요측면에서 기업가정신정책의 목표는 잠재적 사업기회를 극대화하는 것이다. 점선으로 나타낸 G1이 수요측면에서의 기업가정신정책의 파급경로이다. 잠재적 사업기회는 일반적인 경제정책, R&D 정책, 산업정책 등에 의해서 직접적으로 영향을 받으므로, 수요측면에의 기업가정신정책의 역할은 제한적이다.

두 번째 정책영역은 잠재적 기업가집단을 나타내는 상자이다. 잠재적 기업가집단은 기업가정신정책의 공급측면(supply-side)의 정책영역이다. 기업가의 공급은 기본적으로 국민적 특성에 영향을 받으며, 교육시스템, 가치시스템, 그리고 인구변화에 의해서도 영향을 받는데, 공급측면에서 기업가정신정책의 목표는 능력과 자질을 갖춘 기업가들을 원활하게 공급하는 것이다. G2가 공급측면에서의 기업가정신정책의 파급경로이다. 공급측면의 기업가정신정책은 수요측면에의 기업가정신정책에 비해서 상대적으로 통제가능하다.

세 번째 영역은 창업의사결정을 나타내는 상자이다. 그림에서 보는 바와 같이 자질을 갖춘 기업가들이 주어진 사업기회에 대한 정보를 가지고 창업결정을 하도록 유도하는 과정이다. G3가 창업의사결정 측면에서의 파급경로이다.

네 번째 영역은 창업의사결정 후 자원조달과 기업설립을 나타내는 상자이다. '처음'이기 때문에 창업기업 혹은 벤처기업이 가지는 자금, 인력, 설비 면에서의 약점을 정부가 지원하는 정책이다. G4가 바로 이러한 측면을 나타낸다.

15.4 기업가정신정책의 수단

위에서 소개한 기업가정신정책의 파급경로를 요약하면 다음과 같다.

- 수요측면의 기업가정신정책(demand-sided entrepreneurship policy)

- 공급측면의 기업가정신정책(supply-sided entrepreneurship policy)
- 창업의사결정을 위한 기업가정신정책(entrepreneurship policy for start-up)
- 자원조달을 위한 기업가정신정책(entrepreneurship policy for assembling resources)

이제 각 정책파급경로에 따른 구체적인 정책수단을 살펴보자. 우리나라의 경우 기업가정신정책은 주로 중소기업청에 의해서 수립되고 시행되는데, 참고로 현재 시행되고 있는 정책프로그램들을 각 파급경로별로 구분하였다.

1) 수요측면의 기업가정신정책(G1)

[그림 15-1]의 G1은 수요측면에서의 기업가정신정책을 의미한다. 이러한 유형에 속하는 정책들은 사업기회의 유형, 수, 그리고 접근가능성에 영향을 미친다. 예들 들면, R&D 정책, 경쟁정책, 정부구매정책 등이다. R&D 정책은 기술개발을 촉진시킴으로써, 새로운 아이디어와 응용을 활용한 사업기회포착을 가능하게 한다. 경쟁정책은 신규기업들의 시장접근 가능성을 높이며, 신생기업을 위한 정부구매정책은 새로운 사업기회를 제공한다. 정부의 기술이전촉진정책도 기업가들에게 사업기회를 제공한다. 더 나아가서 자유무역정책, 예들 들어 다른 나라와의 자유무역협정 체결은 기업가들에게 외국에서의 사업기회를 활용할 수 있게 도와줄 수 있다.

우리나라에서 수요측면의 기업가정신정책은 광범위하며 매우 다양하다. 과학기술정책, 독과점정책, 중소기업정책 등 열거할 수 없을 정도의 많은 정책수단들이 포함되고 있다. 이 중 현재 중소기업청에서 시행하고 있는 수요측면에서의 직접적 기업가정신정책에는 다음과 같은 프로그램들이 있다.

- 창업성장기 기술개발사업
- 구매조건부 신제품개발사업
- 글로벌시장형 창업사업화 기술개발
- 재창업전용 기술개발사업

2) 공급측면의 기업가정신정책(G2)

[그림 15-1]의 G2는 공급측면에서의 기업가정신정책을 의미한다. 이러한

유형에 속하는 정책들은 기업가적 능력 및 자질을 가진 기업가의 공급을 증대시킨다. G2에 속하는 구체적 정책수단들은 다음과 같다.

① 기업가의 사회적 지위 향상

제1장의 솜틀기계 사례에서 보면, 조선시대 후기를 살았던 다산 정약용은 기회포착능력이라는 기업가적 자질을 가진 사람이었다. 하지만 당시 양반계층에 속했던 다산은 사업화단계에서는 '쌍놈' 출신인 천만호에게 사업을 맡길 수밖에 없었다. 이와 같이 '사농공상'의 가치체계하에서는 기업가가 되려는 사람, 그리고 기업가적 자질과 능력을 갖추려는 사람은 많지 않을 것이다. 이와 반대로 기업가 혹은 창업자가 우대받는 사회에서는 기업가가 되려는 사람들이 많아질 것이다.

따라서 정부는 자질과 능력을 갖춘 기업가집단을 형성하기 위하여 기업가를 칭찬하고 활용하는 정책프로그램을 운영할 수 있다. 예를 들어 창업자를 대상으로 지역 혹은 전국적인 시상프로그램을 시행하거나, 창업자들이 다양한 분야에서 위원회나 토론자 등으로 참여할 수 있는 장을 마련할 수 있다.

② 기업가정신 교육

기업가는 교육을 통해서 공급된다. 교육을 통해 기업가적 자질과 능력을 갖춘 기업가를 배출하기 위해서는 초등학교부터 대학, 그리고 일반인에 이르기까지 교육내용 및 방법이 개발되고 시행되어야 한다. 기존의 전통적인 교육의 틀을 넘어서서 기업가정신 중심의 인턴제도, 강사 및 멘토교육, 그리고 연구가 이루어져야 한다.

미국의 예를 들면, 초등학교 2학년 때 경제원리, 시장 그리고 창업정신을 배울 수 있는 실질적인 프로그램이 시작된다. 방학 중에 학생들로 하여금 제품을 개발하여 제작하게 하고, 가격을 책정하여, 광고하게 하며 한 학기 내내 서로 거래하게 한다. 출시된 제품들은 가족들이 함께 부른 노래테이프, 자신이 직접 그린 만화책, 요리책, 간단한 마술도구 등으로, 학생들은 한 학기 동안 교환하는 즐거움과 돈 버는 성취감으로 학교를 다니게 된다. 이러한 학습활동을 통하여 학생들은 제품에 대한 아이디어를 내고, 나름대로 마케팅전략을 세우며, 이윤을 얻는 과정을 피부로 경험하게 된다.

③ 경영학 교육

경영학 교육도 기업가의 공급 및 질에 영향을 미친다. 대학에서 경영학교육은 전통적으로 조직, 재무, 마케팅, 회계 등을 공부하는데, 창업 혹은 벤처기업에 대한 교육은 기업가정신을 함양시킨다. 경영학 교육은 나라에 따라서 많은 차이를 보여준다. 한국에서는 일부 대학에서만 창업교육을 커리큘럼에 포함시키지만, 미국 등에서는 'Entrepreneurship'이 재무, 마케팅, 회계 등 전통적인 분야와 같이 하나의 독립된 분야로 등장하고 있다. Bobson Collage의 경우는 'Entrepreneurship'에 특화된 대학이다.

따라서 정책적 측면에서 정부는 대학에서의 경영교육이 창의적이고 능력 있는 기업가를 길러내도록 유도하는 정책프로그램을 수립하여 수행할 수 있다.

④ 기업가에 우호적인 가치관 형성

기업가정신 공급의 질과 양은 사회문화적 요인에 의해서 영향을 받는데, 이 중 가장 핵심적인 요인은 가치시스템(value system)이다. 예를 들어 '사농공상'이라는 가치체계가 지배하는 조선시대 후기라면, 일부의 혁신적인 사람들(예: 다산 정약용, 거상 임상옥 등)을 제외하고 기업가의 배출에 제한을 받을 것이다. 반대로 자본주의의 뿌리가 된 '청교도정신'이 지배하는 사회문화적 환경에서는 청지기로서의 신의 소명을 가진 기업가집단이 형성될 수 있을 것이다.

따라서 정부는 정치, 사회, 문화, 교육 등 전 영역에 걸쳐서 기업가의 역할을 긍정적으로 평가할 수 있도록 하는 정책 프로그램을 시행할 필요가 있다. 예를 들어 사회에 기여도가 높았던 기업가들을 발굴하여, 이들에 대한 위인전을 집필하는 경우에 정부가 저술활동을 지원하는 것은 이러한 정책영역에 속한다.

우리나라의 경우 공급측면에서 기업가정신정책의 프로그램들은 다음과 같다.

- 창업 아카데미
- 창업대학원 운영지원
- 청소년 비스쿨 지원사업
- 창업선도대학 육성사업
- 대한민국 실전창업리그

3) 창업의사결정 지원정책(G3)

[그림 15-1]의 G3는 창업의사결정에 긍정적인 영향을 미치는 기업가정신 정책을 의미한다. 이러한 유형에 속하는 정책들은 창업관련 각종 정보를 제공하고, 창업을 용이하게 하며, 기업가에게 유인을 제공한다. G3에 속하는 구체적 정책수단들은 다음과 같다.

① 정보제공

초도기업가(nascent entrepreneur)의 가장 큰 문제는 창업의사결정시에 활용할 수 있는 정보의 부족이다. 즉 한 개인으로서의 초도기업가는 기회에 대한 정보, 시장에 대한 정보, 경쟁자에 대한 정보, 기업설립에 관한 정보 등 각종 정보 제약을 받을 수밖에 없다. 따라서 정부가 이들이 필요로 하는 정보를 적시에 제공한다면 창업활동은 활발하게 될 것이다.

예를 들어 미국 중소기업청(Small Business Administration: SBA)은 많은 지역 사무소를 통하여 예비창업자들에게 각종 정보를 제공하며, 소규모기업 안내데스크와 홈페이지를 통하여 창업에 필요한 정보를 제공하고 있다. 물론 우리나라 중소기업청도 이러한 정책프로그램을 운영하고 있다.

② 규제완화

만약 창업절차가 복잡하다면, 기업가들은 창업의사결정을 미루거나 창업을 포기할 것이다. 반대로 창업절차가 단순하고, 규제가 완화되면 기업가들은 주저 없이 창업을 결정할 것이다. 따라서 정부는 원스톱 서비스센터 등을 통해서 창업과정을 도와주거나 시간을 단축시키는 정책을 펴고 있다.

규제완화를 통해서 창업을 활성화시킨 대표적인 예가 미국의 바이돌법(Bayh-Dole Act)이다. 1980년 이전까지 미국에서는 연방정부가 재정 지원한 발명활동의 결과는 공공재산이었으므로 그 어느 누구도 그것을 사업화하려고 하지 않았으나, Bayh-Dole 법안이 통과된 이후에는 중소기업, 대학, 비영리법인, 심지어 대기업들도 연방정부로부터 자금을 지원 받고 연구한 발명도 특허화 할 수 있게 됨에 따라 R&D 기반의 창업활동이 크게 증가한 것으로 보고되고 있다(Audretsch and Beckmann, 2010; Mowery and Ziedonis, 2002).

③ 세제혜택

조세제도는 기업가에 대한 보수수준에 영향을 미치는 강력한 정책수단이다. 즉 창업시에 정부가 조세감면 혜택을 준다면, 하나의 인센티브로서 창업 쪽으로 의사결정을 유도할 것이다. 특히 기업가의 개인소득에 대한 세제감면정책은 창업의사결정에 큰 영향을 미친다. 법인세의 인하는 창업단계에서는 이윤이 없거나 작으므로 큰 영향이 없으나, 기업이 성장할수록 중요한 요인이 될 것이다. 하지만 기업가는 미래의 현금의 흐름을 예측하여 현재기에서 의사결정을 하므로 법인세의 수준도 창업의사결정에 영향요인이 된다.

④ 지식재산권 보호

벤처기업은 많은 경우 특허를 기반으로 창업되기 때문에 지식재산권이 강력하게 보호될수록 창업활동이 활발하게 될 것이다. 만약 자신이 개발하여 사업화시킨 제품을 다른 경쟁기업이나 대기업이 이를 모방하여 판매하는 경우 정부가 이를 방관한다면 기업가정신은 크게 위축될 것이다. 따라서 기업가정신을 촉진시키기 위해서는 적정한 보호수준의 특허제도가 필요하며,[2] 특허법도 강력하게 시행되어야 한다.

우리나라의 경우 창업의사결정지원 측면의 기업가정신정책에는 다음과 같은 프로그램들이 수립되어 시행되고 있다.

- 제조업 창업중소기업의 부담금 면제
- 기술보호상담
- 기술지킴이서비스
- 중소기업조세지원
- 중소기업옴부즈맨운영

4) 자원조달지원정책(G4)

[그림 15-1]의 G4는 창업초기단계의 경영활동에 영향을 미치는 기업가정신정책을 의미한다. 이러한 유형에 속하는 정책들은 창업에 필요한 자원을 지원한다. G3에 속하는 구체적 정책수단들은 다음과 같다.

---

2) 특허의 보호수준이 너무 강하면, 독과점의 형성 등 다른 측면에서 부작용이 발생할 수 있다.

① 자금조달지원

창업활동에 있어서 가장 어려운 장애는 사업에 필요한 자본을 조달하는 일로 알려져 있다. 기업가가 사업계획서를 작성하는 가장 중요한 이유도 이를 투자자들에게 알려서 투자자금을 유치하기 위한 것이다.

하지만 창업기업은 '초기'이고 '작은 규모'이기 때문에 축적해 놓은 사내유보금도 없고, 대출을 위한 담보물도 부족하므로 정부가 창업을 활성화하기 위해서는 유리한 조건으로 자금을 제공해 줄 필요가 있다. 이뿐만 아니라 엔젤펀드, 크라우드펀딩, 벤처캐피탈 등 각종 금융제도를 지원함으로써 창업기업들이 자금에 쉽게 접근하도록 도와줄 수 있다.

② 인력채용지원

창업활동에 있어서 자본조달 다음으로 어려운 문제는 사업에 필요한 인력의 조달이다. 기업에 일자리를 알아보는 대부분의 사람들은 창업기업보다는 중견기업, 중견기업보다는 안정적이고 사회적으로 명성이 있는 대기업을 선호하기 때문이다. 그러므로 창업기업에 대해서는 정부가 인력채용을 지원할 필요가 있다.

일반적으로 노동시장이 너무 경직화되어 있으면, 창업활동이 위축되는 것으로 알려져 있다(OECD, 1998; 2000). 예를 들어 미국은 노동시장에 대한 정부의 규제가 약하여 창업기업들이 고용을 크게 증대시키는 데 비하여 노동시장에 대한 규제가 강한 유럽에서는 그렇지 못한 것으로 알려지고 있다(OECD, 2003).

③ 시설지원

자금문제와 더불어 창업기업은 시설이나 입지 면에서도 도움을 필요로 한다. 이에 따라 각국 정부에서는 창업보육센터를 설립하여, 이곳에 입주한 신생기업들을 지원하고 있다.

우리나라의 경우 자원지원 측면의 기업가정신정책에는 다음과 같은 프로그램들이 수립되어 시행되고 있다.

• 창업기업지원자금
• 청년전용 창업특례보증

- 사회적 기업 전용 특별보증
- 창업투자조합결성승인 및 관리
- 모태펀드투자관리
- 개인투자조합결성 및 투자확인서 발급
- 실패기업인 재창업자금지원
- 창업보육센터지원
- 창업보육센터 경쟁력강화사업
- 벤처기업집적시설 지원제도

참고문헌 R·E·F·E·R·E·N·C·E·S

[국내문헌]

공병호(1998), 기업가, 자유기업센터.

권기환(2008), “벤처기업의 글로벌 성장통 극복수단으로서 기업가적 학습과 조직역량 재구축,” 국제경영리뷰, 12(4), 195~218.

김기승·조준모(2006), “자영업에 관한 유인가설과 구축가설에 관한 검증: 월간 단기패널을 이용한 실증분석,” 국제경제연구, 12(2), 163~189.

김기승·조준모(2009), “고용형태에 따른 자영업 진출결정요인 분석,” 자영업 노동시장연구(Ⅰ), 한국노동연구원, 180~205.

김덕중(1986), “국제화와 종합무역상사,” 경상논총, 11, 51~74.

김복순(2015), “사업체 규모별 임금 및 근로여건 비교,” 월간노동리뷰, 2월호, 한국노동연구원, 43~59.

김성수(2002), 성공한 창업자의 기업가정신, 인간사랑.

김영록(1964), “한국기업가정신의 반성: 불명예의 왕좌에서 물러서라,” 사상계, 12(8), 36~41.

김원규(2011), “우리나라 기업가정신의 현황과 시사점,” e-KIET 산업경제정보, 제515호(2011-17), 산업연구원.

김종년(2004), 기업가정신의 약화와 복원방안, 삼성경제연구소.

김종호·오준병(2009), 규제, 기업가정신과 경제성장 간의 관계 분석, 산업연구원.

김주미·박재필(2011), 국제간 비교연구를 통한 기업가정신 지수 표준모델정립에 관한 연구, 중소기업연구원.

남문현(1998), “에디슨의 기업가정신과 기술혁신,” 미국사연구, 7, 47~90.

노부호(2004), 기업가정신과 국가경쟁력, 서강대학교 출판부.

문근찬(2008), 창업론: 기업가적 과정, 한티미디어.

문원택·김원석(1996), 기업가와 기업가정신, AIM산업경영교육원.

박기혁(1989), 경제학사, 법문사.

박동수·구언회(2011), 사회적 기업설립과 경영, 영남대학교 출판부.

박영배·윤창석(2000), “벤처기업 경영성과의 영향요인에 관한 탐색적 연구,” 벤처경영연구, 4(1), 3~34.

성태경(2002), “기업가이론의 고찰을 통한 벤처경영자의 바람직한 역할 모색,” 벤처경영연구, 5(2), 37~59.

성태경(2003), “기업규모와 기술혁신활동의 연관성: 우리나라 제조업에 대한 실증적 연구,” 중소기업연구, 25(2), 305~325.

성태경(2005), “벤처기업은 항상 혁신적인가?: KIS 2002에 근거하여,” 벤처경영연구, 8(1), 117~139.

성태경(2006), “과학기술정책의 새로운 접근방법으로서의 기술시스템: 그 개념 및 실제 적용사례,” 기술혁신학회지, 9(4), 715~739.

성태경(2008), 기술정보경제학, 글사랑출판사.

성태경(2014), 경제학, 피앤씨미디어.

성태경(2015), “기업가정신 정책의 이론적 측면에 관한 소고,” 벤처창업연구, 10(3), 15~26.

성태경·장동식·김형기(2014), 기술마케팅과 사업화, 경문사.

성태경·이정상·김달승(2016), “농식품 분야와 ICT 접목을 통한 창업기회 도출: 전북지역 사례를 중심으로,” 산업경제연구, 29(3), 1089~1113.

신장섭(2014), 김우중과의 대화: 아직도 세계는 넓고 할 일은 많다, 북스코프.

양현봉·박종복(2014), 여성기술창업 실태 및 활성화방안, 연구보고서 2014-697, 산업연구원.

윤기창(2009), “한국벤처기업의 경영성과에 미치는 영향요인에 관한 연구: 국제적 기업가정신과 기업역량을 중심으로,” 국제지역연구, 13(2), 405~432.

윤석철(2008), 기업가정신, 대경출판사.

윤현덕·곽기영·서리빈(2012), “글로벌 기업가정신과 공급사슬 내 사회적 자본이 수출성과에 미치는 영향,” 벤처창업연구, 7(3), 1~16.

이윤재(2003), “기업가정신과 경제성장의 관계분석: GEM가설을 중심으로,” 중소기업연구, 25(3), 105~127.

이윤준·김영환·김석관·배용호·임송·고명주(2014), 기업가정신의 국제비교를 통한 창업환경진단 및 개선방안, 과학기술정책연구원.

이장우(1997), 기업가정신과 벤처기업론, 벤처기업협회.

이현숙(2013), "혁신형 기업가의 양성을 통한 기업가정신 활성화 방안," 과학기술정책, 23(2), 22~33.

전국경제인연합회, 시장경제와 기업가정신, 전경련.

전병유(2003), "자영업 선택의 결정요인," 자영업 노동시장의 현상과 과제, 한국노동연구원, 134~163.

조형래(1995), 창업인의 특성, 제품혁신성과 벤처기업성과간의 상황적 관계, 한국과학기술원 박사학위논문.

중소기업청 홈페이지 http://www.smba.go.kr

지은정(2012), "경기변동이 자영업 이행에 미치는 영향의 연령집단별 차이: 구축가설과 유인가설을 중심으로," 사회복지연구, 43(2), 141~178.

최동규(1999), 중소기업활력과 벤처기업육성: 조화와 활성화를 위한 과제, 정책연구자료(17-99-05), 중소기업연구원.

최문경·이명진(2005), "자영업 선택일까? 한국과 미국," 한국사회학, 39(1), 21~51.

한국노동연구원(2015a), 2015 KLI 비정규직 노동통계.

한국노동연구원(2015b), 2015 KLI 노동통계.

한국CCO클럽 편저(2015), 한국경제를 만든 이 한마디, 에프케이아이미디어.

한상설·임덕순(2013), "기업가정신, 해외네트워크 수출지원정책이 신속한 글로벌화에 미치는 영향," 무역학회지, 38(5), 385~407.

홍벤자민 역(2011), 사내기업가정신(Intrapreneurship by K. Desouza), IGMbooks.

황인경(1992), 소설 목민심서, 삼진기획.

황준욱·전병유(2010), 기업가정신과 노동, 한국노동연구원.

[해외문헌]

Acs, Z. J.(1996), "Small Firms and Economic Growth," In P. H. Admiral(ed.), *Small Business in the Modern Economy*, Oxford: Blackwell.

Acs, Z. J.(2006), "How Is Entrepreneurship Good for Economic Growth?," *Innovations*, 1(1), 97~107.

Acs, Z. J.(ed.)(2010), *Entrepreneurship and Regional Development*, Northampton: Edward Elgar.

Acs, Z. J. and C. Armington(2006), *Entrepreneurship, Geography, and American*

Economic Growth, New York: Cambridge University Press.

Acs, Z. J. and D. B. Audretsch(1989), "Small Firm Entry in Manufacturing," *Economica*, 56, 255~265.

Acs, Z. J. and D. B. Audretsch(1990), *Innovation and Small Firms*, Cambridge, MA: MIT Press.

Acs, Z. J. and D. B. Audretsch(1993), *Small Firms and Entrepreneurship: An East–West Perspective*, Cambridge: Cambridge University Press.

Acs, Z. J. and D. B. Audretsch(2003), "Innovation and Technological Change," In Z. J. Acs and D. B. Audretsch(eds.), *Handbook of Entrepreneurship Research: An Interdisciplinary Survey and Introduction*, Boston, MA: Kluwer.

Acs, Z. J. and D. B. Audretsch(2010a), "Knowledge Spillover Entrepreneurship," In Z. J. Acs and D. B. Audretsch(eds.), *Handbook of Entrepreneurship Research: An Interdisciplinary Survey and Introduction*, New York: Springer.

Acs, Z. J. and D. B. Audretsch(eds.)(2010b), *Handbook of Entrepreneurship Research: An Interdisciplinary Survey and Introduction*, New York: Springer

Acs, Z. J. and S. Gifford(1996), "Innovation of Entrepreneurial Firms," *Small Business Economics*, 8(3), 203~218.

Acs, Z. J. and L. Preston(1997), "Small and Medium–Sized Enterprises, Technology, and Globalization: Introduction to a Special Issue on Small and Medium–Sized Enterprises in the Global Economy," *Small Business Economics*, 9, 1~6.

Acs, Z. J. and M. Sanders(2013), "The Knowledge Spillover Entrepreneurship in an Endogenous Growth Model," *Small Business Economics*, 41, 775~795.

Acs, Z. J. and N. Virgill(2010), "Entrepreneurship in Developing Countries," In D. B. Audretsch(eds.), *Handbook of Entrepreneurship Research: An Interdisciplinary Survey and Introduction*, New York: Springer.

Acs, Z. J., D. B. Audretsch, and D. S. Evans(1994), "Why does the Self–Employment Rate Vary across Countries and over Time?," Discussion Paper No. 871, CEPR.

Acs, Z. J., D. B. Audretsch, and M. P. Feldman(1994), "R&D Spillovers and Recipient Firm Size," *Review of Economics and Statistics*, 100, 336~367.

Acs, Z. J., D. B. Audretch, and E. E. Lehmann(2013), "The Knowledge Spillover

Theory of Entrepreneurship," *Small Business Economics*, 41, 757~774.

Acs, Z. J., B. Carlsson, and C. Karlsson(eds.)(1999), *Entrepreneurship, Small and Medium-Sized Enterprises and the Macroeconomy*, Cambridge: Cambridge University Press.

Acs, Z. J., D. B. Audretch, P. Braunerhjelm, and B. Carlsson(2004), "The Missing Link: the Knowledge Filter and Entrepreneurship in Endogenous Growth," CERP Discussion Paper No. 4783, London, UK.

Acs, Z. J., D. B. Audretch, P. Braunerhjelm, and B. Carlsson(2005), "Growth and Entrepreneurship: An Empirical Assesment," CERP Working Paper No. 5409, London, UK.

Acs, Z. J., D. B. Audretch, P. Braunerhjelm, and B. Carlsson(2009), "The Knowledge Spillover Theory of Entrepreneurship," *Small Business Economics*, 32(1), 15~30.

Acs, Z. J., D. B. Audretch, P. Braunerhjelm, and B. Carlsson(2012), "Growth and Entrepreneurship," *Small Business Economics*, 39, 289~300.

Aghion, P. and P. Howitt(1992), "A Model of Growth Through Creative Destruction," *Econometrica*, 60(2), 323~351.

Aghion, P. and P. Howitt(1997), "A Schumpeterian Perspective on Growth and Competition," In D. M. Kreps and K. F. Wallis(eds.), *Advances in Economics and Econometrics: Theory & Applications*, Cambridge: Cambridge University Press.

Aidis, R., S. Estrin, and T. Mickiewicz(2008), "Institutions and Entrepreneurship Development in Russia: A Comparative Perspective," *Journal of Business Venturing*, 23(6), 656~672.

Akyol, A. and A. Kartik(2005), *Exemptions: Limited Enforcement Encouraging Entrepreneurship*, Working paper, York University.

Alexander-Cook, K., D. Bernhardt, and J. Roberts(1998). "Riding Free on the Signals of Others," *Journal of Public Economics*, 67(1), 25~43.

Alhabeeb, M. J.(2015), *Entrepreneurial Finance: Fundamentals of Financial Planning and Management for Small Business*, Hoboken, New Jersey: John Wiley and Sons.

Alvarez, S. A.(2007), "Entrepreneurial Rent and the Theory of the Firm," *Journal of Business Venturing*, 22(3), 427~442.

Anderson, P. and E. Wadensjoe(2007), "Do the Unemployed Become Successful Entrepreneurs?," *International Journal of Manpower*, 28(7), 604~626.

Ardagna, S. and A. Lusardi(2010), "Explaining International Difference in Entrepreneurship," In J. Lerner and A. Schoar(eds.), *International Differences in Entrepreneurship*, Chicago: The University of Chicago Press, 17~62.

Armour, J. and D. J. Cumming(2005), *Bankruptcy and Entrepreneurship*, Centre for Business Research Working Paper, No. 300, University of Cambridge.

Aronson, R. L.(1991), *Self−Employment: A Labour Market Perspective*, New York: ILR Press.

Arrighetti, A. and M. Vinarrelli(1999), "The Role of Innovation in the Post Entry Performance of New Small Firms: Evidence from Italy," *Southern Economic Journal*, 65, 929~939.

Arrow, K. J. (1962a), "The Economic Implications of Learning by Doing," *Review of Economic Studies*, June, 153~173.

Arrow, K. J.(1962b), "Economic Welfare and the Allocation of Resources for Invention," In R. Nelson(ed.), *The Rate and Direction of Inventive Activity*, Princeton, NJ, Princeton University Press.

Atkinson, J. W.(1957), "Motivational Determinants of Risk−Taking Behavior," *Psychological Review*, 64, 359~372.

Audretch, D. B.(2003), "Entrepreneurship Policy and the Strategic Management of Places," In D. M. Hart(ed.), *The Emergence of Entrepreneurship Policy*, Cambridge: Cambridge University Press.

Audretch, D. B.(2007a), "Entrepreneurship Capital and Economic Growth," *Oxford Review of Economic Policy*, 23(1), 63~78.

Audretsch, D. B.(2007b), *The Entrepreneurial Society*, New York: Oxford University Press.

Audretsch, D. B.(2012), "Entrepreneurship Research," *Management Decision*, 50(5), 755~76.

Audretch, D. B. and M. Keilbach(2007), "The Theory of Knowledge Spillover Entrepreneurship," *Journal of Management Studies*, 44, 1242~1254.

Audretch, D. B. and M. Keilbach(2008), "Resolving the Knowledge Paradox: Knowledge-spillover Entrepreneurship and Economic Growth," *Research Policy*, 37(10), 1242~1254.

Audretsch, D. B. and A. N. Link(2012), "Entrepreneurship and Innovation: Public Policy Frameworks," *Journal of Technology Transfer*, 37, 1~17.

Audretsch, D. B. and I. A. Beckmann(2007), "From Small Business to Entrepreneurship Policy," In D. B. Audretsch, I. Grilo, and A. R. Thurik(eds.), *Handbook of Research on Entrepreneurship Policy*, Northampton: Edward Elgar, 36~63.

Audretsch, D. B. and R. Thurik(2001), "What is New about the New Economy: Sources of Growth in the Managed and Entrepreneurial Economies," *Industrial and Corporate Change*, 10(1), 267~315.

Audretsch, D. B. and Z. J. Acs(1994), "New Firm Start-ups, Technology, and Macroeconomic Fluctuations," *Small Business Economics*, 6, 439~449.

Audretsch, D. B., I. Grilo, and A. R. Thurik(eds.)(2007a), *Handbook of Research on Entrepreneurship Policy*, Northampton: Edward Elgar.

Audretsch, D. B., I. Grilo, and A. R. Thurik(2007b), "Explaining Entrepreneurship and the Role of Policy," In D. B. Audretsch et al.(eds.), *Handbook of Research on Entrepreneurship Policy*, Northampton: Edward Elgar, 1~17.

Audretsch, D. B., O. Falck, S. Heblich, and A. Lederer(eds.)(2011), *Handbook of Research on Innovation and Entrepreneurship*, Northampton: Edward Elgar.

Austin, J., H. Stevenson, and J. Wei-Skillern(2006), "Social Entrepreneurship and Commercial Entrepreneurship: Same, Different, or Both?," *Entrepreneurship, Theory and Practice*, 30(1), 1~22.

Autio, E.(2005), "Creative Tension: The Significance of Ben Oviatt's and Patricia McDougall's Article 'Toward a Theory of International New Ventures'," *Journal of International Business Studies*, 36, 9~19.

Autio, E.(2007), "GEM's Report 2007: Global Report on High-Growth Entrepreneurship," Produced in Association with Mazars, London Business School, and Babson College.

Autio, E., H. J. Sapienza, and J. G. Almeida(2000), "Effects of Age at Entry,

Knowledge Intensity, and Imitability on International Growth," *Academy of Management Journal*, 43, 909~924.

Axinn, C. N.(1988), "Export Performance: Do Managerial Perceptions Make a Difference?," *International Marketing Review*, 5(5), 67~71.

Backman, M. and C. Karlsson(2013), "Determinants of Entrepreneurship: Is It All about the Individual or the Region?," Working Paper No. 338, Center for Excellence for Science and Innovation Studies, The Royal Institute of Technology.

Bardhan, P.(1997), "Corruption and Evidence: A Review of Issues," *Journal of Economic Literature*, 35, 1320~1346.

Barney, J. B.(1991), "Firm Resources and Sustained Competitive Advantage," *Journal of Management*, 17(1), 99~120.

Baron, R. A. and S. A. Shane(2008), *Entrepreneurship: A Process Perspective*, Mason: South−Western Cengage Learning.

Barreto, H.(1989), *The Entrepreneur in Microeconomic Theory: Disappearance and Explanation*, London and New York: Routledge.

Barzel, Y.(1997), *Economic Analysis of Property Right*, Cambridge: Cambridge University Press.

Bascavusoglu−Moreau, E.(2011), "Entrepreneurship and the National System of Innovation," In A. Szirmai, W. Naude, M. Goedhuys, *Entrepreneurship, Innovation, and Economic Development*, Oxford: Oxford University Press.

Baumol, W. J.(1968), "Entrepreneurship in Economic Theory," *American Economic Review(Papers and Proceedings)*, 58, 64~71.

Baumol, W. J.(1990), "Entrepreneurship: Productive, Unproductive, and Destructive," *Journal of Political Economy*, 98(5), 893~921.

Baumol, W. J.(1993), *Entrepreneurship, Management, and the Structure of Pay−offs*, Cambridge, MA: MIT Press.

Baumol, W. J.(2007), "Small Firms: Why Market−driven Innovation Get along without Them," Paper Presented at IFN Conference, Stockholm.

Baumol, W. J.(2010), *The Microtheory of Innovative Entrepreneurship*, Princeton Oxford: Princeton University Press.

Baumol, W. J.(2011), "Invention and Social Entrepreneurship: Social Good and Social Evil," In D. B. Audretsch, O. Falck, S. Heblich, and A. Lederer(eds.), *Handbook of Research on Innovation and Entrepreneurship*, Northampton, MA: Edward Elgar.

Baumol, W. J., R. E. Litan and C. J. Schramm(2007), "Sustaining Entrepreneurial Capitalism," *Capitalism and Society*, 2(2), 1~36.

Bayus, B. L. and R. Agarwal(2007), "The Role of Pre–entry Experience, and Entry Timing, and Product Technology Strategies in Explaining Firm Survival," *Management Science*, 53(12), 1887~1902.

Becker, M. C., T. Knudsen and R. Swedberg(eds.)(2011), *The Entrepreneur: Classic Texts by Joseph A. Schumpeter*, Stanford: Stanford University Press.

Bednarzik, R. W.(2000), "The Role of Entrepreneurship in US and European Job Growth," *Monthly Labor Review*, July, 3~16.

Berkowitz, J. and M. J. White(2004), "Bankruptcy and Small Firms Access to Credit," *Rand Journal of Economics*, 35, 69~84.

Bertland, M. and A. Schoar(2006), "The Role of Family in Family Firms," *Journal of Economic Perspectives*, 20(2), 273~289.

Bessant, J. and J. Tidd(2011), *Innovation and Entrepreneurship*, West Sussex: John Wiley and Sons.

Bhide, A.(2000), *The Origin and Evolution of New Businesses*, New York: Oxford University Press.

Binks, M. and P. Vale(1990), *Entrepreneurship and Economic Change*, England: McGraw–Hill.

Birch, D. L.(1979), *The Job Generation Process*, Cambridge MA: MIT Programme on Neighborhood and Regional Change.

Birkinshaw, J.(2000), *Entrepreneurship in the Global Firm*, London: SAGE Publications.

Birley, S. and D. Norburn(1987), "Owners and Managers, the venture 100 vs the Fortune 500," *Journal of Business Venturing*, 2(4), 351~353.

Bjørnskov, C. and N. Foss(2010), "Economic Freedom and Entrepreneurial Activity: Some Cross–Country Evidence, In A. Freytag and R. Thurik(eds.), *Entrepreneurship and Culture*, New York: Springer, 201~225.

Blanchflower, D. G.(2000), "Self-Employment in OECD Countries," *Labor Economics*, 7(5), 471~505.

Blanchflower, D. G., A. Oswald, and A. Stutzer(2001), "Latent Entrepreneurship across Nations," *European Economic Review*, 45, 680~691.

Boettke, P. J. and C. J. Coyne(2003), "Entrepreneurship and Development: Cause or Consequences?," *Advances in Austrian Economics*, 6, 67~88.

Bosma, N., S. Wennekers, G. de Wit, and W. Zwinkels(2000), "Modeling Business Ownership in the Netherlands," *EIM Business Policy Research*, Research Report 9911/E, Zoetemeer.

Bregger, J. E.(1996), "Measuring Self-employment in the United States," *Monthly Labor Review*, 119, 3~9.

Bridge, S., K. O'Neill, and S. Cromie(1998), *Understanding Enterprise, Entrepreneurship and Small Business*, Basingstoke: Macmillan.

Brixy, U., S. Kohaut, and C. Schnabel(2007), "Do Newly Founded Firms Pay Lower Wages? First Evidence from Germany," *Small Business Economics*, 29, 161~171.

Brouard, F. and S. Larivet(2010), "Essay of Classifications and Definitions of the Related Concepts of Social Enterprise, Social Entrepreneur, and Social Entrepreneurship," In F. Brouard and Larivet(eds.), *Handbook of Research on Social Entrepreneurship*, Northampton, MA: Edgar Elgar.

Brown, S., L. Farrell, and J. G. Sessions(2006), "Self-Employment Matching: An Analysis of Dual Earner Couples and Working Households," *Small Business Economics*, 26, 155~172.

Brüderl, J. and P. Preisendörfer(1998), "Network Support and the Success of Newly Founded Businesses," *Small Business Economics*, 10, 213~225.

Brush, C. G.(1992), *Factors Motivating Small Companies to Internationalize: The effect of Firm Age*, Boston MA: Doctorial Dissertation, Boston University.

Brush, C. G., L. Kolvereid, L. Widding, and R. Sorheim(eds.)(2010), *The Life Cycle of New Ventures*, Chelttenham: Edward Elgar.

Bruyat, C. and P. Julien(2001), "Defining the Field of Research in Entrepreneurship," *Journal of Business Venturing*, 16(2), 165~180.

Buckley, P. J. and M. Casson(1976), *The Future of the Multinational Enterprise*, New York: Holmes and Meier.

Burgelman, R. A.(1983), "Corporate Entrepreneurship and Strategic Management: Insights from a Process Study," *Management Science*, 29(12), 1349~64.

Burke, A. E., F. R. Fitz-Roy, and M. A. Nolan(2000), "When Less is More: Distinguishing between Entrepreneurial Choice and Performance," *Oxford Bulletin of Economics and Statistics*, 62, 565~587.

Burke, A. E., F. R. Fitz-Roy, and M. A. Nolan(2002), "Self-employment Wealth and Job Creation: The Roles of Gender, Non-pecuniary Motivation and Entrepreneurial Ability," *Small Business Economics*, 19, 255~270.

Burns, P.(2008), *Corporate Entrepreneurship: Building and Entrepreneurial Organization*, New York: Palgrave Macmillan.

Caballero, R. J. and M. L. Hammour(1994), "The Clearing Effect of Recessions," *American Economic Review*, 84, 1350~1368.

Calvo, G. and S. Wellisz(1980), *Technology, Entrepreneurs, and Firm Size*, *Quarterly Journal of Economics*, 95, 663~77.

Cantillon, R.(1755), "The Circulation and Exchange of Goods and Merchandise," In M. Casson(ed.)(1990), *Entrepreneurship*, Vermont: Edward Elgar.

Carlsson, B. and R. Stankiewicz(1991) "On the Nature, Function, and Composition of Technological Systems," *Journal of Evolutionary Economics*, 1(2), 93~118.

Carlsson, B. and R. Stankiewicz(1997) "Diversity Creation and Technological Systems: A Technology Policy Perspective," In C. Edquist(ed.), *Systems of Innovation: Technologies, Institutions and Organizations*, London: Pinter.

Carlsson, B., Z. Acs, D. B. Audretsch, and P. Braunerhjelm(2009), "Knowledge Creation, Entrepreneurship, and Economic Growth: A Historical Review," *Industry and Corporate Change*, 18, 1193~1229.

Carrasco, R.(1999), "Transitions to and from Self-Employment in Spain: An Empirical Analysis," *Oxford Bulletin of Economics and Statistics*, 61, 315~341.

Carree, M. A. and A. R. Thurik(2008), "The Lag Structure of the Impact of Business Ownership on Economic Performance in OECD Countries," *Small Business*

Economics, 30(1), 101~110.

Carree, M. A. and A. R. Thurik(2010), "The Impact of Entrepreneurship on Economic Growth," In Z. J. Acs and D.B. Audretsch(eds.), *Handbook of Entrepreneurship Research: An Interdisciplinary Survey and Introduction*, New York: Springer, 557~594.

Carroll, R. D., D. Holtz−Eakin, M. Rider and H. S. Roen(2000), "Income Taxes and Entrepreneur's Use of Labor," *Journal Labor Economics*, 18, 324~351.

Casson, M.(1982), *The Entrepreneur: An Economic Theory*, Oxford: Martin Robertson.

Casson, M.(1987), "Entrepreneur," In J. Eatwell, M. Milgate, and P. Newman(eds.), *The New Palgrave: A Dictionary of Economics*, Vol. 2, London: Macmillan.

Casson, M.(ed.)(1990), *Entrepreneurship*, Vermont: Edward Elgar.

Casson, M.(2003), *The Entrepreneur: An Economic Theory*, Second Edition, Cheltenham: Edward Elgar.

Casson, M.(2010a), *Entrepreneurship: Theory, Networks, History*, Northampton: Edward Elgar.

Casson, M.(2010b), "Entrepreneurship, Business Culture and the Theory of the Firm," In Z. J. Acs and D. B. Audretsch(eds.), *Handbook of Entrepreneurship Research*, New York: Springer, 249~271.

Caves, R. E.(1971), "International Corporations: The Industrial Economics of Foreign Investment," *Economica*, 38, 1~27.

Chandy, R. K. and G. J. Tellis(2000), "The Incumbent's Curse? Incumbency, Size, and Radical Product Innovation," *Journal of Marketing*, 64(3), 1~17.

Chowdhury, F., S. Terjesen, and D. Audretsch(2015), "Varieties of Entrepreneurship: Institutional Drivers across Entrepreneurial Activity and Country," *European Journal of Law and Economics*, 40, 121~148.

Cogregado, E.(2010), *Measuring Entrepreneurship: Building a Statistical System*, New York: Springer.

Cohen, W. M.(1995), "Empirical Studies of Innovative Activity," In P. Stoneman(ed.), *Handbook of the Economics of Innovation and Technological Change*, Oxford: Blackwell.

Cohen, W. M. and D. Levinthal(1989), "Innovation and Learning," *Economic Journal*, 99, 569~586.

Cole, A.(1946), "An Approach to the Study of Entrepreneurship: A Tribute to Edwin F. Gay," *Journal of Economic History*, 6, 1~15.

Colombatto, E. and A. Melnik(2008), "Productive and Non-Productive Entrepreneurship and the Interaction between Founders and Funders," *New Perspective on Political Economy*, 4(1), 1~21.

Comarnor, W. S.(1967), "Market Structure, Product Differentiation, and Industrial Research," *Quarterly Journal of Economics*, 81, 639~57.

Cooper, A.(1964), "R&D Is More Efficient in Small Companies," *Harvard Business Review*, 42, 75~83.

Cornelius, B., H. Landstorm, and O. Persson(2006), "Entrepreneurship Studies: The Dynamic Research Front of a Developing Social Science," *Entrepreneurship Theory and Practice*, 30, 375~399.

Corona-Trevino, L.(2016), "Entrepreneurship in an Open National Innovation System(ONIS)," *Journal of Innovation and Entrepreneurship*, 5, 1~13.

Cosh, A. D., A. Hughes, and E. Wood(1999), "Innovation in UK SMEs: Causes and Consequences for Firm Failure and Acquisition," In Z. J. Acs, B. Carlsson, and C. Karlsson(eds.), *Entrepreneurship, Small and Medium-Sized Enterprises and the Macroeconomy*, Cambridge: Cambridge University Press.

Coviello, N. C., P. P. McDougall, and B. M. Oviatt(2011), "The Emergence, Advance and Future of International Entrepreneurship Research-An Introduction to the Special Forum," *Journal of Business Venturing*, 26, 625~631.

Cowling, M.(2000), "Are Entrepreneurs Different across Countries?," *Applied Economics Letters*, 7, 785~789.

Cowling, M.(2003), *The Contribution of the Self Employed to Employment in the EU*, Report to the Small Business Service, DTI, London.

Cowling, M., P. Mitchell, and M. Talyer(2004), "Job Creators," *Manchester School*, 72, 601~617.

Coyne, C. J. and P. T. Leeson(2004), "The Plight of Undeveloped Countries," *Cato*

Journal, 24(2), 235~249.

Crifo, p. and H. Sami(2008), "Entrepreneurship and Turnover and Endogenous Return to Ability," *Economic Modelling,* 25(4), 585~604.

Cullen, J. B. and R. H. Gordon(2007), "Taxes and Entrepreneurial Risk-taking: Theory and Evidence for the US," *Journal of Public Economics,* 91(7-8), 1479~1505.

Cumming, D. and D. Li(2013), "Public Policy, Entrepreneurship, and Venture Capital in the United States," *Journal of Corporate Finance,* 23, 345~367.

Dana, L. P.(2010), *Entrepreneurship and Religion,* Northampton: Edward Elgar.

Davidsson, P. and B. Honig(2003), "The Role of Human and Social Capital among Nascent Entrepreneurs," *Journal of Business Venturing,* 18, 301~333.

Davis, S. J., J. C. Haltiwanger, and S. Schuh(1996), "Small Business and Job Creation: Dissecting the Myth and Reassessing the Facts," *Small Business Economics,* 8, 297~315.

de Clercq, D. and H. J. Sapienza(2005), "When Do Venture Capital Firms Learn from their Portfolio Companies," *Entrepreneurship Theory and Practice,* 29(4), 517~535.

Dejardin, M.(2011), "Entrepreneurship and Rent-seeking Behavior," In D. B. Audretsch, O. Falck, S. Heblich, and A. Lederer(eds.), *Handbook of Research on Innovation and Entrepreneurship,* Northampton, MA: Edward Elgar.

Delmar, F. and K. Wennberg(2010), *Knowledge Intensive Entrepreneurship,* Northampton: Edward Elgar.

Desai, M., B. Gompers, and J. Lerner(2003), "Institutions, Capital Constraints, and Entrepreneurial Firm Dynamics: Evidence from Europe," Working Paper No. 10165, NBER.

Dew, N., A. Ramesh, and S. Read(2011), "The Market for Entrepreneurs," Available at SSRN: http://ssrn.com/abstract=1923407 or http://dx.doi.org/10.2139/ssrn.1923407.

Djankov, S., E. Miguel, Y. Quian, G. Roland, and E. Zhuravskaya(2005), "Who are the Russia's Entrepreneurs?," *Journal of the European Economic Association,* 3(2-3), 587~597.

Douhan, R. and M. Henrekson(2008), "Productive and Destructive Entrepreneurship in a Political Economy Framework," IFN Working Paper No. 761, Stockholm.

Drucker, P. F.(1985), *Innovation and Entrepreneurship: Practice and Principles*, New York: Harper & Row.

Drucker, P. F.(1986), *Innovation and Entrepreneurship*, London: Pan Books.

Drucker, P. F.(2002), *The Next Society*, 이재규 역, *Next Society*, 한국경제신문사.

Dunning, J. H.(1980), "Toward an Eclectic Theory of International Production: Some Empirical Tests," *Journal of International Business Studies*, 11(1), 9~31.

Earle, J. and Z. Sakova(2000), "Business Start−ups or Disguised Unemployment? Evidence on the Character of Self−Employment from Transition Countries," *Labour Economics*, 7(5), 575~601.

Estrin, S. and T. Mickiewicz(2010), "Entrepreneurship in Transition Economies: The Role of Institutions and General Change," IZA Discussion Paper No. 4805, The Institute for the Study of Labor(IZA).

Estrin, S., K. E. Mayer, and M. Bytchkova(2006), "Entrepreneurship in Transition Economies," In M. Casson, B. Yeung, A. Basu, and N. Wadeson(eds.), *The Oxford Handbook of Entrepreneurship*, Oxford: Oxford University Press, 693~725.

Evans, D. S. and L. S. Leighton(1989a), "The Determinants of Changes in US Self−Employment, 1968~1987," *Small Business Economics*, 1, 111~119.

Evans, D. S. and L. S. Leighton(1989b), "Small Business Formation by Unemployed and Employed Workers," *Small Business Economics*, 2, 319~330.

Fagenson, E. A.(1993), "Personal Value Systems of Men and Woman Entrepreneurs versus Managers," *Journal of Business Venturing*, 8, 409~430.

Fagerberg, J., D. Mowery, and R. Nelson(2004), *The Oxford Handbook of Innovation*, Oxford: Oxford University Press.

Fairlie, R. W.(2006), "The Personal Computer and Entrepreneurship," *Management Science*, 52(2), 187~203.

Failie, R. W. and A. M. Robb(2007), "Families, Human Capital, and Small Business: Evidence from the Characteristics of Business Owners Survey," *Industrial and Labor Relations Review*, 60(2), 225~245.

Fan, T. and P. Phan(2007), "International New Ventures: Revisiting the Influence behind Born Global Firm," *Journal of International Business Studies*, 38, 1113~1131.

Fan, W. and M. J. White(2003), "Personal Bankruptcy and the Level of Entrepreneurial Activity," *The Journal of Law and Economics*, 46, 545~567.

Fayolle, A. and H. Matlay(eds.)(2010), *Handbook of Research on Social Entrepreneurship*, Northampton: Edward Elgar.

Fielden, S. L., M. J. Davidson, and P. J. Makin(2000), "Barriers Encountered during Micro and Small Business Start-up in North West England," *Journal of Small Business and Enterprise Development*, 7, 295~304.

Fletcher, T. L.(2001), "A Holistic Approach to Internalization," *International Business Review*, 10(1), 25~49.

Foellmi, R. and M. Oechslin(2007), "Who Gains from Non-Collusive Corruption," *Journal of Development Economics*, 82(1), 95~119.

Foss, K. and N. J. Foss(2002), "Economic Organization and the Trade-offs between Productive and Destructive Entrepreneurship," In N. J. Foss and P. G. Klein(eds.), *Entrepreneurship and the Firm: Austrian Perspectives on Economic Organization*, Aldershot: Edward Elgar.

Frederick, H., A. O'Connor, and D. F. Kuratko(2016), *Entrepreneurship: Theory, Process, Practice*, South Melbourne: Victoria Cengage Learning.

Freeman, C.(1988), "Japan: A New National System of Innovation?," In G. Dosi, C. Freeman, and R. Nelson(eds.), *Technical Change and Economic Theory*, London and New York: Pinter.

Freytag, A. and R. Thurik(2007), "Entrepreneurship and its Determinants in a Cross-Country Setting," *Journal of Evolutionary Economics*, 17(2), 117~131.

Freytag, A. and R. Thurik(eds.)(2010), *Entrepreneurship and Culture*, New York: Springer.

Friedman, T. L.(2005), *The World is Flat: A Brief History if the Twenty-first Century*, New York: Farrar, Straus and Giroux.

Fritsch, M. and J. Schmude(2006), *Entrepreneurship in the Region*, New York: Springer.

Fritsch, M. and P. Mueller(2004), "Effect of New Business Formation on Regional Development over Time," *Regional Studies*, 38(8), 961~975.

Fritsch, M.(1997), "New Firms and Regional Employment Change," *Small Business Economics*, 9, 437~488.

Fritsch, M.(2008), "How does New Business Affect Regional Development? Introduction to the Special Issue," *Small Business Economics*, 30, 1~14.

Fritsch, M. and P. Mueller(2008), "The Effect of New Business Formation on Regional Development over Time: The Case of Germany," *Small Business Economics*, 30, 15~29.

Frye, T. and A. Shleifer(1997), "The Invisible Hand and the Grabbing Hand," *American Economic Review*, 87, 354~358.

Fuduric, N.(2008), *The Source of Entrepreneurial Opportunities: Individuals and Environment*, Doctoral Dissertation, Department of Planning and Development, Aalborg University.

Garcia–Ruiz, J. L. and P. A. Toninelli(2010), *The Determinants of Entrepreneurship: Leadership, Culture, Institutions*, London: Pickering and Chatto.

Gartner, W. B., K. G. Shaver, N. M. Carter, and P. D. Reynolds(eds.)(2004), *Handbook of Entrepreneurial Dynamics: The Process of Business Creation*, London: Sage Publication.

GEM(1999~2017), *GEM Global Report*, Global Entrepreneurship Monitor.

Georgellis, Y. and H. J. Wall(2000), "What Makes a Region Entrepreneurial?: Evidence from Britain," *Annals of Regional Science*, 34, 385~403.

Geroski, P. A. and R. Pomroy(1990), "Innovation and the Evolution of Market Structure," *Journal of Industrial Economics*, 38, 299~314.

Ghatak, M., M. Moelli, and T. Djostrom(2007), "Entrepreneurial Income, Occupational Choice, and Trickle–up Policies," *Journal of Economic Theory*, 137, 27~48.

Gibb, A.(2002), "In Pursuit of a New Enterprise and Entrepreneurship Paradigm for Learning: Creative Destruction, New Values, New Ways of Doing Things and New Combination of Knowledge," *International Journal of Management Reviews*, 4(3), 233~69.

Gittelman, M.(2006), "National Institutions, Public−Private Knowledge Flows, and Innovation Performance: A Comparative Study of the Biotechnology Industry in the US and France," *Research Policy*, 35, 1052~1068.

Golden, W., E. Higgins, and S. H. Lee(2003), "National Innovation Systems and Entrepreneurship," Working Paper No. 8, Center for Innovation and Structural Change.

Gomez, R. and E. Santor(2001), "Membership has its Privileges: The Effect of Social Capital and Neighbourhood Characteristics on the Earnings of Microfinance Borrowers," *Canadian Journal of Economics*, 34, 943~966.

Grant, D.(1996), "The Political Economy of New Business Formation across the American States, 1970~1985," *Social Science Quarterly*, 77, 28~42.

Graves, S. and J. Langowitz(1993), "Innovative Productivity and Return to Scale in the Pharmaceutical Industry," *Strategic Management Journal*, 14, 593~605.

Grilo, I. and A. R. Thurik(2006), "Entrepreneurship in the Old and the New Europe," In E. Santarelli(ed.), *Entrepreneurship, Growth, and Innovation*, Berlin: Springer Verlag.

Grossman, G. M. and E. Helpman(1991), *Innovation and Growth in Global Economy*, Cambridge, MA: MIT Press.

Hadad, S. and O. Găucă(2014), "Social Impact Measurement in Social Entrepreneurial Organizations," *Management and Marketing*, 9(2), 119~136.

Haltiwanger, J.(2006), "Entrepreneurship and Job Growth," In D. B. Audretsch, R. Strom, and Z. C. Acs(eds.), *Entrepreneurship, Growth, and Public Policy*, Cambridge: Cambridge University Press.

Haltiwanger, J. and C. J. Krizan(1999), "Small Business and Job Creation in the United States: The Role of New and Young Businesses," In Z. C. Acs(ed.), *Are Small Firms Important? Their Role and Impact*, Dordrecht: Kluwer.

Hamberg, D.(1964), "Size of Firm, Oligopoly, and Research: The Evidence," *Canadian Journal of Economics and Political Science*, 30, 62~75.

Hansen, M., H. W. Chesbrough, N. Nohria, and D. N. Sull(2000), "Networked Incubators: Houses of the New Economy," *Harvard Business Review*, Sep.−Otc.,

74~83.

Haper, D. A.(1998), "Institutional Conditions for Entrepreneurship," In P. J. Boettkem, I. M. Kirzner, and M. J. Rizzo(eds.), *Advances in Austrian Economics*, Vol. 5, Connecticut: JAI Press, 241~275.

Hasle, P. and H. J. Limborg(2006), "A Review of the Literature on Preventive Occupational Health and Safety Activities in Small Enterprises," *Industrial Health*, 44(1), 6~12.

Hawley, F. B.(1907), *Enterprise and the Productive Process*, New York: G.P. Putnam's Son's.

Hayek, F. A.(1937), "Economics and Knowledge," *Economica*, 4(13), 33~54.

Hayek, F. A.(1949), "The Meaning of Competition," In F. A. Hayek, *Individualism and Economic Order*, London: Routedge and Kagan Paul(1959).

Hebert, R. F. and A. N. Link(2009), *A History of Entrepreneurship*, Oxford: Oxford University Press.

Heldman, M. and D. B. Audretsch(1999), "Science−based Diversity, Specialization, Localized Competition and Innovation," *European Economic Review*, 43, 409~429.

Helmers, C. and M. Rogers(2010), "Innovation and the Survival of New Firms in the UK," *Review of Industrial Organization*, 36, 227~248.

Hemingway, C. A.(2002), "An Exploratory Analysis of Corporate Social Responsibility: Definitions, Motives and Values," *Research Memorandum* No. 34, University of Hull Business School.

Hemingway, C. A.(2005), "Personal Values as a Catalyst for Corporate Social Entrepreneurship," *Journal of Business Ethics*, 60(3), 233~249.

Hemingway, C. A.(2013), *Corporate Social Entrepreneurship: Integrity Within*, Cambridge: Cambridge University Press.

Hendrickson, L., S. Bucifal, A. Balaguer, and D. Hamsell(2015), "The Employment Dynamics of Australian Entrepreneurship," Research Paper 4/2015, Office of Chief Economist, Department of Industry and Science, Australia.

Henley, A.(2005), "Job Creation by the Self−employed: The Roles of Entrepreneurial and Financial Capital," *Small Business Economics*, 25, 175~196.

Henrekson, M. and M. Stenkula(2010), "Entrepreneurship and Public Policy," In Z. J. Acs and D. B. Audretsch(eds.), *Handbook of Entrepreneurship Research*, New York: Springer, 595~637.

Herron, L. and R. B. Robinson(1993), "A Structural Model of the Effects of Entrepreneurial Characteristics on Venture Performance," *Journal of Business Venturing*, 8, 281~294.

Hessels, J. and S. Terjesen(2010), "Resource Dependency and Institutional Theory Perspective on the Choice of Direct and Indirect Export," *Small Business Economics*, 34(2), 203~220.

Hitt, M., R. Hoskisson, and R. Ireland(1990), "Mergers and Acquisitions and Managerial Commitment to Innovation in M－Firm Firms," *Strategic Management Journal*, 11, 9~47.

Ho, W. P. and P. K. Wong(2007), "Financing, Regulatory Costs and Entrepreneurial Propensity," *Small Business Economics*, 28, 187~204.

Hoffman, A. N.(2007), "A Rough Gide to Entrepreneurship Policy," In D. B. Audretsch, I. Grilo, and R. Thurik(eds.), *Handbook of Research on Entrepreneurship Policy*, Northampton: Edward Elgar, 1~17.

Holmes, T. J. and J. A. Schmitz(2001), "A Gain from Trade: from Unproductive to Productive Entrepreneurship," *Journal of Monetary Economics*, 47, 417~446.

Holtz－Eakin, D., D. Joulfaian, and H. S. Rosen(1994), "Ticking It out: Entrepreneurial Survival and Liquidity Constraints," *Journal of Political Economy*, 102, 53~75.

Horowitz, I.(1962), "Firm Size and Research Activity," *Southern Economic Journal*, 28, 298~301.

Horowitz, I. and R. Kolodney(1981), "The Impact of Rule Making on R&D Investment of Small High－Technology Firms," *Journal of Accounting, Auditing and Finance*, 4, 102~113.

Howitt, P. and P. Aghion(1998), "Capital Accumulation and Innovation as Complementary Factors in Long－run Growth," *Journal of Economic Growth*, 3, 111~130.

Hung, S. C. and R. Whittington(2011), "Agency in National Innovation Systems: Institutional Entrepreneurship and the Professionalization of Taiwanese IT,"

Research Policy, 40, 526~538.

Ilmakunnas, P. and V. Kanniainen(2001), "Entrepreneurship, Economic Risk, and Risk Insurance in the Welfare State: Results from OECD Data 1978~93," *German Economic Review*, 2, 195~218.

Ilmakunnas, P. and V. Kanniainen, and U. Lammi(1999), *Entrepreneurship, Economic Risk, and Risk Insurance in the Welfare State*, Department of Economics, University of Helsinki.

ILO(1990), *The Promotion of Self-Employment*, Geneva: ILO.

Isenberg, D. J.(2008), "The Global Entrepreneur," *Harvard Business Review*, Dec., Harvard University.

Iyer, R. and A. Schoar(2010), "Are There Cultural Determinants of Entrepreneurship," In J. Lener and A. Schoar(eds.), *International Differences in Entrepreneurship*, Chicago: University of Chicago Press, 209~240.

Jefferson, P. N.(1997), "Unemployment and Financial Constraints Faced by Small Firms," *Economic Inquiry*, 35, 108~119.

Johnson, S., J. McMillan, and C. Woodruff(2000), "Entrepreneurs and Ordering of Institutional Reform: Poland, Slovakia, Romania, Russia, and Ukraine Compared," *Economic Transition*, 8, 1~36.

Johnson, S., J. McMillan, and C. Woodruff(2002), "Property Right and Finance," *American Economic Review*, 92, 1335~1356.

Jones, L. P. and I. Sakong(1980), *Government, Business, and the Entrepreneurship in Economic Development: The Korean Case*, Cambridge, Mass.: Harvard University Press.

Jovanovic, B.(1982), "Selection and the Evolution of Industry," *Econometrica*, 50, 649~70.

Kaiser, C. P.(1990), "Entrepreneurship and Resource Allocation," *Eastern Economic Journal*, 1(1), 9~20.

Kaldor, N.(1957), "A Model of Economic Growth," In N. Kaldor, *Essays on Economic Stability and Growth*, London: Duckworth.

Kaplan, J. M. and A. C. Warren(2013), *Patterns of Entrepreneurship Management*,

Hoboken, NJ: Wiley and Sons.

Kariv, D.(2011), *Entrepreneurship: An International Introduction*, London and New York: Routledge.

Kerr, W. and R. Nanda(2009), "Financing Constraints and Entrepreneurship," NBER Working Paper No. 15498, National Bureau of Economic Research.

Keupp, M. M. and O. Gassmann(2009), "The Past and Future of International Entrepreneurship: A Review and Suggestions for Developing the Field," *Journal of Management*, 35(3), 600~633.

Kim, H. P. and H. E. Aldrich(2005), "Social Capital and Entrepreneurship," *Foundations & Trends in Entrepreneurship*, 1(2), 55~104.

Kirzner, I. M.(1973), *Competition and Entrepreneurship*, Chicago: University of Chicago Press.

Kirzner, I. M.(1979), *Perception, Opportunity and Profit*, Chicago: University of Chicago Press.

Klapper, L., A. Amit, and M. F. Guillen(2010), "Entrepreneurship and Firm Formation across Countries," In J. Lerner and A. Schoar(eds.), *International Differences in Entrepreneurship*, Chicago: The University of Chicago Press, 129~158.

Klepper, S.(1996), "Entry, Exit, Growth and Innovation over the Product Life Cycle," *American Economic Review*, 86, 562~583.

Klette, T. J., J. Moen, and A. Griliches(2000). "Do Subsidies to Commercial R&D Reduce Market Failure? Microeconometric Evaluation Studies," *Research Policy*, 29(4−5), 471~495.

Knight, F. H.(1921), *Risk, Uncertainty and Profit*, Boston: Houghton Mifflin.

Knight, G. A. and S. T. Cavusgil(2004), "Innovation, Organizational Capabilities, and the Born−Global Firm," *Journal of International Business Studies*, 35, 124~141.

Kolonowski, D.(ed.)(2014), *Entrepreneurial Finance: Critical Concepts in Finance*, New York: Routledge.

Kritikos, A. S.(2014), *Entrepreneurs and their Impact on Jobs and Economic Growth*, IZA World of Labor, 2014:8.

Kuhn, P. J. and H. J.(2001), "Self−Employment Dynamics and Self−Employment

Trends: A Study of Canadian Men and Women, 1982~1998," *Canadian Journal of Economics*, 34, 760~784.

Lambert-Mogiliansky, A., M. Majumdar, and R. Radner(2007), "Strategic Analysis of Petty Corruption: Entrepreneurs and Bureaucrats," *Journal of Development Economics*, 83, 351~367.

Lazear, E. P.(2005), "Entrepreneurship," *Journal of Labor Economics*, 23, 649~680.

Le, A. T.(1999), "Empirical Studies of Self-Employment," *Journal of Economic Surveys*, 39, 1303~1319.

Lee, J. H.(2013), "A Study on the Ways to Vitalize Students' Entrepreneurship," *Asia-Pacific Journal of Business Venturing and Entrepreneurship*, 8(2), 63~74.

Lee, J. H. and S. Venkataraman(2006), "Aspirations, Market Offerings, and the Pursuit of Entrepreneurial Opportunities," *Journal of Business Venturing*, 21, 107~123.

Lee, S. H., M. W. Peng, and J. B. Barney(2007), "Bankruptcy Law and Entrepreneurship Development: A Real Options Perspective," *Academy of Management Review*, 32, 257~272.

Leibenstein, H.(1968), "Entrepreneurship and Development," *American Economic Review*, 58(2), 72~83.

Lekachman, R.(1959), *A History of Economic Ideas*, New York: McGraw-Hill.

Lerner, J. and A. Schoar(eds.)(2010), *International Differences in Entrepreneurship*, Chicago: The University of Chicago Press.

Licht, A. N.(2007), "The Entrepreneurial Spirit and What the Law Can Do about it," *Comparative Labor Law and Policy Journal*, 28(4), 817~862.

Licht, A. N.(2010), "Entrepreneurial Motivations, Culture, and the Law," In A. Freytag and R. Thurik(eds.), *Entrepreneurship and Culture*, New York: Springer.

Link, A. N. and J. R. Link(2009), *Government as Entrepreneur*, Oxford: Oxford University Press.

Lowe, R. A. and A. A. Ziedonis(2006), "Over-Optimism and the Performance of Entrepreneurial Firms," *Management Science*, 52(2), 173~186.

Lu, J. W. and P. W. Beamish(2001), "The Internationalization and Performance of SMEs," *Strategic Management Journal*, 22(6-7), 565~586.

Lucas, R. E.(1978), "On the Size Distribution of Business Firms," *Bell Journal of Economics*, 9, 508~523.

Lucas, R. E.(1988), "On the Mechanics of Economic Development," *Journal of Monetary Economics*, 22, 3~39.

Lundstrom, A. and L. A. Stevenson(2005), *Entrepreneurship Policy: Theory and Practice*, New York: Springer.

Mansfield, E.(1991), "Academic Research and Industrial Innovation," *Research Policy*, 20(1), 1~12.

Mansfield, E.(1992), "Academic Research and Industrial Innovation: A Further Note," *Research Policy*, 21(3), 295~296.

Mansfield, E.(1998), "Academic Research and Industrial Innovation: An Update of Empirical Findings," *Research Policy*, 26(7−8), 773~776.

Marshall, A.(1890), *Principles of Economics*, London: Macmillan.

Marshall, A.(1920), *Principles of Economics*, London: MacMillan.

Mata, J.(1996), "Market, Entrepreneurs and the Size of New Firms," *Economics Letters*, 52, 89~94.

Matthews, C. H. and R. F. Brueggenmann(2015), *Innovation and Entrepreneurship, A Competency Framework*, New York: Routledge.

McClelland, D. C.(1961), *The Achieving Society*, Princeton NJ: Van Nostrand.

McDougall, P. P. and B. M. Oviatt(2000), "International Entrepreneurship: The Intersection of Two Research Path," *Academy of Management Journal*, 43, 902~908.

McDougall, P. P., S. Shane, and B. M. Oviatt(1994), "Explaining the Formation of International New Ventures: The Limits of Theories from International Business Research," *Journal of Business Venturing*, 43, 902~908.

McMillan, J. and C. Woodruff(2002), "The Central Role of Entrepreneurs in Transition Economies," *Journal of Economic Perspectives*, 16(3), 153~170.

McNaughton R. B. and J. Bell(eds.)(2009), *Entrepreneurship and Globalization*, Vol. 1~5, London: SAGE Publications.

Meager, N.(1992), "Does Unemployment Lead to Self−Employment?," *Small Business*

Economics, 4, 415~444.

Meisel, J. B. and S. A. Y. Lin(1983), "The Impact of Market Structure on the Firm's Allocation of Resources to Research and Development," *Quarterly Review of Economics and Business*, 23, 28~43.

Menudo, J. M. and J. M. O'Kean(2014), "The Market for Entrepreneurs: The Story of a Failure," WP Econ 14.09, Department of Economics, Universidad Pablo de Olavide.

Moen, Ø. and P. Servais(2002), "Born Global or Gradual Global? Examining Export Behavior of Small and Medium-Sized Enterprises," *Journal of International Marketing*, 10(3), 49~72.

Morck, R. and B. Yeung(2004), "Family Control and the Rent-Seeking Society," *Entrepreneurship Theory and Practice*, 28(4), 391~409.

Morris, M. H. and D. F. Kuratko(2002), *Corporate Entrepreneurship*, New York: Harcourt Collage Publishers.

Morris, M. H., D. F. Kuratko, and J. G. Covin(2011), *Corporate Entrepreneurship and Innovation*, Mason OH: Thomson.

Mowery, D. C. and A. A. Ziedonis(2002), "Academic Patent Quality and Quantity before and after the Bayh-Dole Act in the United States," *Research Policy*, 31, 399~418.

Mueller, P., A. van Stel, and D. J. Storey(2008), "The Effects of New Firm Formation on Regional Development over Time: The Case of Great Britain," *Small Business Economics*, 30(1), 59~71.

Murphy, K., A. Shleifer, and R. W. Vishny(1993), "Why is Rent-Seeking so Costly to Growth," *American Economic Review*, 83(2), 409~414.

Murphy, P. J., J. Liao, and H. P. Welsch(2006), "A Conceptual History of Entrepreneurial Thought," *Journal of Management History*, 12(1), 12~35.

Nahapiet, J. and S. Ghoshal(1998), "Social Capital, Intellectual Capital, and the Organizational Advantage," *Academy of Management Review*, 23(2), 242~266.

Naudé, W. A.(2010), *Entrepreneurship and Economic Development*, Basingstoke: Palgrave Macmillan.

Naude, W. A.(2013), "Entrepreneurship and Economic Development: Theory, Evidence, and Policy," IZA Discussion Paper No. 7507, The Institute for the Study of Labor(IZA).

Nelson, R. R. and N. Rosenberg(1993), "Technical Innovation and National Systems," In R. R. Nelson(ed.), *National Systems of Innovation–Comparative Analysis*, Oxford: Oxford University Press.

Nickell, S. J.(1996), "Competition and Corporate Performance," *Journal of Political Economy*, 104, 724~746.

Nielsen, S. L., K. Klyver, M. R. Evald, and T. Bager(2012), *Entrepreneurship in Theory and Practice*, Northampton, MA: Edward Elgar.

Niittykangas, H. and H. Tervo(2005), "Spatial Variations in Intergenerational Transmission of Self–Employment," *Regional Studies*, 39, 319~332.

Nordhaus, W. D.(2004), "Schumpeterian Profits in the American Economy: Theory and Measurement," NBER Working Paper, No. 10433, Cambridge MA.

Norke, V.(2006), "A Gap for Me: Entrepreneurs and Entry," *Journal of the European Economic Association*, 4(5), 929~956.

North, D.(1990), *Institutions, Institutional Change and Economic Performance*, Cambridge: Cambridge University Press.

Noseleit, F.(2010), "The Entrepreneurial Culture: Guiding Principles of the Self–Employed," In A. Freytag and R. Thurik(eds.), *Entrepreneurship and Culture*, New York: Springer, 41~54.

Nystrom, K.(2007), "An Industry Disaggregated Analysis of the Determinants of Regional Entry and Exit," *Annals of Regional Science*, 41, 877~896.

O'Connor, A.(2013), "A Conceptual Framework of Entrepreneurship Education Policy," *Journal of Business Venturing*, 28, 546~563.

OECD(1998), *Fostering Entrepreneurship*, Paris: OECD.

OECD(1999), *Employment Outlook*, Paris: OECD.

OECD(2000), *OECD Employment Outlook*, Paris: OECD.

OECD(2003), *The Sources of Economic Growth in the OECD Countries*, Paris: OECD.

OECD(2005), *Measuring Globalization, OECD Handbook on Economic Globalization indicators*, Paris: OECD.

Ogbor, J. O.(2000), "Mythicising and Reification in Entrepreneurial Discourse: Ideology—Critique of Entrepreneurial Studies," *Journal of Management Studies*, 37, 605~635.

Olsthoorn, X. and A. Wieczorek(eds.)(2010), *Understanding Industrial Transformation: Views from Different Disciplines*, Dordrecht: Springer.

Oviatt B. M. and P. P. McDougall(1994), "Toward a Theory of International New Ventures," *Journal of International Business Studies*, 25(1), 45~64.

Oviatt B. M. and P. P. McDougall(2005a), "Defining International Entrepreneurship and Modelling the Speed of Internationalization," *Entrepreneurship Theory and Practice*, Sep., 537~553.

Oviatt B. M. and P. P. McDougall(2005b), "Internationalization of Entrepreneurship," *Journal of International Business Studies*, 26, 2~8.

Pandey J. and N. B. Tewary(1979), "Locus of Control and Achievement Values of Entrepreneurs," *Journal of Occupational Psychology*, 52(2), 107~111.

Parker, S. C.(1996), "A Time Series Model of Self—Employment under Uncertainty," *Economica*, 63, 459~475.

Parker, S. C.(2008), "Entrepreneurship among Married Couples in the United States: A Simultaneous Probit Approaches," *Labour Economics*, 15(3), 515~537.

Parker, S. C.(2009), *The Economics of Entrepreneurship*, Cambridge: Cambridge University Press.

Parker, S. C. and C. M. von Praag(2006), "Schooling, Capital Constraints and Entrepreneurial Performance: The Endogenous Triangle," *Journal of Business and Economic Statistics*, 24, 416~431.

Parker, S. C. and M. T. Robson(2004), "Explaining International Differences in Entrepreneurship: Evidence from a Panel Data of OECD Countries," *Southern Economic Journal*, 71, 287~301.

Paul, S.(2000), "High Growth Firms and Employment," STI Working Papers, Paris: OECD.

Peng, B.(2000), "Is Entrepreneurship always Good for Growth?," CRIEFF Discussion Paper 0024, University of St. Andrew.

Peretto, P. F.(1998), "Technological Change, Market Rivalry, and the Evolution of the Capitalist Engine of Growth," *Journal of Economic Growth*, 3, 53~80.

Peretto, P. F.(1999a), "Firm Size, Rivalry, and the Extent of the Market in Endogenous Technological Change," *European Economic Review*, 43, 1747~1773.

Peretto, P. F.(1999b), "Industrial Development, Technological Change, and Long-run Growth," *Journal of Development Economics*, 59, 389~417.

Perrni, F. and C. Vurro(2004), "Social Entrepreneurship: Innovation and Social Change across Theory and Practice," In J. Mair, J. Robinson, and K. Hockerts(eds.), *Social Entrepreneurship*, New York: Palgrave Macmillan.

Pickermell, D., J. Senyard, P. Jones, G. Packham, and E. Ramsey(2013), "New and Young Firms: Entrepreneurship Policy and the Role of Government," *Journal of Small Business and Enterprise Development*, 20(2), 358~382.

Porter, M. E.(1990), *The Competitive Advantage of Nations*, London: Macmillan.

Praag, C. M. van and J. S. Cramer(2001), "The Root of Entrepreneurship and Labour Demand: Individual Ability and Low Risk Aversion," *Economica*, 68, 45~62.

Praag, C. M. van and P. H. Versloot(2007), "What is the Value of Entrepreneurship: A Review of Recent Research," *Small business Economics*, 29(4), 351~382.

Radosevic, S.(2007), "National Systems of Innovation and Entrepreneurship: In Search of a Missing Link," Working Paper 73, Centre for the Study of Economic and Social Change in Europe.

Rampini, A. A.(2004), "Entrepreneurial Activity, Risk, and the Business Cycle," *Journal of Monetary Economics*, 51, 555~573.

Rennie, M. W.(1993), "Global Competitiveness: Born Global," *The McKinsey Quarterly*, 4, 45~22.

Reynolds, P. D. and S. B. White(1997), *The Entrepreneurial Process: Economic Growth, Men, Women, and Minorities*, Westport, CT: Quorum Books.

Reynolds, P. D., D. J. Storey, and P. Westhead(1994), "Cross-National Comparisons of the Variation in New Firm Formation Rates," *Regional Studies*, 28, 443~456.

Reynolds, P. D., W. D. Bygrave, E. Autio, and M. Hay(2002), *Global Entrepreneurship Monitor Executive Report*, Wellesley and Boston: Bobson College and London

Business School.

Reynolds, P. D., W. D. Bygrave, E. Autio, L.W. Cox, and M. Hey(2002), *GEM Global 2002 Executive Report*, University of Illinois at Urbana–Champaign's Academy for Entrepreneurial Leadership Historical Research Reference in Entrepreneurship.

Reynolds, P. D., N. Bosma, E. Autio, S. Hunt, N. de Bono, I. Servais, P. Lopez–Garcia, and N. Chin(2005), "Global Entrepreneurship Monitor: Data Collection Design and Implementation 1998~2002," *Small Business Economics*, 24(3), 205~231.

Ricketts, M.(1994), *The Economics of Business Enterprise: An Introduction to Economic Organization and the Theory of the Firm*, New York: Harvester Wheatsheaf.

Robson, M.(2010), "Explaining Cross–National Variation in Entrepreneurship: The Role of Social Protection and Political Culture," In A. Freytag and R. Thurik(eds.), *Entrepreneurship and Culture*, New York: Springer, 245~267.

Rocha, H. O. and R. Sternberg(2005), "Entrepreneurship: The Role of Clusters–Theoretical Perspectives and Empirical Evidence from Germany," *Small Business Economics*, 24, 267~292.

Roed, K. and J. F. Skogstrom(2014), "Job Loss and Entrepreneurship," *Oxford Bulletin of Economics and Statistics*, 76(5), 727~744.

Rogers, E. M.(1995), *Diffusion of Innovations*, New York: Free Press.

Roman, C., E. Congregado, and J. M. Millan(2013), "Start–up Incentives: Entrepreneurship or Active Labor Market Programme?," *Journal of Business Venturing*, 28, 151~175.

Romer, P.(1986), "Increasing Returns and Economic Growth," *American Economic Review*, 94, 1002~1037.

Romer, P.(1990), "Endogenous Technical Change," *Journal of Political Economy*, 98, 71~102.

Rosegger, G.(1996), *The Economics of Production & Innovation: An Industrial Perspective*, Oxford: Butterworth Heinemann.

Rothwell, R. and M. Dodgson(1994), "Innovation and Size of Firm," In R. Rothwell and M. Dodgson (eds.), *The Handbook of Industrial Innovation*, Vermont: Edward Elgar.

Rumelt, R. P.(2005), "Theory, Strategy, and Entrepreneurship," In S. A. Alvarez, R. R. Agarval, and O. Sorenson(eds.), *Handbook of Entrepreneurship Research: Disciplinary Perspectives*, New York: Springer.

Sakhdari, K.(2016), "Corporate Entrepreneurship: A Review and Future Research Agenda," *Technology Innovation Management Review*, 6(8), 5~18.

Salim, M. S. and J. B. Cullen(2010), "Formal and Informal Institutional Effect on Entrepreneurship: A Synthesis of National Level Research," *International Journal of Orgarnizational Analysis*, 18(3), 358~385.

Samli, A. C.(2009), *International Entrepreneurship: Innovative Solutions for a Fragile Planet*, Jacksonville: Springer.

Sanders, M.(2007), "Scientific Paradigms, Entrepreneurial Opportunities, and Cycles in Economic Growth," *Small Business Economics*, 28, 339~354.

Santarelli, E.(ed.)(2010), *Entrepreneurship, Growth, and Innovation*, New York: Springer.

Santarelli, E. and M. Vivarelli(2007), "Entrepreneurship and the Process of Firms' Entry, Survival and Growth," *Industrial and Corporate Change*, 16(3), 455~488.

Sapienza, H. J., D. De Clercq, and W. R. Sandberg(2005), "Antecedents of International and Domestic Learning Effort," *Journal of Business Venturing*, 20(4), 437~457.

Sarasbathy, S. D., N. Dew, S. R. Velamuri, and S. Venkataraman(2010), "Three Views of Entrepreneurial Opportunity," In Z. J. Acs and D. B. Audretsch(eds.), *Handbook of Entrepreneurship Research: An Interdisciplinary Survey and Introduction*, New York: Springer, 77~97.

Sauer, R., D. S. Siegel, A. N. Link, and D. B. Audretsch(2016), "Advancing the Economics of Entrepreneurship," *European Economic Review*, 86, 1~3.

Sauka, A.(2008), "Productive, Unproductive, and Destructive Entrepreneurship," William Davidson Institute Working Paper No. 917. University of Michigan.

Sauka, A. and F. Welter(2008), "Productive and Unproductive Entrepreneurship in

Latvia," TeliaSonera Institute Working Paper No. 6, Stockholm: TeliaSonera Institue.

Sautet, F.(2005), *The Role of Institutions in Entrepreneurship: Implications for Development Policy*, Mercatus Policy Series, Policy Premier No. 1, Mercatus Center, George Mason University.

Say, J. B.(1803), *A Treatise on Political Economy*, New York: Augustus M. Kelly(1964).

Say, J. B.(1826), *A Treatise on Political Economy*, New York: Ludwig von Mises Institute.

Say, J. B.(1828), *Discours d'Ouverture du Cours d'Economie Industrielle*, Paris: Guillaumin.

Say, J. B.(1843), *Cours Complet d'Economie Politique Practique*, Rome: Edizione dell'Ateneo Bizzarri.

SBA(2003), *Small Serial Innovators: The Small Firm Contribution to Technical Change*, Small Business Administration, USA.

Schaffner, J. A.(1993), "Rising Incomes and the Shift from Self−Employment to Firm−based Production," *Economics Letters*, 41, 435~440.

Scherer, F. M.(1991), "Changing Perspectives on the Firm Size Problem," In Z. J. Acs and D. B. Audretsch(eds.), *Innovation and Technological Change*, Ann Arbor, MI: University of Michigan Press.

Scherer, F. M. and D. Ross(1990), *Industrial Market Structure and Economic Performance*, Boston: Houghton−Mifflin.

Schmitz, J. A.(1989), "Imitation, Entrepreneurship, and Long−run Growth," *Journal of Political Economy*, 97, 721~739.

Schumpeter, J. A.(1934), *The Theory of Economic Development*, Cambridge, MA: Harvard University Press.

Schumpeter, J. A.(1939), *Business Cycle: A Theoretical, Historical, and Statistical Analysis of the Capitalist Economy*, Maidenhead: McGraw−Hill.

Schumpeter, J. A.(1943), *Capitalism, Socialism, and Democracy*, London: George Allen and Unwin.

Schwartz, S. H.(2003), "A Proposal for Measuring Value Orientations across Nations,"

In the Questionnaire Development Package of the European Social Survey, Retrieved from www.Europeansocialsurvey.org.

Seifert, R. W., B. F. Leleux, and C. H. Tucci(2008), *Nurturing Science−based Ventures: An International Case Perspective*, London: Springer.

Sereghyova, J.(1993), *Entrepreneurship in Central East Europe: Conditions, Opportunities, Strategies*, New York: Springer−Verlag.

Shahabadi, M. M. and S. A. R. Etemad(2013), "Effect of Globalization on Entrepreneurship: An Economical Point of View," *International Journal of Management and Humanity Sciences*, 2, 1033~1038.

Shane, S.(2001), "Technological Opportunities and New Firm Creation", *Management Science*, 47(2), 205~220.

Shane, S.(2003), *A General Theory of Entrepreneurship: The Individual−Opportunity Nexus*, Cheltenham: Edgar Elgar.

Shane, S. and S. Venkataraman(2000), "The Promise of Entrepreneurship as a Field of Research," *Academy of Management Review*, 26(1), 13~17.

Sherer, P. D. and K. Lee(2002), "Institutional Change in a Large Law Firms: A Resource Dependency and Institutional Theory Perspective," *Academy of Management Journal*, 45(1), 102~119.

Sine, W. D. and R. J. David(eds.)(2010), *Institutions and Entrepreneurship*, Bingley: Emerald.

Smallbone, D.(ed)(2010), *Entrepreneurship and Public Policy*, Vol. I and II, Northampton: Edgar Research Collection.

Smith, D. G. and M. Ueda(2006), "Law and Entrepreneurship: Do Court Matters," *Entrepreneurial Business Law Journal*, 2, 353~368.

Solow, R.(1956), "A Contribution to Theory of Economic Growth," *Quarterly Journal of Economics*, 70, 65~94.

Stauss, J. H.(1944), "The Entrepreneur: the Firm," *Journal of Political Economy*, 22, 112~127.

Stenberg, R.(1996), "Regional Growth Theories and High−tech Regions," *International Journal of Urban and Regional Research*, 3, 518~538.

Storey, D. J.(1994), *Understanding the Small Business Sector*, London: Routledge.

Sundbo, J.(1998), *The Theory of Innovation: Entrepreneurs, Technology, and Strategy*, Northampton, MA: Edward Elgar.

Sung, T. K. and B. Carlsson(2003), "The Evolution of a Technological System: The Case of CNC Machine Tools in Korea," *Journal of Evolutionary Economics*, 13(4), 435~460.

Syrjä, P., H. Sjögren, and A. Ilmarinen(2015), "Performance Measurement in Social Enterprise－A Conceptual Accounting Approach," 5th EMES International Research Conference on Social Enterprise, June 28th－July 3rd, Helsinki.

Szirmai, A., W. Naude, and M. Goedhuys(2011), *Entrepreneurship, Innovation, and Economic Development*, Oxford: Oxford University Press.

Taymez, E.(2005), "Are Small Firms Really Less Productive?," *Small Business Economics*, 25(5), 429~445.

Teece, D. J.(2016), "Dynamic Capabilities and Entrepreneurial Management in Large Organizations: Toward a Theory the (Entrepreneurial) Firm," *European Economic Review*, 86, 201~216.

Terjesen, S. A., Z. J. Acs, and D. B. Audretsch(2010), "International Business, Entrepreneurship and the Global Economy," In D. B. Audretsch(eds.), *Handbook of Entrepreneurship Research: An Interdisciplinary Survey and Introduction*, New York: Springer, 431~456.

Tervo, H.(2006), "Regional Unemployment, Self－Employment, and Family Background," *Applied Economics*, 38, 1055~1062.

Tervo, H. and H. Niittykangas(1994), "The Impact of Unemployment on New Firm Formation in Finland," *International Small Business Journal*, 13, 38~53.

Tesfom, G., C. Lutz, and P. Ghauri(2004), "Comparing Export Marketing Channels: Developed and Developing Countries," *International Marketing Review*, 21(4－5). 409~422.

Therin, F.(ed)(2007), *Handbook of Research on Techno－Entrepreneurship*, Northampton: Edward Elgar.

Thurik, A. R., M. A. Carree, A. van Stel, and D. B. Audretsch(2008), "Does Self－

Employment Reduce Unemployment?," *Journal of Business Venturing*, 23, 673~686.

Timmons, A. and S. Spinelli, Jr(2009), *New Venture Creation*, Boston: McGraw−Hill.

Tollison, R. D.(1997), "Rent Seeking," In D. C. Muller(ed.), *Perspective on Public Choice*, Cambridge: Cambridge University Press, 506~525.

Turcan, R. V., L. Gaillard, and M. Makela(2004), "International Entrepreneurship and the Resource−Based View of the Firm," Paper presented at Babson−Kauffman Entrepreneurship Research Conference, Boston, United States.

Urban, B.(ed.)(2010), *Frontiers in Entrepreneurship*, New York: Springer.

Valdes, Z.(2011), *The Entrepreneurship: How Race, Class, and Gender Shape American Enterprise*, Stanford: Stanford University Press.

van Stel, A.(2005), "COMPENDIA: Harmonizing Business Ownership Data across Countries and over Time," *International Entrepreneurship and Management Journal*, 1(1), 105~123.

van Stel, A., M. Carree, and A. R. Thurik(2005), "The Effect of Entrepreneurial Activity on National Economics Growth," *Small Business Economics*, 24, 311~321.

van Stel, A., D. J. Storey, and A. R. Thirick(2007), "The Effect of Business Regulations on Nascent and Young Business Entrepreneurship," *Small Business Economics*, 28(2−3), 171~186.

Varian, H. R.(2010), *Intermediate Microeconomics: A Modern Approach*, 8th Edition, New York: Norton & Company.

Venkataraman, S.(1997), "The Distinctive Domain of Entrepreneurship Research: An Editor's Perspective," In J. Katzand and J. Brockhaus(eds.), *Advances in Entrepreneurship, Firm Emergence, and Growth*, Greenwich CT: JAI Press, 119~138.

Verheul, I., S. Wennekers, D. Audretsch, and A. R. Thirick(2001), "An Eclectic Theory of Entrepreneurship: Policies, Institutions, & Culture," Paper presented at the Timbergen Institute Papers.

Vernon, R.(1966), "International Investment and International Trade in the Product Cycle," *Quarterly Journal of Economics*, 80, 190~207.

Vinig T. and J. de Kluijver(2008), "Does Globalization Impact Entrepreneurship? Comparative Study of County Level Indicators," *All Sprouts Content*, Paper 194, Association for Information Systems Electronic Library.

Vivarelli, M. and D. B. Audretsch(1998), "The Link between the Entry Decision and Post−entry Performance: Evidence from Italy," *Industrial and Corporate Change*, 7, 485~500.

von Greiff, J.(2009), "Displacement and Self−Employment Entry," *Labour Economics*, 16, 556~565.

Weber, M.(1930), *The Protestant Ethic and the Spirit of Capitalism*, New York: Scribner.

Wennekers, S., A. van Stel, R. Thurik, and P. Reynolds(2005), "Nascent Entrepreneurship and the Level of Economic Development," *Small Business Economics*, 24(3), 293~309.

Wennekers, S., L. M. Uhlaner, and R. Thurik(2002), "Entrepreneurship and its Conditions: A Macro Perspective," *International Journal of Entrepreneurship Education*, 1(1), 25~65.

Wernerfelt, B.(1984), "A Resource−based View of the Firm," *Strategic Management Journal*, 5(2), 171~180.

White, L. J.(1982), "The Determinants of the Relative Importance of Small Business," *Review of Economics and Statistics*, 64, 42~49.

Wolcott, R. W. and M. J. Lippitz(2007), "The Four Models of Corporate Entrepreneurship," *MIT Sloan Management Review*, 49(1), 75~82.

Wright, R. W. and D. A. Ricks(1994), "Trends in International Business Research: Twenty−five Years Later," *Journal of International Business Studies*, 25, 687~701.

Wuebker, R., Z. J. Acs, and R. Florida(2010), "Globalization of Innovation and Entrepreneurial Talent," In Z. J. Acs and D. B. Audretsch(eds.), *Handbook of Entrepreneurship Research: An Interdisciplinary Survey and Introduction*, New York: Springer. 457~485.

Yeung, H. W.(2002), "Entrepreneurship in International Business: An Institutional Perspective," *Asia Pacific Journal of Management*, 19(1), 26~61.

Zahra, S. A. and J. G. Covin(1995), "Contextual Influences on the Corporate Entrepreneurship— Performance Relationship: A Longitudinal Analysis," *Journal of Business Venturing*, 10(1), 43~58.

Zhao, F.(2005), "Exploring the Synergy between Entrepreneurship and Innovation," *International Journal of Entrepreneurial Behavior & Research*, 11(1), 25~41.

찾아보기

I·N·D·E·X

ㅇ

기타

[저자 약력]

성 태 경

서강대학교 경제학과 졸업(경제학사)
서강대학교 대학원(경제학 석사·박사)
아주대학교 경제학과 강사
대우경제연구소 산업경영본부 연구위원
Case Western Reserve University, Visiting Professor
Seattle University, Fulbright Visiting Professor
Marquis Who's Who in the World(2012, 29th Edition) 등재
현, 전주대학교 경영학과 교수

기업가정신의 경제학

초판인쇄 2017년 8월 20일
초판발행 2017년 8월 30일

지은이 성태경
펴낸이 김중용

총괄기획 박노일·최준규
편 집 심성보·김인숙

펴낸곳 마인드탭 MIND TAP
경기도 파주시 책향기로 441, 1004동 1004호(동패동, 책향기마을)
등록 제406-2014-000093호
전 화 070)7550-3758 팩 스 02)718-8554
홈페이지 www.mindtap.co.kr 이메일 pnc@pncmedia.co.kr
ISBN 979-11-86672-57-0 93320

※ 마인드탭은 피앤씨미디어의 자매 브랜드입니다.

정 가 20,000원